从田园城市到可持续新城

上海五个新城的社会学研究

钟晓华　魏程琳　张　俊　编著

同济大学出版社
TONGJI UNIVERSITY PRESS
·上海·

图书在版编目(CIP)数据

从田园城市到可持续新城：上海五个新城的社会学研究 / 钟晓华，魏程琳，张俊编著. -- 上海：同济大学出版社，2025. 6. -- ISBN 978-7-5765-1715-6

Ⅰ. F299.275.1

中国国家版本馆 CIP 数据核字第 2025CS1957 号

从田园城市到可持续新城：上海五个新城的社会学研究

编　著　钟晓华　魏程琳　张　俊

责任编辑　金　言　**责任校对**　徐逢乔　**封面设计**　张　微　**封面图片**　邹笔润

出版发行　同济大学出版社　www.tongjipress.com.cn
(地址:上海市四平路 1239 号　邮编:200092　电话:021-65985622)
经　　销　全国各地新华书店
排　　版　南京文脉图文设计制作有限公司
印　　刷　常熟市华顺印刷有限公司
开　　本　710mm×1000mm　1/16
印　　张　17.5
字　　数　305 000
版　　次　2025 年 6 月第 1 版
印　　次　2025 年 6 月第 1 次印刷
书　　号　ISBN 978-7-5765-1715-6

定　　价　88.00 元

序言

上海“十四五”规划提出“中心辐射、两翼齐飞、新城发力、南北转型”的市域空间优化新格局，其中的“新城发力”即是嘉定、青浦、松江、奉贤、南汇五个新城按照“产城融合、功能完备、职住平衡、生态宜居、交通便利”要求建设独立的综合性节点城市，成为上海未来发展战略空间和重要增长极，培育经济增长新动能，在长三角城市群中更好发挥辐射带动作用。

同济大学始终以服务国家战略和上海城市发展为己任，于 2021 年 4 月率先成立同济大学上海新城建设研究中心（以下简称“研究中心”），汇聚建筑学、城乡规划学、社会学、公共管理学、信息科学等多学科力量，围绕新城发展的理论创新与实践突破展开系统性研究。本书正是研究中心和我校社会学研究所团队承接的咨询课题“上海新城可持续发展研究”的阶段性成果，既是对全球新城发展的学术探索，又是对上海新城建设实践和未来发展路径的智库献言。

新城建设绝非简单的空间扩张，而是涉及经济转型、社会治理、生态保护、文化传承等方面的复合型命题。本书以“问题导向—理论创新—实践验证”的研究范式，从三个维度构建研究框架：第一，在理论维度，通过梳理全球新城发展脉络，揭示了新城从“功能单一”到“综合节点”的演进逻辑，并借助社会—空间辩证法，深入剖析新城人口结构变迁与社会关系重构的互动机制。第二，在实践维度，基于“城市更新系统推进”研究，提出存量空间提质增效的技术路径。松江新城儿童友好空间规划案例，则体现了城市规划从“物理空间生产”向“人文价值实现”的范式转变。第三，在治理维度，围绕产城融合、城乡治理等核心议题，通过多案例比较研究，构建了新城人口导入策略的社会学分析框架，尤其从青年发展、家庭友好等维度，阐释了人口集聚与城市软实力提升的内在关联。三个维度兼顾了全球城市语境下的新城理论、案例提炼和成果转化，全面呈现了上海新城从空间规划到社会治理的完整发展图谱，既有新城研究的理论创新性，又通过松江新城等多个案例的深度剖析，提供了可复制的实践指导性，也体现出新城研究的多学科交叉特征。

我们期待，这些研究成果不仅能助力上海五个新城建设成为独立综合性节点城市，更能为上海成为全球城市与全球城市区域发展贡献同济智慧。本书既是阶段性成果的总结，又是新征程的起点，期待来自不同学科的青年研究者们和实践者们持续关注新城发展问题，将双碳绿色、社会韧性、代际公平等可持续议题融入新城研究，探索产城融合与绿色发展的协同创新模式，构建面向全球城市建设的可持续发展理论框架，为超大城市新城治理现代化提供可复制的“上海方案”。

彭震伟

同济大学上海新城建设研究中心主任

同济大学建筑与城市规划学院教授、博士生导师

2025 年 5 月 23 日

目录

可持续发展篇

新城可持续发展实践案例

案例总结

理论篇

新城，作为全球各大都市缓解内城发展受限的良策，备受理论界关注。从田园城市理论，到卫星城建设，再到有机疏散理论的提出，新城在理论家和规划师支持下探索前行。然而，新城发展并未如预期实现人口兴旺、产业繁荣和田园景观。本篇重点从理论视角解读新城发展的现实需求、规划设想和现实困境，并从增长极、新区域主义、社会融合、空间功能转型理论以及上海新城发展历史等角度，尝试构建理解和优化新城发展的路径。

从功能单一到综合节点的新城发展历程与未来展望

钟晓华　柏玉婷

城市化的快速推进导致传统的城市发展模式面临诸多挑战，如人口密集、资源环境压力增大、交通拥堵等，新城作为城市发展的新载体，对推动城市经济、社会、文化、生态等方面的发展具有重要意义[1]。新城是“一种规划形式，其目的在于通过在大城市区以外重新安置人口，设置住宅、医院和产业，设置文化、休憩和商业中心，形成新的、相对独立的社区”[2]。新城的发展不仅是对现有城市空间和功能的拓展与优化，也是对城市化质量和系统性可持续发展的重要探索[3]。本文通过综述新城发展的理论基础、发展历程、实践经验、反思挑战与未来发展趋势，旨在为新城的规划与建设提供科学的指导和参考。

1　理念源起与新城建设实践

新城的理念源于19世纪末的“田园城市”理论[4]，其核心在于结合城市与乡村的优点，通过创建自给自足的社区解决由工业革命引发的城市问题，并为居民提供良好的生活与工作环境[5]。此后，“卫星城”[6]和“有机疏散”[7]（Eliel Saarinen）等理念的提出，进一步完善了新城的发展思路。“田园城市”理论是新城规划的理论渊源，围绕着人—自然—城市—乡村，力图把中心城市的人数控制在6万～8万人，卫星城市人数大约为3万，城市发展以宜居为主要侧重点，多公园绿地，并以人数约束城市规模，使之适合步行[8]。

到了第二次世界大战后，新城的概念与“反磁力中心”功能的确立[9]，以及“多中心城市区域”理论的发展，为新城的规划提供了理论基础。前者主要是为了解决大城市因人口和产业过度集中而产生的种种“大城市病”。通过建设新城，吸引中心城区的人口与产业，从而缓解大城市的压力，并促进区域经济的均

钟晓华，同济大学政治与国际关系学院社会学研究所所长，副教授。
柏玉婷，同济大学政治与国际关系学院硕士研究生。

衡发展。后者强调城市区域空间结构的多中心性,即在一个城市区域内存在多个功能中心,这些中心通过交通、信息等网络相互连接,共同构成城市的经济、社会和文化活动的核心区域[10]。这一理论的发展旨在优化城市空间布局,提高城市运行效率,促进区域的可持续发展。

在实践方面,新城的建设被世界各国广泛采用,特别是在快速城市化的国家和地区,在未经开发的土地上经过规划设计而建设的社区或城镇(Planned Community or Planned City)[11]。第一次世界大战和第二次世界大战后多个国家相继开始新城建设实践,至今新城建设已经逐步更新到第四代。按照现代新城理论来说,前两代新城属于“卫星城”阶段,如 20 世纪初英国伦敦的莱奇沃思和韦林花园城是第一代卫星城,芬兰威灵比是第二代卫星城。自第三代卫星城建设开始,各类卫星城内部经济人口集聚,产业服务设施较为完善,逐渐脱离卫星城范畴形成了独立城市。新的第四代独立城市是第三代卫星城发展的高级阶段,是一个具有综合功能的行政、经济和社会中心,也是一个完全意义上的新兴独立城市。新城与母城通过高速交通线路相连,其目标不仅是疏散中心城市的人口,更要考虑在大都市地区的背景下重新分配城市功能和产业结构,发挥经济副中心的作用,以促进整体大都市区域的协调发展[12]。进入 21 世纪,随着全球化与信息化的快速发展,新城的发展也逐渐融入全球城市网络和“流空间”的理论框架,从而使新城的发展模式更加多元化、灵活化。新城不再仅仅是简单的人口转移或者产业转移的空间载体,而是被赋予了更大范围的区域性使命,成为区域经济、文化、科技创新的新增长点,以及推动区域协同发展的重要平台[13]。

2　新城发展中的理论反思

新城发展与反思的研究涉及多个学科和理论,包括经济、社会、环境、技术等方面。这些理论不仅帮助我们理解新城发展中出现的挑战,还为规划者提供了反思和改进的方向。

2.1　增长极理论(Growth Pole Theory)

增长极理论由法国经济学家弗朗索瓦·佩鲁(François Perroux)提出,他认为区域经济的发展是由一些增长极或发展核心推动的。这些核心往往集中在新城或特定的区域,在城市发展的中后期通过辐射效应带动周围地区的发展。在大城市的人口和功能不断向周边地区扩散的过程中,新城地区凭借其良好的地理位置和较为宽松的发展环境,成为缓解中心城市压力、实现城市空间合理布局的重要选择。通过新城的开发建设,可以促进城市功能的多元化,提高城市整体的承载力和竞争力。新城往往被视为增长极,通过大规模基础设施建设和产业聚集,带动周围区域的经济发展。这种模式在全球许多新城发展中得到了应用,尤其是在快速城市化和区域发展不平衡的国家[14]。

在实践中,增长极理论对区域经济发展具有重要的指导意义。政府可以通过制定相关政策和措施,支持具有潜力的地区或产业发展,促进其成为新的增长极,从而带动整个区域经济的发展。同时,增长极的形成也需要市场主体积极参与,通过技术创新、产业升级等方式提高自身竞争力,最终实现区域经济的持续健康发展。增长极发展也要注意避免中心城市或主导产业对周边城市的资金、人才和技术等资源的过度吸引,避免剥夺周边城市的发展优势,以及扩大地区间不平衡和贫富差距,这不利于社会的整体稳定和经济韧性提升。此外,过于依赖外力的发展模式往往高度依赖政府的政策支持和投资,使新城经济变得脆弱,难以应对外部冲击。

2.2 新区域主义理论(New Regionalism)

新区域主义关注区域经济体的内在互动,强调地方性、区域性的发展模式。不同于传统的城市扩张模式,新区域主义倡导通过区域内各个城市之间的协作与网络化发展实现经济增长和社会进步。将新区域主义应用于新城建设中,其核心观点在于新城的发展不应该孤立地进行,应该嵌入更大的区域网络中。新城作为区域发展的重要组成部分,其发展不应孤立地追求自身利益,而是应该注重与周围城市和地区的联系与互动,以实现资源共享、协调发展。这种协作与网络化发展的模式有助于解决新城独立发展带来的孤立问题和资源浪费,提高区域经济的整体竞争力和可持续发展能力[15]。

在实践中,新区域主义的应用已经取得了显著成效。例如,在欧洲和北美等地区,通过区域合作和网络化发展,实现了资源共享、优势互补和协同发展。在中国,长三角城市群、珠三角城市群等地区也通过新区域主义的理念和实践,推动了区域经济的快速增长和社会进步。然而,新区域主义在应用中也面临一些挑战和限制。一是不同城市和地区之间的经济发展水平、产业结构、文化差异等因素可能导致协作与网络化发展的难度增加。二是政府在区域合作中的角色和定位也需要进一步明确和优化,以确保区域合作的顺利进行和可持续发展。

2.3 新城发展的社会影响研究

新城的发展通常伴随着大量的人口迁移，这带来了显著的社会结构变化。移民社会适应理论（Immigrant Adaptation Theory）[16]关注移民如何在新环境中重构社会身份，与原有社会互动，并处理与原住民文化、经济等方面的冲突。在新城的发展过程中，由于迁移人口的涌入，社会阶层的分化和社区断裂现象普遍存在。这一理论为分析新城如何实现社会融合提供了有力的理论框架。该理论能够解释迁移人口如何在新城环境中应对身份重塑、文化适应等挑战，为解决社会整合问题提供了策略性建议；同时，也存在过多关注移民群体的个体适应过程，忽略了移民与地方政府、公共政策之间的互动机制的问题。

除此之外，罗伯特·帕特南（Robert Putnam）提出的社会资本理论强调社会网络、信任和规范对社区凝聚力和经济发展的关键作用[17]。新城的发展过程中，往往忽视了社会资本的建立与维护，导致社区居民之间的互动、信任不足，从而削弱了社会稳定性和居民的幸福感。在新城的建设过程中，快速的城市化可能会破坏社会资本的累积和维持。由于新城的居住人口大多是新迁入的居民，彼此之间缺乏深厚的社会网络联系，而地方政府在推进城市化进程时，往往未能充分重视社会资本建设的长期价值。尽管社会资本理论为理解社会凝聚力提供了一个框架，但在新城发展过程中，如何有效构建社会资本仍然缺乏具体可行的路径和方案。

2.4 空间正义理论与新城失败论

空间正义理论由法国学者亨利·列斐伏尔（Henri Lefebvre）等人提出，强调空间分配的公平性和正义性，关注城市空间的不平等和资源分配的失衡[18]，该理论亦特别关注城市发展过程中，低收入群体和弱势群体被边缘化的现象。许多新城的开发往往优先服务于高收入人群或大企业，忽略了低收入社区和原住居民的需求，导致社会空间的不平等加剧。空间正义理论提供了一个框架，用以分析新城规划中的不公平现象，并提出如何通过规划手段实现更公平的空间分配。

在空间正义理论的基础上，新城失败论被反思性地提出[19]，该理论总结了历史上多个新城发展的失败案例，分析了导致这些新城无法达到预期目标的原因。通常，导致新城发展失败的原因包括缺乏经济支撑、社会孤立、过度依赖政府政策等。例如，20 世纪 60 年代英国的大量“新城计划”中，许多新城由于经济结构单一、就业机会不足、人口流失等未能实现预期的增长目标。类似的情况也出现在日本的筑波科学城，虽然科学研究实力强大，但由于交通不便、生活设施匮乏，居民的生活质量难以保障。

2.5 后现代城市主义与可持续城市转型理论

后现代城市主义对传统现代主义城市规划提出了质疑，认为城市应更具包容多样性，强调城市空间的非线性发展和居民个性化需求的满足[20]。后现代城市主义批评以功能分区为核心的现代城市规划，主张更加灵活和人性化的城市空间设计。后现代城市主义提供了一种新的视角，反思新城发展中过于统一和同质化的规划模式。它提醒规划者在开发新城时，应注重多元文化的融合和居民对公共空间的多样化需求，避免“千城一面”的现象。

在多元融合的前提下，可持续城市转型理论更聚焦如何在城市化进程中实现经济、社会和环境的平衡发展[21]。它强调城市规划需要考虑代际公平，避免当前发展过度消耗资源而影响未来。该理论提醒新城的发展不应仅关注短期的经济效益，而应从长远角度思考其对社会和环境的影响。这包括对能源使用、废物管理、交通可持续性等多方面的综合考量，强调城市发展应与自然环境相协调，实现资源的高效利用与可持续发展。

3 中国的新城建设历程与前瞻

中国的新城发展经历了从改革开放前的计划经济时期，到市场经济体制下的快速城市化进程，再到近年来强调可持续发展的阶段，展现了复杂的历史演进历程[22]。

3.1 计划经济时期(1949—1978年):“三线建设”新城

在计划经济体制下，中国的城市化发展受到严格管控。新城建设多集中在工业基地周围，形成了以功能为导向的单一产业城镇。这一时期的城市建设更多是服务于国家经济发展战略，特别是“三线建设”中的资源型城市和工业重镇建设[23]。在这个阶段，新城的主要目标是解决工业化所需的劳动力和产业布局问题。例如，北方主要的工业重镇包头市和攀枝花市的发展典型地体现了计划经济体制下围绕工业基地进行新城建设的模式，形成了以钢铁、稀土、铁矿等产业为主导的单一产业城镇。这一时期的新城建设紧密围绕国家经济发展战略，特别是“三线建设”中的资源型城市和工业重镇建设，虽然在一定程度上促进了工业的发展和经济的增长，但也带来了一些问题：一是新城建设过于依赖单一产业，导致城市经济结构单一，抗风险能力较弱；二是新城建设往往只注重生产功能布局，而忽视生活、生态等其他功能配套，影响城市整体质量和居民生活质量；三是由于计划经济体制下资源配置的刚性，新城建设往往难以根据市场变化和民众需求进行及时调整和优化，资源浪费和效率低下。

3.2 改革开放初期（1978—1990年）：沿海特区新城

随着改革开放的推进，沿海地区逐渐成为中国经济发展的核心。20世纪80年代，国家在广东、福建等沿海地区设立了经济特区，如深圳、珠海等，这些地区成为新城建设的典型代表。中央人民政府赋予这些区域在政策上的特殊权限，使其可以在外贸、投资、土地使用、税收等方面试行新的经济政策。经济特区的设立使这些新城迅速建立起外向型经济，通过外贸出口带动国内产业升级，成为吸引外资、技术和管理经验的重要平台，在较短时间内成为重要的经济增长极，标志着中国新城建设开始从工业主导转向综合性城市发展[24]。第一，经济特区的设立为新城建设提供了更加灵活和开放的政策环境，吸引了大量国内外投资，促进了产业的多元化发展。第二，经济特区在基础设施上大量投资，深圳、珠海等特区在短时间内完成了港口、公路、机场、工业园区等基础设施的建设，形成了现代化的城市面貌。第三，新城快速形成了大规模的产业集群，尤其是制造业、电子产业、物流等行业，带动了特区的经济高速增长和技术进步。第四，经济特区凭借其迅速发展的经济和良好的就业机会，吸引了大量农村和外来人口。例如，深圳从一个小渔村快速成长为中国人口密度最高的城市之一，正是因为大量外来务工人员为其经济发展提供了充足的劳动力资源。当然，外向型新城也存在过度依赖外资和低附加值制造业、外来人口与本地居民的社区融合度较低等问题。

3.3 市场化城市化时期（1990—2010年）：综合功能新城

进入20世纪90年代，中国进入快速城市化阶段，大规模的新城和新区建设成为推动经济发展的重要方式[25]。尤其是在“城市群”战略的推动下，一大批新城和开发区开始涌现，例如，北京的通州区、上海的浦东新区、天津的滨海新区等。这些新城通常以工业园区为核心，逐渐发展为产城一体的综合功能区，成为区域经济发展的新引擎。它们不仅承载了产业转移和升级的重任，还成为区域经济发展的新引擎。这些新城的建设注重产业与城市的融合发展，通过引入高新技术产业和现代服务业，提升城市的产业结构和竞争力。这一时期的新城发展以推动经济增长为主要目标，土地财政和房地产市场成为新城建设的重要驱动力。在这一阶段，地方各级人民政府在新城建设过程中高度依赖土地财政，通过土地出让获取财政收入以支持基础设施和公共服务建设。这种依赖土地的财政模式助推了房地产市场的快速膨胀，但也带来了房地产泡沫、土地资源过度开发等问题。

3.4 可持续发展阶段(2010 年至今)：综合节点新城

在全球气候变化和资源压力加剧的背景下，可持续发展理论逐渐成为新城建设的重要指导原则。近年来，中国的新城建设逐渐转向强调可持续发展。国家开始推行“智慧城市”“绿色城市”和“海绵城市”等概念，注重城市的生态环境保护、低碳发展和资源循环利用，许多新城也开始引入这些概念。例如，杭州、深圳等城市通过大数据、物联网等技术实现了城市管理的智能化，提升了公共服务的效率；雄安新区应用了绿色城市和海绵城市的概念，强调城市与自然环境的和谐共存，通过绿色能源和生态基础设施实现可持续发展，强调了生态优先、绿色发展以及智慧化管理的理念。此外，一些新城在实践中开始注重社会资本建设，通过社区文化活动、公共空间设计等，促进居民之间的互动，增强社会信任。例如，成都天府新区的社区治理项目通过组织社区活动、建设邻里关系等方式，有效提升了社区凝聚力。

4 结语

中国的新城发展经历了从功能单一、追求经济增长到多功能、注重可持续发展和社会融合的过程。理论反思促使实践不断演进，从早期的工业化新城到如今的智慧化、绿色化新城，中国的新城建设已经走过了漫长的历程。未来，随着社会需求的多样化和环境问题的加剧，新城发展需要进一步在经济、社会和生态之间实现平衡，以应对日益复杂的城市化挑战。新城发展在推动经济增长、解决人口过密等问题的同时，也带来了诸多社会挑战。社会分层的加剧、社会资本的缺失、移民融合的困难、城市认同的缺乏以及治理模式的缺陷，都需要从社会学的角度进行深刻反思。在未来的新城规划中，除了注重经济和物质条件的提升，还应更加关注社会融合、文化认同和可持续发展，以实现新城的和谐与公平发展。

参考文献

[1]《城市规划学刊》编辑部."上海五大新城建设及相关思考"学术笔谈[J].城市规划学刊，2022(1)：1-9.

[2] 张凡，宁越敏.上海新城建设研究[J].上海城市规划，2012(5)：18-24.

[3] 霍尔.明日之城：一部关于20世纪城市规划与设计的思想史[M].上海：同济大学出版社，2009.

[4] 霍华德.明日的田园城市[M].金经元，译.北京：商务印书馆，2009.

[5] 张京祥，黄龙颜.城镇化2.0时代的中国新城规划建设转型[J].上海城市规划，2022(2)：54-58.

[6] GRAHAM R T. Satellite Cities: A Study of Industrial Suburbs[M]. Verlag: Legare Street Press, 2022.

[7] SAARINEN E. The City, Its Growth, Its Decay, Its Future[M]. New York: Harvard University Press, 1943.

[8] 何刚.近代视角下的田园城市理论研究[J].城市规划学刊，2006(2)：71-74.

[9] 徐素，赵民.从"反磁力中心"到"区域节点城市"：论新时代大城市新城建设的功能迭代与规划策略[J].城市规划，2024，48(9)：13-18+66.

[10] 奥斯特罗姆.公共事物的治理之道：集体行动制度的演进[M].余逊达，陈旭东，译.上海：上海三联书店，2000.

[11] 赵静文.人口竞争背景下上海市新城政策效应研究：以五大新城新落户政策为例[J].上海城市管理，2023(5)：52-60.

[12] 陶希东，黄珊.国际大都市新城建设经验及其对上海的启示[J].上海经济研究，2005(8)：30-34+22.

[13] 冯奎.中国新城新区转型发展趋势研究[J].经济纵横，2015(4)：1-10.

[14] 李仁贵.增长极理论的形成与演进评述[J].经济思想史评论，2006(1)：209-234.

[15] 郑先武.区域研究的新路径："新区域主义方法"述评[J].国际观察，2004(4)：65-73.

[16] BERRY J. W, SAM D L. Acculturation and Adaptation[M]//BERRY J W, SEGALL M H, KAGITCIBASI C. Handbook of Cross-Cultural Psychology. Boston: Allyn & Bacon, 1997.

[17] PUTNAM R D. Bowling Alone: The Collapse and Revival of American Community [M]. New York: Simon & Schuster, 2000.

[18] 列斐伏尔.空间的生产[M].刘怀玉，等译.北京：商务印书馆，2021.

[19] BATTY M. Urban Modelling: Algorithms, Calibrations, Predictions[M]. Cambridge: Cambridge University Press, 2010.

[20] HARVEY D. The Condition of Postmodernity: An Enquiry into the Origins of Cultural Change[M]. Oxford: Blackwell Publishers, 1989.

[21] LEHMANN S. The Principles of Green Urbanism: Transforming the City for Sustainability[M]. London: Earthscan, 2010.

[22] WU F L. Planning for Growth: Urban and Regional Planning in China[M]. New York:

Routledge, 2015.
[23] 徐有威,陈熙.三线建设对中国工业经济及城市化的影响[J].当代中国史研究,2015,22(4):81-92+127.
[24] 佚名.腾飞:从"边陲小镇"到"世纪新城" 纪念深圳经济特区成立20周年系列评论之二[J].特区理论与实践,2000(9):5-7.
[25] REN X F. Urban China (China Today)[M]. Cambridge: Polity Press, 2013.

郊区新城社会空间融合的理论与探索

沈　洁　罗　翔

郊区新城开发是我国城镇化的重要路径和模式，新城居民的社会融合状况是增强新城吸引力和综合实力、实现可持续发展的关键之一。本文首先从社会空间视角出发，梳理国内外文献对郊区的新认识。其次，辨析郊区新城的社会空间融合概念，并结合我国郊区新城的社会空间特征，构建基于邻里、城市两个空间尺度，兼顾物理空间与社会关系两个维度的研究框架。最后，总结公共政策方面的启示。

1　研究背景

20 世纪 90 年代以来，郊区新城在全国各大城市兴起，新城开发成为我国城镇化的重要路径与模式[1]。早在 20 世纪 50 年代，北京、上海等城市启动了工业卫星城的建设，由于工业产业单一，生活设施不足，城市人口发展不成规模。改革开放以来，人口在大城市快速集聚，城市以居住社区或经济开发区的单一功能形式蔓延或跳跃式发展，给城市管理以及生态环境保护带来了巨大压力。特别是 20 世纪 90 年代中后期，大城市的向外扩张取代了较早的中小城镇发展，成为城市化的主要空间发展形式[2]。在这样的背景下，新一轮的郊区开发以郊区县合并以及新城建设为特征，旨在缓解城市过度拥挤所带来的压力，构建合理的都市区空间结构。

以上海为例，《上海市城市总体规划（1999—2020 年）》提出“基本形成符合现代化国际大都市特点的城乡一体、协调发展的市域城镇布局”，启动郊区“一城九镇”建设，“十五”期间重点发展松江新城。“十一五”期间，规划市域“1966”城镇规划体系，增加临港新城和嘉定新城为重点发展新城。经过十余年发展，一方

沈洁，复旦大学社会发展与公共政策学院教授。

罗翔，上海市浦东新区规划设计研究院研究中心主任。

原文以《郊区新城的社会空间融合》为题发表于《城市发展研究》，2015 年，第 10 期，第 102-107 页，收入本书时有修改。

面，上海的重点新城已初具规模，基础设施建设水平大幅提高，常住人口大幅增长，通过优良的宜居环境吸引中产阶层人群迁入，发挥了集聚外来人口与本区户籍人口的作用[3,4]。另一方面，由于城市建设速度快于人口增长速度，不少新城存在职居分离、住房空置、人气不足、配套设施匮乏、城市氛围缺乏等问题[5]。郊区新城能否成为上海大都市区真正意义上的"次中心"，在长三角地区发挥"节点城市"的功能，面临诸多挑战[6]。

可见，郊区新城居民的社会融合状况，将是增强新城吸引力和综合实力、实现可持续发展的关键之一。对社会融合过程的解释，学界有多种视角，如基于社会资本因素的社会学解释、基于人力资本的经济学解释等，本文期望从社会空间的研究视角出发，探讨郊区新城的空间分异或隔离如何影响社会融合状况。就郊区新城而言，不同社区、不同社会经济背景的居民，对城市的经验及其对新城的认知与归属感也不尽相同。从社会空间入手对新城社会融合进行研究，揭示社会空间特征与新城居民社会融合的关系，有利于形成实现社会发展目标的城市规划，发挥公共政策在城镇化过程中的积极作用。

2 重新认识"郊区"社会空间

2.1 对传统"郊区"社会空间模型的反思

传统的城市郊区理论，将发达国家和发展中国家的郊区发展，描述为两种不同的理论模型。以美国为代表的发达国家，在第二次世界大战以后，经历了大规模郊区化。这一过程以大量中产阶级迁入郊区低密度独幢住宅社区为特征，郊区社区的居民生活方式和社会关系与城市社区有所不同[7]。在很多发展中国家，城市郊区往往是贫民区、移民社区以及集中的"社会边缘"地带[8]。加拿大学者麦吉(T. G. McGee)对亚洲城市边缘地带展开研究，发现这些边缘地带的郊区以高密度开发、农业与非农业经济与人口混合为特征，进而提出城乡融合区(Desakota)的地域概念，将其与发达国家传统的中产阶级郊区相区别[9]。

近年来，越来越多的研究者对上述刻板的二分法提出了质疑。郊区作为具有社会内涵的空间概念，正逐渐被重新认识和界定。尤其是郊区人口多样化和社会空间碎片化的趋势，引起了研究者的特别关注。一方面，在发达国家城市郊区的空间重构过程中，边缘城市(Edge Cities)[10]、技术郊区(Technoburbs)[11]、新兴郊区(Boomburbs)[12]等聚落景观形态在城市边缘区兴起，引发了郊区人口的多样化与社会空间的两极化[13]。另一方面，在发展中国家，曾经是社会中下阶层聚居地的城市边缘地带,也出现了与发达国家类似的郊区景观[14];随着门禁社区的开发,贫困与富裕社区往往相邻,却被围墙、铁门、摄像头等严密的安保设施分隔[15]。如 Brown 所述,当代城市"不止一个郊区,而是有两个郊区,一个丰裕富足,与城市连通融合;另一个则被孤立和疏远,贫困而拥挤"[16]。

2.2 郊区社会空间分异:隔离还是融合?

郊区的非均衡发展与社会空间分异现象,引起了城市研究者对郊区社区生活的广泛关注。大量研究聚焦新居住景观引发的空间隔离加剧及其对社会融合的负面影响。一方面,郊区的高端住房市场,如门禁社区与共有社区(Common Interest Development, CID),往往意味着公共领域的私有化[17]、精英阶层的社会脱离[18]及社会排斥[19]。另一方面,郊区的少数民族聚居地(Ethnic Enclaves)、贫民区(Slums)等面临着严重的公共设施与社会服务不足的问题,社会边缘的角色因居住在郊区被进一步强化[20]。

由此,有研究提出社会空间结构对社会矛盾具有调节作用,通过减少空间距离,增加不同阶层群体接触和联系的机会,或将有助于提高社会不同阶层间的相互融合与接纳[21]。不少国家试图通过"去除隔离"的方式促进社会融合,实现社会平等。以美国为例,试图通过空间邻近效应实现社会融合目标,至少有三种类型的政策措施:①对少数族裔社区进行整体搬迁;②鼓励私人开发商参与保障性住房建设;③混合收入社区开发(住宅开发商需要保证项目中包含一定比例的面向低收入阶层的可支付型住宅)[22]。

此外,也有学者倾向于强调空间集聚的积极作用,认为聚居方式保持了特定的社会距离,是社会群体维系社会关系的策略,有益于增加地方依附感和社会融合[23]。对包括移民在内的低收入群体而言,聚居不仅有利于本地文化和社会网络的发展,促进创新和创业,而且为该群体的地方政治影响提供了基础[24]。Ruiz-Tagleb 指出,尽管聚居有利于社会融合,实际上是社会资本集聚的结果,但单纯的空间接近并不能够带来这样的效果[25]。Roitman 与 Phelps 认为,郊区空间的碎片化,不一定直接造成社会隔离,隔离效应与不同的空间尺度相关[15]。

2.3 中国城市郊区的社会空间研究进展

自改革开放以来,中国城市经历了快速的郊区发展,已有研究对郊区人口特征与社会空间进行了广泛讨论。刘玉等人对北京郊区的调查,揭示出郊区人口构成复杂、土地利用碎片化明显的特点[26]。查波等人基于第六次人口普查结果对上海郊区新城人口现状进行分析,揭示出新城人口在来源地、户籍、职业等方面呈现混合特性[4]。杨卡、张小林对南京新城的研究表明,新城内居住空间分异明显,形成高档别墅、普通住宅、经济适用房、农民复建住区等多种类型居住景观[27]。Zhang 对昆明郊区高档住宅区进行研究,特别强调其对中产阶层的兴起与塑造发挥了重要作用[28]。Fleischer 对北京望京进行考察,识别出富裕中产阶层家庭、外来人口和本地居民聚居区域,各自形成典型郊区社区类型[29]。上述研究表明,当代中国大城市的郊区人口构成多样,具有明显的异质性特征[30]。

尽管相关领域已积累了大量的学术成果,但既有研究仍存在进一步丰富完善的空间。一方面,现有关于郊区发展的研究,更多地从发展动力与城市规划视角出发,而作为"局中人"的郊区居民的体验,却在很大程度上被忽略。与中心城社区相比,郊区社区的独特性在于边缘区位、相对较低密度、较新的物理空间与社会环境、多样人口等,因此,郊区社区的社会凝聚与融合或将面临不同的问题。另一方面,尽管已有研究对郊区新城居民的邻里交往、社区融合进行了探索性分析[31,32],但是社会融合与空间分异之间的相关性却并未显著建立。社会空间研究大多停留在对空间模式的描述以及宏观机制的分析,尚缺乏较深层次的社会学分析。而大量对外来人口社会融合问题的研究,主要从社会资本[33]、制度排斥[34]、社会距离[35]等因素入手,并未充分考虑居住生活社区的影响。

3　郊区新城的社会空间融合研究

3.1　社会空间融合(Socio-Spatial Integration)的内涵辨析

在城市新移民相关研究中,社会融合(Social Integration)也常被等同于社会同化(Social Assimilation),应该说,空间同化是社会融合的一个重要方面[36,37]。该理论认为,如果增加少数人群在主流社会居住空间的比例,那么将有利于二者之间的社会同化;然而,同化的结果是少数一方文化传统的消失。因此,笔者更倾向于采用"社会融合"的说法。与"社会同化"相比,"社会融合"更强调在异质性文化并存的同时,不同群体之间积极互动和相互适应,接近于中国传统文化中的"和而不同"。在这样的情况下,社会融合的结果,是资源的再分配和机会的平等化。

任何社会关系都有其空间存在,并与空间相互作用[38]。空间对社会融合产生影响,往往通过影响不同群体获得资源和机会的途径实现。因此,多维度的"社会空间融合"概念为我们提供了有用的分析工具。当讨论社会融合时,空间因素不可忽视,较早的理论与政策强调“空间隔离”与“社会融合”之间是一种线性的、反向的相互关系,而“社会空间融合”则认为物理距离的接近仅是影响融合的因素之一。Ruiz-Tagleb 提出,社会空间融合包含四个独立的维度:①不同群体之间物理距离的接近;②同等机会的可获得性;③社会交互和共同身份认同;④融合的程度[25]。笔者进一步认为,这一概念的实质,在于强调社会空间融合应同时包含“空间”和“社会”两个维度,一是不同群体在空间上的邻近与平等;二是不同群体之间社会关系的开放与互动。

3.2 中国郊区新城的社会空间分异特征

考察郊区新城的社会空间特征,需要从郊区新城的发展驱动力入手。郊区新城承担着都市区尺度产业空间重构的功能,郊区作为工业生产的重要空间,吸引了大量外来移民。在很大程度上,过去十年的新城发展模式,是在低成本土地经营基础上的高速度、大规模的“土地城镇化”。新城凭借良好的居住环境,吸引中心城区居民的外迁或购置第二套住宅投资房产。同时,在新城开发和征地的过程中,产生了大量失地农民。当代中国的新城发展模式下,郊区新城人口的多样性特征尤为明显[30]。不同背景的居民能否在同一物理空间与社会环境里相互渗透、适应与融合,产生共同的地方身份认知,形成和谐包容的社会关系,是郊区新城社会发展的核心问题。

然而,从空间角度来看,新城的发展模式形成了新城内严格且排他性的功能空间分区特征;同时,由于郊区新城规模往往很大,不同功能区域之间的空间距离很远。此外,人口与产业、就业的不匹配,也使郊区新城的社会空间分异特征明显。以上海市松江新城为例,松江新城东部是规划建设的高档别墅区;新城中心是城市商业中心与中产阶层的商品房社区;新城的两侧则是工业区,产业工人多居住在邻近工业区的地带。居住景观的差异性也很大。在新城里,至少可以观察到三类居住景观:第一类是占据主导地位的公寓商品房社区,包括一般商品房小区和动迁房小区;第二类是高档别墅社区;第三类是在新城周边的一些城中村社区。其中,第一类的社区居民,混合程度较高,大量投资用途的商品房,被承租人分隔成若干套小房间出租给外来人员。根据实地调查,新城某邻近工业区的商品房小区,拥有 1 826 套房屋,1/3 为外省市居民所购,1/3 作为当地农民动拆迁安置房,常年有超过 600 套房屋对外出租,每套被分隔成 5~8 个居住单元,由此产生“群租”现象和“二房东”职业。

3.3 中国郊区新城的社会空间融合研究框架

郊区新城的空间分异，可视为社会群体聚居在不同社区，并划出群体边界，以各自方式建立与新城的关系。既有关于中国郊区新城的文献，并未过多涉及显著的空间分异特征对社会融合的影响。要回答“空间隔离”与“社会融合”的相关性，有待建立一个解释性的研究框架，结合国内外研究进展，引入社会空间融合的概念。笔者认为，有必要回到一个基本的理论问题，即邻里空间对社会融合的作用机制是什么?

不同邻里特征的聚居区对融合影响不尽相同。Marcuse 提出聚居区类型三分法[23]：①隔都(Ghetto)是被主流社会排斥且视为下等的贫民区，此类集聚有碍社会融合；②领地(Enclave)是以种族、宗教或其他共性定义的群体，通过空间集聚方式促进经济、社会与文化的发展，此类集聚对居民融合有积极作用；③堡垒(Citadel)是以安全防卫和身份认同为目标的居住形态(如门禁社区)，此类集聚是妨碍融合的消极空间。

从社会空间融合的概念出发，可从两个方面剖析邻里特征对融合的作用机制：一是社区物理空间的影响；二是社区居民的社会关系特征(图1)。这两个特征对邻里或社区融合的影响，分别表现出“开放性”和“凝聚性”。利于融合的社区，应具有开放性：社区居民在就业、公共活动等方面具有较好的空间可达；社区居民往往具有本社区之外的社会网络。同样，利于融合的社区，也应具有凝聚性：较好的社区居住环境有利于培育社区认同；较多的邻里交往有利于社区共识。

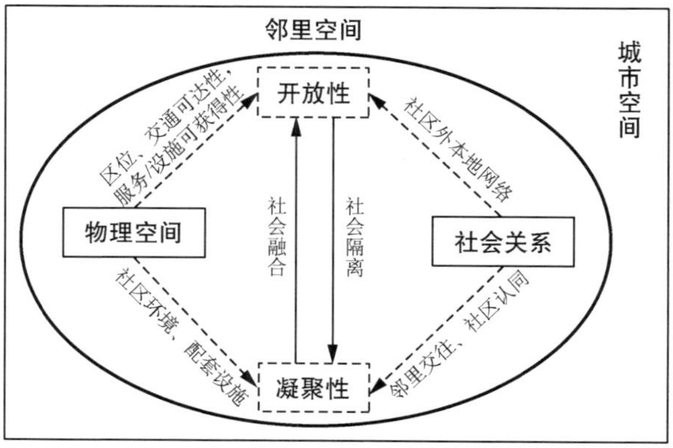

图1　郊区新城的社会空间融合研究框架

这一框架包含了邻里和城市两个不同的空间尺度。邻里尺度上的社会空间融合，可能对新居民建立对新城尺度上的地方依恋（Place Attachment）产生影响。因此，可以以邻里为分析单位，在更大的城市尺度上讨论融合问题。同时，这一框架也更好地解释了不同时间长度对融合的影响。有研究表明，在移民初期，与同一社会群体聚居，有利于其融入当地社会；但当居住时间超过一定阈值，就可能会转化为负面影响[39]。从社会空间融合的视角看，在迁入初期，邻里社会关系是新移民的重要资源，而随着时间的推移，邻里空间维度上的劣势对阻碍移民的社会流动的作用日渐凸显。

笔者认为，可根据上述因素对新城社区进行类型分析，开放性和凝聚性较好的社区，最有利于居民的本地社会融合。例如，商品房社区，尽管社区内互动并不多，其他因素较为突出，其城市尺度社会融合总体较好。相反，城中村社区和动迁公寓，尽管邻里互动较好，但交通可达性、本地社会网络、社区环境与配套设施均不利，使其处于被排斥的社会隔离困境。

4　结语

郊区新城在我国城镇化中具有战略地位。但是由于产业结构以制造业为主、公共配套设施滞后，以及户籍和其他相关公共服务体系的二元化结构，新城人口数量增长与城市社会发展并不匹配，或者说“人口城镇化”滞后。新城作为当前我国城市郊区增长的主要形式，人口构成也表现出多样化特征。然而，仅凭硬件设施投入，并不足以吸引资本与人口（特别是高素质人才）。实际上，新城已有相当一部分外来人口，让已进入新城的外来人口融入本地社会，实现长期定居，将是新城经济和社会发展的重要保障。

本文引入社会空间融合视角，考察郊区新城的空间分异与社会融合的问题。由于特殊的快速发展模式，中国郊区新城的社会空间分异特征十分明显。然而，笔者认为空间隔离与社会融合并没有直接的因果关系，邻里尺度上的集聚不一定会影响本地社会融合。笔者提出，新城尺度上的融合，恰恰取决于不同人群聚居区的邻里特征。邻里特征通过物理空间和社会关系两个维度的开放性和凝聚性对新城居民的本地融合发生作用。在两个维度均具有较好表现的邻里社区，居民能够更好地融入新城的新环境。

我国当前的新城发展政策，强调发展服务业、完善城市功能来吸引人口。从社会空间融合的视角看，基于邻里空间尺度制定合理的公共政策、提升外来人口聚居社区通勤能力和公共设施可达性、改善社区居住环境，以及加强本地社区建设，将对外来人口的社会融合起到积极作用，从而促进郊区新城的协调健康发展。

参考文献

[1] 武廷海，杨保军，张城国，等. 中国新城：1979—2009[J]. 城市与区域规划研究，2011，4(2)：19-42.

[2] LIN G C S. Reproducing Spaces of Chinese Urbanisation: New City-Based and Land-Centred Urban Transformation[J]. Urban Studies, 2007, 44(9): 1827-1855.

[3] 张凡，宁越敏. 上海新城建设研究[J]. 上海城市规划，2012(5)：18-24.

[4] 查波，季芳，王春兰. 上海郊区新城人口集聚现状分析[J]. 统计科学与实践，2012(10)：23-25.

[5] 魏旭红，张婷麟，孙斌栋. 大都市郊区新城的空城化与破解策略：以上海松江为例[J]. 上海城市管理，2011，20(2)：61-63.

[6] 俞斯佳. 上海郊区新城发展的历史回眸与未来创新[J]. 上海城市管理，2012，21(1)：21-24.

[7] GANS H J. The Levittowners: Ways of Life and Politics in a New Suburban Community [M]. New York: Vintage, 1967.

[8] DAVIS M. Planet of Slums[M]. New York: Verso, 2006.

[9] MCGEE T. The Emergence of Desakota Regions in Asia: Expanding a Hypothesis [M]//GINSBORG N, KOPPEL B, MCGEE T. The Extended Metropolis: Settlement Transition in Asia. Honolulu: University of Hawaii Press, 1991: 3-25.

[10] GARREAU J. Edge City: Life on the New Frontier[M]. New York: Doubleday, 1991.

[11] FISHMAN R. Bourgeois Utopias: The Rise and Fall of Suburbia[M]. New York: Basic Books, 1987.

[12] LANG R E, LEFURGY J. Boomburbs: The Rise of America's Accidental Cities[M]. New York: Brookings Institution Press, 2007.

[13] HALL M, LEE B. How Diverse are US Suburbs?[J]. Urban Studies, 2010, 47(1): 3-28.

[14] DICK H W, RIMMER P J. Beyond the Third World City: The New Urban Geography of South-East Asia[J]. Urban Studies, 1998, 35(12): 2303-2321.

[15] ROITMAN S, PHELPS N. Do Gates Negate the City? Gated Communities' Contribution to the Urbanisation of Suburbia in Pilar, Argentina[J]. Urban Studies, 2011, 48(16): 3487-3509.

[16] BROWN E. War on Waste and Other Urban Ideals for Latin America[C]//MORSE R M, HARDOY J E. Rethinking the Latin American City. Washington: Woodrow Wilson Center Press, 1992, 110-127.

[17] MCKENZIE E. Privatopia: Homeowner Associations and the Rise of Residential Private Government[M]. New Haven and London: Yale University Press, 1994.

[18] REICH R B. Secession of the Successful[N]. New York Times Magazine, 1991-01-20(16-18).
[19] ATKINSON R, BLANDY S. Introduction: International Perspectives on the New Enclavism and the Rise of Gated Communities[J]. Housing Studies, 2005, 20(2): 177-186.
[20] MURPHY A K. The Suburban Ghetto: The Legacy of Herbert Gans in Understanding the Experience of Poverty in Recently Impoverished American Suburbs[J]. City & Community, 2007, 6(1): 21-37.
[21] GRASLAND C. Spatial Analysis of Social Facts [C]//BAVAUD F, MAGER C. Handbook of Theoretical and Quantitative Geography. Lausanne: University of Lausanne, 2009: 117-174.
[22] GOETZ E. Housing Dispersal Programs[J]. Journal of Planning Literature, 2003, 18(1): 3-16.
[23] MARCUSE P. The Enclave, the Citadel, and the Ghetto: What Has Changed in the Post-Fordist U.S. City[J]. Urban Affairs Review, 1997, 33(2): 228-264.
[24] BOLT G, BURGERS J, KEMPEN R V. On the Social Significance of Spatial Location; Spatial Segregation and Social Inclusion [J]. Journal of Housing and the Built Environment, 1998, 13(1): 83-95.
[25] RUIZ-TAGLEB J. A Theory of Socio-Spatial Integration: Problems, Policies and Concepts from a US Perspective [J]. International Journal of Urban and Regional Research, 2013, 37(2): 388-408.
[26] 刘玉,冯健,孙楠. 快速城市化背景下城乡结合部发展特征与机制:以北京海淀区为例[J]. 地理研究,2009,28(2):499-512.
[27] 杨卡,张小林. 大都市郊区新城住区的空间演变与分化:以南京市为例[J]. 城市规划,2008,32(5):55-61.
[28] ZHANG L. In Search of Paradise: Middle-Class Living in a Chinese Metropolis[M]. New York: Cornell University Press, 2010.
[29] FLEISCHER F. Suburban Beijing: Housing and Consumption in Contemporary China [M]. Minnesota: University of Minnesota Press, 2010.
[30] SHEN J, WU F. Moving to the Suburbs: Demand-Side Driving Forces of Suburban Growth in China[J]. Environment and Planning A, 2013, 45(8): 1823-1844.
[31] 杨卡. 新城住区邻里交往问题研究:以南京市为例[J]. 重庆大学学报(社会科学版),2010,16(3): 125-130.
[32] 翟伟琴. 大型居住社区社会融合的规划导向[J]. 上海城市规划,2012(4):109-112.
[33] 任远,陶力. 本地化的社会资本与促进流动人口的社会融合[J]. 人口研究,2012,36(5): 47-57.
[34] 汪汇,陈钊,陆铭. 户籍、社会分割与信任:来自上海的经验研究[J]. 世界经济,2009(10): 81-96.

[35] 王桂新，武俊奎. 城市农民工与本地居民社会距离影响因素分析：以上海为例[J]. 社会学研究，2011(2)：28-47.

[36] MASSEY D S. Ethnic Residential Segregation: A Theoretical Synthesis and Empirical Review [J]. Sociology and Social Research, 1985, 69(3): 315-350.

[37] ALBA R D, LOGAN J R, STULTS B, et al. Immigrant Groups and Suburbs: A Reexamination of Suburbanization and Spatial Assimilation[J]. American Sociological Review, 1999, 64(3): 446-460.

[38] SOJA E W. The Socio-Spatial Dialectic[J]. Annals of the Association of American Geographers, 1980, 70(2): 207-225.

[39] MUSTERD S. Social and Ethnic Segregation in Europe: Levels, Causes and Effects[J]. Journal of Urban Affairs, 2005, 27(3): 331-348.

上海新城之社会空间发展 1.0—5.0

赵 蔚 李 晴

2021 年 3 月，上海市新城规划建设推进协调领导小组办公室根据《上海市人民政府印发〈关于本市“十四五”加快推进新城规划建设工作实施意见〉的通知》，并发布了《上海市新城规划建设导则》，提出了嘉定、青浦、松江、奉贤、南汇五个新城建设与发展的行动指南，制定了上海对长三角地区周边城市辐射和协同联动发展的桥接空间战略，使上海的新城发展进入新的发展阶段。自“一五”时期以来，上海的新城经历了工业区+工人新村、卫星城、新型产业卫星城、一城九镇、“1966”城镇规划体系、五个新城等发展阶段，新城对上海全域发展来说，始终是城市发展的重要战略之一。经过多轮规划建设，当前上海的新城不仅面临空间与功能的优化，还面临社会和品质的提升。本文将从历次新城规划与建设历程出发，回顾并解读不同阶段新城发展中社会空间的形成，并提出新阶段新城建设与更新的思考。

1 引言

在上海的大都市发展过程中，新城建设始终承担着应对城市规模扩张、优化市域范围功能和空间结构的重要职能。同时，新城也是上海社会空间拓展、社区建设的实验形态之一。不同时期的上海市城市总体规划及国民经济和社会发展五年计划中，均从上海整个城市的社会发展需求角度出发，对市域范围内的城镇（乡）体系以及新城（各时期表述不一）进行了战略部署和规划。本文在对从《大上海都市计划》开始的各个正式版上海市城市总体规划及建设指导进行社会空间解读的基础上，对上海新城未来建设发展提出若干思考。涉及的上海市城市总体规划版本包括《大上海都市计划》（初稿 1946 年，二稿 1948 年，三稿 1949

赵蔚，同济大学建筑城规学院城市规划学院城市规划系副教授。

李晴，同济大学建筑城规学院城市规划学院城市规划系副教授。

原文以《空间·功能·社会：上海新城发展 1.0—5.0》为题发表于《空间与社会评论》，2023 年，第 2 期，第 83-97 页，收入本书时有修改。

年)、《上海市总图规划》(1953 年)、《上海市城市总体规划方案(修改稿)》(1986 年)、《上海市城市总体规划(1999—2020 年)》以及《上海市城市总体规划(2017—2035 年)》。随着上海大都市区域的拓展和与周边城市的连接,上海的新城发展正迎来更富有挑战性的机遇。

2 上海的新城发展 1.0:人口疏散的“中心市区—新市镇”社会空间规划

上海新城发展规划从 1945 年抗战后重建复兴开始。新一轮的规划启动,1946 年的《大上海都市计划》初稿突破了当时的上海市域,提出了“中心市区—新市镇”的结构设想,通过发展新市区与重建市中心区并举的措施:“市域范围 893 平方千米,人口约 400 万人,预测至 1996 年,人口增至 1 500 万人,市域容纳 700 万人,其余人口以卫星市镇方式向附近区域发展”,以“功能分区”“有机疏散”和“区域规划”的理论为指导,在更大的区域发展新市区,同时重建市中心。市区形成 50 万～100 万人的单元,市区以下形成 16 万～18 万人的市镇单位,空间规模控制在 30 分钟步行距离内。每个市镇都有工业、住宅等用地,每个市镇由 10～12 个中级单位组成,每个中级单位 1.2 万～1.6 万人,设商业中心和游憩设施。每个中级单位包含 3～4 个再次一级的小单元,以小学校为中心,4 000 人左右(当时小学学龄儿童约占 12%,一个学校约 480 名学生,故小单位为 4 000 人左右)。市镇与市镇之间以 500 米绿带隔离。在《大上海都市计划》(1946 年)中,疏解中心城区人口、优化中心城区功能、有机疏散和沿区域快速交通轴发展市镇节点的思路影响了以后每一版上海市城市总体规划的基本空间格局和社会发展思路。

《大上海都市计划》(1949 年)进一步明确了“新计划区”(新城)的空间布局:设淞阳、蕰藻、殷江、真南、蒲虹、莘宝、曹塘、闵马、高陆、泾斯、周盛共 11 个相对独立的新计划区,各区彼此间用绿地隔离,区内居民一切日常生活需要均能在区内获得。这是上海第一次将收回的原英法租界和华界作为一个统一的大城市来设计规划。《大上海都市计划》以 50 年为规划期,再以 5 年计划、10 年计划逐步推进。上海人口在 1936 年达 380 万人,1946 年 4 月达 390 万人(除周浦、塘湾两区),依据这些数据和马尔萨斯人口理论,区划组最终拟定上海市在 25 年内人口增至 700 万人。对此,当时各方虽存在分歧,但上海市都市计划委员会经过斟酌最终还是确定了 700 万人的人口规模。从这些争议中可以

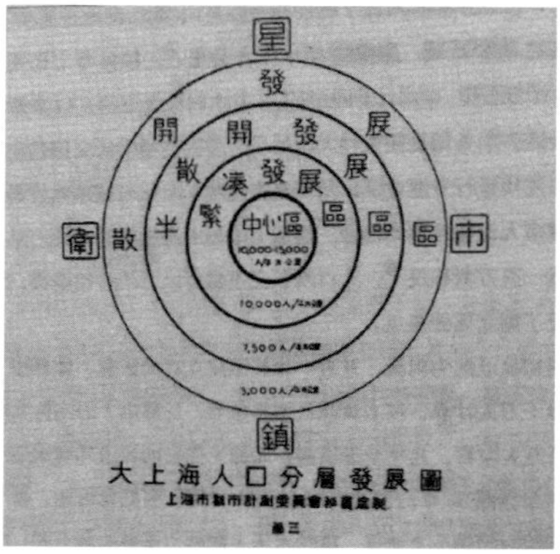

图 1　大上海人口分层发展图

资料来源：上海工务局，《大上海都市计划》，1946—1949 年

看出，当时的人们在面对巨变的世界时，采取了在当时条件下科学、理性的态度来面对未来。

《大上海都市计划》中的"卫星市镇"概念指出：卫星市镇是具有完整功能的单位，包括工业、居住、商业娱乐等，"完全按照市区标准，而非按照郊区标准"，人口需要就近工作，以减少市镇和市区之间的交通。《大上海都市计划》还特别强调"公众参与"的概念，不仅参与者来自各行各业，初稿和二稿还曾向公众公开征询意见，并公开了所有的工作会议记录（图 1）。

3　上海的新城发展 2.0：生产与功能至上的工业卫星城社会实践

1953 年，《上海市总图规划示意图》在苏联专家指导下完成，提出疏散旧区稠密人口、居住靠近工作地点的原则。1958 年区划调整，国务院将原江苏省的嘉定、上海、松江等 10 个县划归上海，上海市的辖区面积从 606.18 平方千米扩大到 6 185 平方千米。1959 年，编制完成《关于上海城市总体规划的初步意见》《上海区域规划示意草图》和《上海城市总体规划草图》。规划在空间上提出"逐步改造旧市区，严格控制近郊工业的规模，有计划地建设卫星城镇"的原则，发展基本独立、各有特色的卫星城镇。这些卫星城镇接纳中心市区疏散人口和工业，上海形成由"单一城市"向"组合城市"发展的方向。

这一阶段的总体规划实质性推进了卫星城建设，至 1959 年年底，上海先后建设了闵行、吴泾、安亭、松江、嘉定五个不同工业主题的卫星城：闵行卫星城以机电工业为主，吴泾卫星城以化学工业为主，嘉定卫星城以科研为主，松江卫星城以仪表轻纺为主，安亭卫星城以汽车工业为主。

回溯总结 20 世纪 50 年代的卫星城建设，当时基于功能主义的产业布局对今天上海市的产业发展仍有着深远的影响。在当时比较成功的闵行卫星城建设中，汽轮机厂、电机厂、锅炉厂和重型机器厂这四个大型企业各占地 1 平方千米，每个厂拥有近万名职工，配套建设职工住宅区、发电厂和自来水厂等基础设施。在生活方面，著名的闵行一条街规划，根据"成街成坊"原则，配套职工住宅区生活服务，成为当时新中国工业新城规划建设的样板。然而，工业卫星城的建设虽为后来的发展奠定了产业和人口基础，但支撑产业的新城建设偏重主导产业发展，并未将职工及家属们的社会生活作为规划重点，生活性的设施配套以最基本的标准规划建设，生活物品供给品种单一，这也是当时卫星城职工及家属后期流失的主要原因——“安居”与“乐业”难以兼顾。

“文革”期间，上海城市规划、管理及城市建设基本停滞。

4 上海的新城发展 3.0：空间和功能持续完善的产业新城

20 世纪 80 年代后，上海的发展方向再次发生改变，朝着“外向型经济中心城市”的方向发展。1986 年《上海市城市总体规划方案（修改稿）》是第一个经过国家批准的城市总体规划。改革开放推动了上海城市经济的恢复和增长，这一版规划确定上海为“我国的经济中心之一，重要的国际港口城市”，城市基本格局为“改造和建设中心城，积极开发浦东地区，充实和发展卫星城，有步骤地向杭州湾北岸和长江口南岸两翼展开”，中心城建设采用“多心开敞式”布局，明确“中心城—卫星城—郊县小城镇—农村集镇”四个层次的城镇体系。这是上海经济起飞阶段非常重要的一版城市总体规划，城市的基本框架和基础设施在这一版规划的指导下建设完成，宝山和闵行的发展撑起了南北翼，嘉定、安亭、青浦、松江、金山五个卫星城持续建设。在上海的城市化进程中，浦东的发展也初具规模，对完善上海市的城镇体系和空间格局起到了非常重要的作用。

由于经济建设是发展的首要任务，这一阶段的新城规划和建设仍以空间和功能的强化为主，管理体制并没有和规划建设的发展一起创新，对区县的赋权滞后于规划，计划经济的管理模式对新城的建设推动明显动力不足。20 世纪八九十年代是上海改革开放和经济建设发展提速时期，企业面临改革，大量“单位人”变为“社会人”，而新城建设在这个阶段仍停留在产业基地的层面。随着经济改革的推进，社会及管理体制改革并没有同步进行，城乡二元的结构在 20 世纪 90 年代初仍具有强约束作用，单中心的空间结构下中心城区仍然独具优势，新城空间和功能的完善在没有相应社会培育和社区建设机制的状况下，缺乏整体协调的发展，总体吸引力不足。但在接下来的 20 年中，情况发生了变化。

5 上海的新城发展 4.0：空间—功能—社会协调发展阶段的探索期

《上海市城市总体规划（1999—2020 年）》取消了“卫星城”的提法，首次提出“郊区新城”的概念。国务院的批复提出集中力量建设新城。在浦东的开发引领下，上海进入跨越式发展阶段，按照城乡一体、协调发展，提出“多轴、多层、多核”

的市域空间结构，扩展沿江、沿海发展空间，确立“中心城—新城—中心镇——一般镇”四级城镇体系。同时，“退二进三”的产业结构调整，推动人口向郊区新城和中心镇集中，这与我国城市化进入快速上升阶段密切相关。进入上海的城市化人口，部分截留在郊区新城，成为新城发展的持续驱动力。与城乡新城发展相适应，更为重要的举措是郊县“撤县建区”的行政区划调整。1997—2001 年，金山、松江、青浦、奉贤、南汇等县先后建区。新城的建设导向已超出其原有卫星城时代的功能和空间范畴，开始真正融入上海的城市化进程。新城与中心城区共同形成组合式的特大城市体系，进一步促进了新城的自我完善，使其形成相对独立的现代化城市。

上海对新城建设模式和方向的探索是各个时期总体规划的核心内容之一。“十五”期间，确定了“一城九镇”、一镇一貌，引入国外特色风貌城镇的空间格局和建筑风格，后演变为“三城七镇”。新市镇建设过程中，由于住宅先行，公共配套设施和市政交通设施滞后，就业岗位也不够充沛，社区仍然无法有效培育，人口并未如规划预期疏解到新城。“十一五”期间，上海提出“1966”城镇规划体系，新城数量增加到 9 个，并提出产业、轨道交通建设并行，完善新城服务功能，继续吸引人口集聚，重点推进西北部的嘉定新城、西南部的松江新城、东南部的临港新城建设。

“十二五”之后，上海战略辐射长三角地区，优化嘉定、松江新城，将其作为辐射长三角地区的综合性节点城市，并加快青浦新城、南汇新城建设，推动金山新城发展。新城的能级随着五年计划提高，旨在融入世界级城市群，强调产城融合。值得关注的是，20 世纪 90 年代中期以来，上海市意识到城市发展中由社会管理到社会治理的迫切性，开始改革原有“两级政府、两级管理”的架构，积极探索“两级政府、三级管理”（后增加居委会“四级网络”），“横向到边、纵向到底”的网格化社会治理逐步成为上海城市精细化管理的特色。可见，高效的基层社会治理对新城的完善发展起到了提效增质的作用，随着新城就业岗位的增加、公共交通的通达，以及公共配套服务质量的提升，新城人居环境得到了整体改善。新城人口来源多元，并且开始因自身发展通过功能提升、产业布局而有选择地引进相应人口，如松江大学城、临港新城教育体系的完善对人口的吸引。

6　上海的新城发展 5.0：完善的世界级城市网络综合节点

《上海市城市总体规划（2017—2035 年）》定位全球城市，市域范围内的城镇群将和周边城镇共同打造世界级城市群，新城作为这一战略目标的桥接，不再是“郊区新城”，而是城市群网络中的独立综合节点城市。

2021 年 3 月，上海市新城规划建设推进协调领导小组办公室根据《上海市人民政府印发〈关于本市“十四五”加快推进新城规划建设工作实施意见〉的通知》，并发布了《上海市新城规划建设导则》，确定上海重点发展的五个新城：嘉定新城、松江新城、青浦新城、奉贤新城和南汇新城，规划总人口规模约 385 万人，新城独立且具备大城市的产业、综合服务水平。

（1）嘉定新城：沪宁发展廊道节点城市。以汽车研发及制造为主导产业，以人文和科创为特色，建设服务长三角的现代化生态园林城市，规划人口约 70 万人。

（2）松江新城：沪杭发展廊道节点城市。以科教和创新为特色，发展服务经济、战略性新兴产业和文创产业，打造具有历史文化、自然山水特色的休闲旅游度假地和高等教育基地，规划人口约 110 万人。

（3）青浦新城：沪湖发展廊道节点城市。以创新研发、商务贸易、旅游休闲功能为支撑，打造具有历史文化的生态型水乡都市和湖滨城市，规划人口约 65 万人。

（4）奉贤新城：滨江沿海发展廊道节点城市。建设辐射杭州湾北岸长三角的综合性服务型核心城市，发展智慧、宜居、低碳、健康城市，规划人口约 75 万人。

（5）南汇新城：滨江沿海发展廊道节点城市。以先进制造、航运贸易、海洋产业为支撑，以自贸区制度创新、产业科技创新、智慧文化创新为动力，规划人口 65 万人。

7　新城发展回顾与展望

从表 1 可看出，上海的新城建设主要分成“卫星城”和“新城”两个阶段。“卫星城”阶段的主导思想是依托中心城区，疏解中心城区产业和人口，“新城”阶段的主导思想是独立发展，协同中心城区共同形成优势互补的城市圈。

表 1　上海市城市总体规划中的新城建设理念发展(1946—2017 年)

规划版本	规划人口规模（万人）	新城	指导思想与建设情况
《大上海都市计划》(1946 年)	400	11 个相对独立的新计划区	有机疏散，新市镇作为大都市区的人口疏散区，空间和功能相对独立
《上海市总图规划》(1953 年、1956 年、1958 年)	600	开辟现代化工业化型卫星城	以工业化为目标，以“重生产、轻生活”为建设指导思想。公共配套设施单一。集中发展闵行、吴泾、安亭、松江、嘉定 5 个工业卫星城，20 世纪 70 年代又增加 2 个(金山卫、吴淞)

(续表)

规划版本	规划人口规模(万人)	新城	指导思想与建设情况
《上海市城市总体规划方案(修改稿)》(1986 年)	1 300	卫星城数量维持 7 个:闵行、吴泾、嘉定、松江、安亭、金山卫、吴淞	四层次城市结构"中心城—近郊工业区—卫星城—郊县小城镇—农村小集镇"。规划提出卫星城要建设成一个完善的生产和生活环境,每个卫星城有主导产业,强调产城一体发展
《上海市城市总体规划(1999—2020 年)》	1 600	11 个新城	面向长三角的"中心城—新城—中心镇—一般镇"。新城是以区(县)政府所在地城镇或依托重大产业及城市重要基础设施发展的中等城市(20 万～30 万人)
《上海市城市总体规划(2017—2035 年)》与《上海市新城规划建设导则》(2021 年)	2 500	5 个新城:嘉定、松江、青浦、奉贤、南汇	面向世界级城市群的"主城区—新城—新市镇—乡村"城乡体系。重点建设嘉定、松江、青浦、奉贤、南汇新城为综合性节点城市,按照大城市标准建设,规划常住人口 385 万人

从目标的实现及发展过程看,这两个阶段的发展其实是伴随上海市的发展而持续推进的,服务于上海的发展目标。

"卫星城"阶段的规划建设实施始于 20 世纪 50 年代,从卫星城建设开始。20 世纪五六十年代上海卫星城的产业定位基本符合当时上海经济社会发展的实际需求。由于 1949 年后上海市人口增长迅速,市区人口从 418 万人(1950 年)增至 609 万人(1957 年),人口密度超过 5 万人/平方千米,老城区空间拓展困难,加上《大上海都市计划》"有机疏散"的影响,上海市规划建筑管理局提出建设卫星城作为新的工业区。在"充分利用、合理发展"工业建设方针的指导下,1958 年,国务院先后两次批准,将江苏省所辖的宝山、嘉定、川沙等 10 个县划归上海,可规划面积超过 6 000 平方千米,为卫星城的建设提供空间。同年,上海市城市规划设计研究院对上述地区进行建厂条件调查,根据尽可能靠近河道、铁路和原有集镇,有供电、供水等条件,并与市中心有适当距离(20～30 千米)的选址原则,规划新型工业卫星城。20 世纪 50 年代,上海在市区边缘先后建设了 8 个工业区和一批工人新村。至 1959 年年底,上海先后规划和启动建设了闵行、吴泾、安亭、松江、嘉定 5 个卫星城,分别以某个工业为主导,形成了上海"主城+周边新城”的城市空间基本格局。这一阶段的卫星城建设由于过于强调工业发展，对生活配套服务的规划和建设相对欠缺，卫星城在初步建成时虽一度呈现欣欣向荣的发展态势，但单一的产业结构和滞后于工业的社会服务配套，以及对城市化认知的偏差，使卫星城并未如预期那样持续发展，形成产业集聚和人口集聚，反而逐步流失了产业人口以外的服务人口。因此，这个阶段人口疏散的目标并没有达成，只局部实现了产业转移和卫星城空间布局。

改革开放后经济发展的需要，进一步推动了“卫星城”在中心城区“退二进三”产业结构调整中的第二产业承接，这时的卫星城发展主要受制于市域基础设施和公共服务的建设，如卫星城与主城区的通勤时间过长，而卫星城自身的配套服务能力又严重不足。市场经济对主城区发展的促进作用明显，不到 10 年时间(1982—1990 年)，上海市新增人口近百万①。然而，受制于交通出行条件等因素，人口继续在中心城区集聚，卫星城人口规模和密度没有明显变化。

内环以内的人口减少发生在改革深化的 1990—2000 年，上海常住人口增长近 400 万人，内环以内的人口总量呈下降趋势。但人口并未流向郊区卫星城，而是随着近郊“两个一千万”等工程建设、中心城区蔓延扩大继续在原来的核心区周围集聚②。

转机发生在 2000—2010 年，经济高速增长和城市化快速推进，加上上海世界博览会的契机，上海市域的交通条件发生了质的变化，快速交通系统初步建成，1 小时交通圈甚至超越了市域边界，加上中心城区“双增双减”政策，郊区新城终于发挥了疏解中心城区人口的作用，2000 年后上海郊区新城人口增长幅度提高，距离《大上海都市计划》“有机疏散”这一目标的提出有 50 年的时空距离。

2010—2020 年是上海新城发展的黄金期，在基础设施建设和配套服务基本满足后，有研究发现，这一阶段新城的职住状况有了很大改善，新城和区内职住比例明显上升。新城终于摆脱原来“卫星城”重度依赖中心城的状况，走向更为独立的城市发展路径。

8 结语

随着中国在全球的重要性日益提升，中国的主要超大城市和城市群将在全球范围实现能级跃升。上海这样的世界级城市已经完成了“集聚”过程，在未来

① 数据来源：1982 年和 1990 年上海市第三次人口普查和第四次人口普查数据。
② 数据来源：1990 年和 2000 年上海市第四次人口普查和第五次人口普查数据。

的发展中,只有创新发展思路,将发展战略聚焦城市网络建设,整体提高区域空间发展效能,才能真正实现上海全球城市能级跃升的目标,而新城将是上海与周边地区实现联动协作的重要桥接点。

创新新城发展思维。上海走过了空间拓展的 1.0—2.0 阶段、功能导入的 3.0—4.0 阶段,迎来社会全面发展的 5.0 阶段。在空间上,新城分别对接周边的主要省市,流空间的节点优势明显,并且新城未来可提升的空间潜力更大。在功能上,新城已经基本完成了早期产业和人口的疏解功能,成为相对独立的城市,进入了自我优化通道,未来对人才和产业的吸引力将是新城持续发展的驱动力。因此,对上海新城的未来发展而言,在基本完成初始建设积累后,社会环境对新城综合环境的加持将成为未来新城实现持续发展的良性路径。

人与人的互促。新城的人口年龄普遍比中心城区年轻,且导入人口的受教育水平呈越来越高的趋势,这构成了新城在社会基底方面的发展优势。如何持续吸引人才,并形成人才与新城的互促、创造价值,仍是新城需要努力的方向,这涉及了满足人各方面需求的问题。社会属性的人的价值实现中,马斯洛的需求金字塔对新城社会发展仍具有意义。

公共服务满足。公共服务质量对任何类型的城区都是重要的标志,对建设时间较短的新城更是需要重点推进的内容。上海的 15 分钟生活圈规划建设对新城的意义比中心城区更突出。

社会保障可靠。在更高等级的发展阶段,看不见的制度性环境成为核心竞争力,社会的稳定和良好的运行能强韧社会信任,社区认同和共同意识不仅可以弥补其他外部条件的不足,更能激发在地内生性的发展动力。

新城人文创建。城市的人文基因形成、文化积淀是跨代际的过程,作为独立的大城市的新城,能成就其独特城市美丽的人文对新城的发展来说是难度更高的要求,且需要更长久的积淀。

参考文献

[1] 林华,范宇,王世营.建设面向未来的综合性节点城市:上海新一轮新城发展战略研究[J].上海城市规划,2021,4(4):1-6.

[2] 张捷,肖宏伟,赵民.国土空间规划背景下上海新城建设的若干分析与思考[J].上海城市规划,2021,4(4):22-29.

[3] 郑德高,王英.新城发展取向与创新试验:基于国际建设经验与未来趋势[J].上海城市规划,2021,4(4):30-36.

[4] 葛春晖，朱郁郁. 基于区位论的上海新城发展评估与策略[J]. 上海城市规划，2015(3)：4-9+45.

[5] 钮心毅，丁亮，宋小冬. 基于职住空间关系分析上海郊区新城发展状况[J]. 城市规划，2017，41(8)：47-53+126.

[6] 陈琳，熊鲁霞. 对新一轮上海郊区新城规划建设的战略思考[C]//中国城市规划学会、重庆市人民政府. 规划创新：2010 中国城市规划年会论文集. 重庆：重庆出版社，2010：1432-1438.

[7] 潘斌，陆嘉. 上海郊区新城"产城融合"的策略研究[C]//中国科学技术协会，贵州省人民政府. 第十五届中国科协年会第 25 分会场：产城互动与规划统筹研讨会论文集. 2013：1-6.

[8] 侯丽，王宜兵. 鲍立克在上海：近代中国大都市的战后规划与重建[M]. 上海：同济大学出版社，2016.

产城融合篇

当前，新城发展面临发展品质、服务水平、社会治理不均衡等突出问题。产业园区与周边街镇因考核要求、核心目标和治理机制不同，在园区服务需求和社会治理责任外溢等问题上难以协同共治，使园区周边地带社会治理失灵现象突出。产城融合在社会空间形态上，主要表现产业园区与周边街镇社区的经济、空间和社交融合。本篇主要从就业吸纳、治理创新和友好空间共享等角度，总结上海新城建设者在多元主体共治共享方面作出的探索和努力。

产村融合如何助推沪郊农村共富善治

魏程琳

产业振兴是乡村繁荣和农民富裕的基础。以市场资本为主导的外源型产业，在带动乡村经济增长的同时，也会对农民形成"隐性空间剥削"，带来生态恶化、治理失序等问题。如何让农民从地域空间增值中获益并过上和谐有序的乡村生活，是当前乡村发展的重要议题。内生型乡村工业在农民就业、村社福利和集体利益维护等方面具有显著的正外部性，实现了三生空间融合下的治理协同和利益共享。研究表明，构建融合协调的产村关系，需要以互利共赢、协同共治为原则。市场能力强大的企业，如果得不到所在乡村社会的支持，难免会陷入社会交易成本过高的困境之中。

1　问题的提出

乡村产业振兴是推动农民富裕、实现社会善治的基础。与中西部农村劳动力大量外流引发乡村"空心化"的现象不同，长三角、珠三角农村成为中国工业制造、外来人口集聚的空间载体，也是中国率先富裕起来的农村地区。在我国大力推进生态文明建设背景下，该地区乡村产业的空间转型及共富机制值得关注。

珠三角地区以"三来一补"为基础的外向型工业模式，与江苏南部(以下简称"苏南")以社队企业为基础的村集体工业模式，以及温州以家庭个体户为基础的作坊型工业模式有所不同。前者被称为"外源型发展模式"，后二者被称为"内生型发展模式"。外源型发展模式，是指以政府或外来资本为主导的产业发展模式。外源型发展模式通常以满足资本利益为先，常引发生态环境破坏、农民利益受损、地方文化价值被冲击等问题[1]。如今，各地高新技术或新兴产业园区作为地方经济增长的集聚空间，通常被设置在远郊农村周边，园区带来的大量人口在为周边农民提供服务业机会的同时，也导致园区生产、生活成本外溢，使村庄原

魏程琳，同济大学政治与国际关系学院副教授。

有社会治理机制失灵,造成生态环境恶化、治安问题突出、空间治理失序等状况[2]。因此,学界提出产城融合的概念,以推动开发区或新城区域不同空间主体间的权利、责任和利益达到平衡[3]。

当前,以三产融合为抓手的乡村产业发展模式,促使乡村资源利用模式从平面资源开发转向立体空间资源开发,推动其从低附加值产业向高附加值产业转换。然而,乡村空间资源的开发利用收益在很多情况下被投资人不成比例地占有,客观上造就了新的“隐性剥夺”[4]。还有学者指出,资本主导的村庄旅游公司使基层政权组织——村“两委”成为公司的二级单位,村民成为公司治理中的“股民”或失地农民,国家各项惠农资金也被公司获取、占有、支配[5]。龚为纲[6]、孙新华[7]等人亦指出,地方政府凭借项目支持、财政补贴等政策再造农业经营基础、土地流转市场和服务体系,促使土地向农业公司集中,引发普通农户利益受损、村庄共同体弱化、政府合法性受到质疑等社会问题。

在反思外源型发展模式的基础上,学界提出内生型发展模式,其主要是指“不同地区的人群及其集团,按其固有的自然生态环境和传统文化的要求,参照外来的知识、技能、制度,自律地创造出来的产业发展形态”[8]。日本学者宫本宪一指出,内生型发展模式包括四个要点:一是以本地资源为发展基础,以市场经营为主要活动;二是考虑生态环境和居民生活质量等多元化目标;三是努力建立高附加值产业链;四是居民广泛参与经济社会治理事务[9]。基于对苏南等地乡村工业的调查,费孝通对中国农村内生型工业化给予高度评价,他认为这是一条不同于欧洲工业化模式的、具有中国特色的工业道路。西方国家现代工业和城市的发展是以农村的萧条和崩溃为代价的[10]。而内生于中国乡村的工业能带动农民增收致富,平衡城乡关系。

21 世纪以来,国内学者开始重视内生型发展理论和内生型发展模式,提出村社内生型发展模式的经济社会效果显著高于外源型发展模式[11]。学者进一步将内生型发展概括为“发展过程由本地控制,发展选择由本地决定,发展收益保留在本地”[12]。内生型发展以地方有效治理为前提,普通村庄也能通过党建引领、资源共建、社会共治、成果共享等自主治理机制实现社区内生发展[13,14]。中国许多地区存在发达的乡村产业,有特色种养殖业,也有加工业、运输业、旅游业、“淘宝村”[15]。这些内生于村庄的特色产业,让农民有机会参与并分享第二产业、第三产业的收益,获得远高于体力劳动的收入,率先实现富裕。

生态文明建设助推乡村工业转型。面对资源约束趋紧、环境污染严重、生态系统退化的严峻形势，党的十八大提出生态文明建设，明确了促进“生产空间集约高效、生活空间宜居适度、生态空间山清水秀”的三生空间协调发展道路。三生空间依功能而划分，具有鲜明的形态、业态和制度规范差异。但在实践中，具体的空间往往具有复合功能。例如，农业生产用地具有显著的生态功能，城市生态绿地具有明显的生活功能，学界基于此提出“三生融合”的新理念。三生融合发展已成为城市空间规划和优化的重要指导理念[16]，亦是乡村经济发展过程中空间转型的重要方向[17]。笔者认为，三生融合不单是空间规划层面的功能复合或协调，更是三生空间不同主体之间的治理协同和利益共享。

近年来，上海市开展过“五违四必”整治工作，旨在压缩农村低效工业用地和建设用地，提升乡村生态环境质量。浙江省也曾推出“五水共治”“三改一拆”“四边三化”等政策，大力推进农村生态环境整治。在此背景下，东部农村呈现出“去工业化”和进一步服务城市发展的空间逻辑[18]。在此过程中，也有相当一部分乡村企业通过改革生产工艺和流程，达到了地方环保要求，在乡村发展中实现了三生融合。坐落于世界级生态岛崇明区的钢铝制品企业冠华集团就是其中一例。冠华集团的前身是新洲村村民于 1979 年创办的社队企业，2000 年转制为民营企业。目前，全村大多数村民在企业上班、拥有企业股份，是内生型乡村工业富民的一个典型。本文以新洲村冠华集团为例，展示内生型乡村工业的发展过程及其推动农村共富善治的治理机制，以期为全国其他地区乡村工业转型和共同富裕提供经验支撑。

2 上海农村的内生型工业化

上海农村得天独厚的市场区位优势，使之能够分享城市人才、技术、就业等红利。20 世纪 80 年代前后，上海农村涌现出以集体经济为主的小工业，这些小工业刚开始主要做代工，后来逐渐发展成自主制造、销售产品的小企业。它们不仅解决了本地农民的就业问题，还吸引了大量外来人口。这些民营企业有的成长为上市公司，有的则在市场经济浪潮中消失。

1978 年 12 月，中国共产党第十一届中央委员会第三次全体会议拉开了改革开放的序幕，全国各地洋溢着改革发展的热情，以苏南模式、温州模式、珠江模式为代表的工业经济引领全国经济发展。费孝通指出，苏南模式和温州模式的差异在于：前者从社队集体企业起步，是具有“社区集体所有”性质的企业；后者以家庭工业、个体经济为基础进行联合经营，通过分工合作打造专业商品市场[10]。上海农村工业化模式与苏南相似，借助村集体资本、土地和人力创办集体所有制企业。然而,20 世纪 80 年代的农村集体经济,大多是从村办小工业作坊起家的。上海农村和苏州农村由于靠近市场中心,不仅能够分享城市工厂的订单,还能享有城市的人才和技术红利。当时,部分国企工厂的技术人才以“周末师傅”的名义,到乡村指导生产技术,促进乡村工业的发展。

新村乡位于崇明岛最西北区域,是 20 世纪 60 年代围垦而成的乡镇。1968 年冬,在政府的号召下,周边 8 个公社的 1 000 多名拓荒者,肩挑手扛、围垦造田,成功围垦出如今的新村乡。1979 年,新村乡新洲村大队党支部决定发展工业副业。他们发现附近的新海不锈钢制品厂和跃进精艺厂有抛光业务外发,当年 4 月,新洲大队从 14 个生产队中选派了 8 名女将,到新庄大队综合厂学习抛光技术。6 月,村干部们拼凑 1 000 元,购置了 8 台旧设备,在三间小平房内成立了“新洲综合厂”,年终获利 900 元。在接下来的 10 年里,新洲综合厂主要为其他企业提供抛光等加工服务。1989 年 4 月,新洲村集体成立“上海环洲不锈钢制品厂”。新厂长黄先生决定投资 185 万元,引进拉伸机等设备,并自主研发生产不锈钢器皿,推动公司实现了质的跨越。随后,公司注册“环洲”商标,与上海轻工业品进出口公司联合建设“555”牌不锈钢制品生产基地,不锈钢制品远销国际市场。

1991 年,黄先生出国考察期间观摩了德国法兰克福不锈钢制品博览会,展馆内造型别致、设计新颖、品质精良的锅、壶、盘、杯、盏等开阔了他的眼界。回国后,他极力主张公司同国际接轨,提出从韩国引进两台复底锅生产设备,但集体企业需要投资 400 万元人民币。村民、村干部经过多次讨论,最终达成“敢闯敢试”的发展共识。村企业自主推动的设备改造和技术革新开拓了新市场空间,并取得巨大收益,1992 年的年利润突破 500 万元。随后,该公司投资 1 000 万元与港商合资创办“上海万事达不锈钢制品有限公司”,与澳大利亚的利富贸易有限公司合资新建中澳“上海利富不锈钢电热电器制品有限公司”,逐渐形成锅、杯、电热电器不锈钢系列制品。“环洲”牌、“555”牌铝制品分别在国内、国际市场占据了一定地位。1993 年,村企业年利润猛增到 1 019 万元,新洲村成为崇明岛上村办工业利润超千万元的首富村。

1995 年 5 月,上海环洲(集团)有限公司成立,下辖上海环洲不锈钢制品厂、上海航环结构件工程有限公司、上海五洲特种钢厂等企业。在村企一体背景下,集团公司一手抓生产,继续提升不锈钢器皿的生产质量,与上海轻工国际(集团)有限公司实施工贸联营,创办上海三五不锈钢制品有限公司;一手抓农业和农民生活,打造了千亩菜篮子工程、500 亩丰产示范田,同时建造了 196 幢别墅,成为社会主义新农村的样板村。中国农村工业之所以能蓬勃发展，农民企业能轻松在市场中弄潮，原因在于在制度上和思想上都得益于社会主义集体的遗产，特别是原有的基层政权组织模式[19]。

3 村企改制与新型村企关系

20 世纪末，全国商品市场从卖方市场转为买方市场，既往依靠低成本、初加工的村社集体工业遭遇市场挑战。同时，不少村集体企业高管、外销员、技术工人为了追求高收入，纷纷承揽私活或开作坊单干，集体企业的生产效率迅速下降。乡镇企业的解体，与当时的市场化改革意识形态也密不可分。“国有企业倒闭给苏南的乡镇集体企业以沉重打击。正是在这个时候，江苏省痛下‘转制’决心。[19]”

1998 年的亚洲金融危机，同样是摧毁众多村集体企业的一股力量。新洲村集体企业因与上海轻工合资建厂而深度参与国际贸易市场。亚洲金融危机导致许多公司出现严重的三角债务问题。2000 年年初，“555”不锈钢公司的大股东上海轻工国际（集团）有限公司（国企），要求上海环洲集团有限公司从联营公司中撤股。据冠华集团公司高管反映，上海轻工国际集团拿走了联营公司中的流动资产，新洲村集体企业获得的只有厂房、设备和一部分五金配件。

2000 年 9 月，为了让 300 多名村集体企业员工有活干、有饭吃。黄先生辞去新村乡党委副书记职务，想方设法盘活企业。他先是将村集体企业改制为民营经济，在改制过程中将优质资源留给村集体，公司主要承接债务。他通过与银行协商，采取向银行贷款租赁已经抵押给银行的厂房和机器，重新让机器运转起来。为了解决生产运转资金，他将私有房屋抵押，并向亲友借钱，还多轮发动员工参股，最后筹集 520 万元资金。随后，他通过朋友关系招商引资，与香港冠运实业有限公司组建中外合资企业“上海冠华不锈钢制品有限公司”，主要承接国际客商的代工和贴牌订单服务。

1999 年，国家改革外贸制度，民营企业可自主进行出口贸易，不必再通过国企外贸公司出口产品。冠华公司 2000 年实现出口创汇 30 万美元，2001 年为 300 万美元，2002 年达到 1 200 万美元，2004 年则超过 2 000 万美元，到 2016 年实现近一亿美元。到 2012 年，公司每 1 万元股本在 12 年中累计分红 30 多万元，众多村民从中分享了红利。2008 年 5 月，冠华公司改制为股份制企业，名称变更为“上海冠华不锈钢制品股份有限公司”。到 2012 年 1 月，冠华公司几经增资扩股，注册资本从最初的 520 万元增至 7 588 万元。

冠华集团作为乡村内生型企业具有如下特征:一是依靠本土土地、劳动力和资金资源发展;二是产业精英源自本村村民;三是工业生产空间与乡村生活、生态空间相融合;四是企业内生于本地的过程及其与村庄社会的密切关系,促使其积极承担社会责任,回应社会发展的多元目标。2000 年,村集体企业改制为民营企业,村企关系从政经一体变为政经分离。20 多年来,冠华集团在原址基础上扩建厂房、改建职工宿舍、升级技术和设备,从一家村办作坊企业发展成为全国知名铝制品企业,产品远销欧美。冠华集团的工业生产空间、职工生活空间坐落在村庄,成为村庄三生空间的有机组成部分(图 1)。

图 1　冠华集团的生产空间与乡村生态生活空间融合

村企在空间和利益等方面深度融合,塑造了协同治理和共享利益的新型关系:村两委主要做好公共环境保持、居民和外来人口的服务管理工作,企业则尽可能将生产、生活治理成本内部化,并积极维护村集体利益。

4　推动农村共同富裕

冠华集团的生产空间虽然在村庄,但是其业务、声誉和影响力已然超出村庄范畴,被乡镇政府视为“掌上明珠”。然而,实力雄厚的在村企业并未通过空间侵占、环境破坏、成本外溢等方式,挤压或剥削村民的空间利益。相反,该企业在就业保障、福利供给、资金捐赠和集体经济维护等方面,积极履行企业社会责任,助推农村实现共同富裕。

4.1 保障村民充分就业

充分就业是乡村共同富裕的基本保障。崇明岛是中国第三大岛，通过一条16.6千米长的跨江大桥与上海相连。崇明岛居民与南汇、金山等远郊城区的居民一样，将上海与自己所在区域加以区分。他们如果前往上海主城区，就说“去上海”。长期以来，崇明岛居民以老人在家务农、年轻人到主城区开出租车为主。2000年以后，随着上海土地规模化经营水平提升，崇明、青浦、浦东、嘉定、松江等农业县区的多数村民不再务农，年轻人以到上海市内就业为主，其居住地以区政府所在地为主。

50岁以上的中老年农民，在市区就业面临工资低、吃住条件差等问题。这些人通常不愿意在本区之外工作，但本区内的保洁、门卫、仓库管理员等职位并不好找。青浦徐练村67岁的沈先生说，“60岁之后，不打工的人不多，通常去当保安等。60岁以上的人员不需要用人单位缴纳五险一金，每月工资3 000多元。若无本事、无关系则难以找到工作，只能卖力气去当泥瓦匠或拔茭白”。

长三角地区的在村企业吸纳了大量农村剩余劳动力。农民在家门口就业，收入虽然比市中心低，但是综合考虑住房、吃饭和其他消费成本，结余部分相差无几。况且，村民在家门口务工，还能照顾老人和子女。冠华集团在村庄发展40余年，为村民提供了充分的就业机会。在村集体所有制时期，不少村民希望把子女送到企业上班。当时村民普遍认为，在村集体企业上班是件光荣的事情。2000年，企业改制之后，企业生产规模扩大，不仅能够吸纳本村村民就业，还为周边村民和外地农民提供了就业空间。2015年，全厂职工达到2 200人，本村村民工人达到600人，几乎每家都有青壮年劳动力在厂里务工。

随着生产技术的改进，工厂用工量下降。加上教育资源向城区集中，农村40岁以下的村民开始向市区迁移。自2022年上半年起，国际贸易订单量急剧下降，工人数量迅速减少，2023年4月全厂员工减至1 000人，其中300人是本地中老年村民。

调查显示，不少超过60岁的村民仍然可以在工厂上班，那些管理经验丰富或者专业技能水平较高的村民被返聘回企业，仍能够拿到7 000元/月的工资。而那些无技能或管理经验的村民，则被安排担任门卫、保洁员或仓库管理员等。与众多村庄仅剩高龄老人留守看房的空心化、高龄化情形不同，该地中老年农民在村内有可观的收入，能够照顾高龄父母，维持家庭生活的完整性。

4.2 为村民提供福利捐赠

上海农村已普遍进入福利化治理阶段,村民在村庄治理中基本不需要承担任何成本,便能够享受到政府或村集体给予的各种福利[20]。村民福利的主要来源是村集体经济收入或在地企业捐赠。如表1所示,嘉定区某村在2020年向村民发放774.569万元福利,具体项目包括大病补助、临时补助、农龄集体分红、文明家庭、村民体检、助学奖励等,其中最大的支出项目是为60岁以上退休老人提供的大米,全村用于退休老人的福利资金为413.8813万元,占比约为53.43%。

表1 2020年度嘉定区某村村民福利发放明细

序号	项目	金额(万元)
1	春节优抚	0.1
2	超3000元大病补助	35.15
3	困难户临时补助	3.36
4	农龄分配	130.8855
5	生产队分配往来	92.7111
6	文明家庭	77.01
7	村民体检	14.8711
8	助学奖励	6.6
9	退休老人春节节日费	31.11
10	退休老人旅游费	31.74
11	退休老人发放重阳糕	3.224
12	退休老人重阳节过节费	27.66
13	退休老人端午节发放粽子	3.4263
14	退休老人中秋节发放月饼	6.721
15	退休老人每月发放大米	310
合计		774.569

资料来源:嘉定区某村村务公示栏

新洲村的村集体经济较为薄弱,冠华集团所占土地皆已转为国有工业用地属性,不需要租赁村庄土地、房屋。村集体收入主要靠固定的投资分红和公共土地租金收益。据新洲村2023年度公开信息栏显示,全村2022年度可支配收入95万元。表2是新洲村集体资产经营租赁情况,该村2022年度此项收入为

9.76 万元。此外，该村在 2019 年之前，每年有 70 万元的集体经济收入。

表 2　2022 年新洲村集体资产经营租赁情况

具体名目	承包人或单位	经营方式	数量	履约情况（万元）	
				应交金额	已交金额
铁塔占地	中国移动通信公司	土地	—	1.5	1.5
铁塔占地	中国联通通信公司	土地	—	1.5	1.5
村集体所有房屋	石先生	房屋	2 间	0.5	0.5
公交公司	上海崇明巴士	房屋	2 间	0.34	0.34
地温测孔	上海市地矿工程勘察院	土地	—	0.8	0.8
村集体所有房屋	吴先生	房屋	1 间	0.12	0.12
长者之家	上海生康投资管理有限公司	房屋	三楼	5	5
合计					9.76

资料来源：新洲村村务公示栏

上海的村集体向老年人提供福利，已成为一项不成文的规定。尽管集体经济相对薄弱，新洲村村委会依然将老年人福利作为重要的工作内容，在 2023 年的工作目标中提出"继续做好对 60 周岁以上老年人年终发放 1 000 元慰问金，65 周岁以上发放 1 200 元慰问金"。截至 2022 年，该村 60～64 周岁的老年人有 102 人，65 周岁以上的老人有 346 人，年终慰问金合计 51.72 万元，成为全村可支配资金中的最大一笔开支。

冠华集团对村里的捐赠和支持，是村庄公共治理和福利维系的重要资源。冠华集团总经理黄先生表示："没有村办集体经济，就没有冠华的今天。"20 多年来，冠华集团坚持每年给村里 60 岁以上老人每人发放 200 元的年终慰问金，并向村集体捐赠约 20 万元。表 3 展示了 2001—2022 年冠华集团向新洲村村集体捐赠资金的情况。

表 3　2001—2022 年冠华集团资助新洲村金额

时间	资助新洲村（万元）	时间	资助新洲村（万元）
2001 年	0	2005 年	47.5
2002 年	0	2006 年	74.9
2003 年	27	2007 年	120
2004 年	32	2008 年	67.58

（续表）

时间	资助新洲村（万元）	时间	资助新洲村（万元）
2009 年	38	2017 年	40
2010 年	20	2018 年	35
2011 年	24.5	2019 年	35
2012 年	37.11	2020 年	35
2013 年	38	2021 年	33
2014 年	38	2022 年	30
2015 年	43	总计	855.59
2016 年	40		

资料来源：冠华集团提供

4.3 维护集体经济

集体经济是村内共同富裕的物质保障。新洲村集体经济收益的主要部分，源于 2000 年之前的村集体经济资产。1995 年，新洲村村办企业环洲集团与中交三航局二公司（以下简称“中交三航公司”）联合经营“上海航环结构件工程有限公司”（以下简称“航环公司”）。2000 年，村企改制切割债务和资产时，冠华集团将这一优良资产划给村集体经济组织，村集体经济组织控股 49%。

2000 年，村企改制之后，为保障村集体企业利益，冠华公司派公司高层吴女士兼任航环公司监理，她每周二、四、六在航环公司坐班。因账目共管的成本过高，黄先生、吴女士等人与对方协商后，决定以资产托管的方式获取固定收益。自 2010 年起，新洲村集体每年可获得固定收益 70 万元，且不再过问对方经营情况。

2020 年，为严格执行长江经济带建设“共抓大保护，不搞大开发”的精神，加上崇太长江隧道在此通过，合资双方决定清算“分手”。在清算过程中，双方各执一词。航环公司经营的后 10 年，中交三航公司将财务收归总部，新洲村代表和监事无法获取真实全面的财务信息。因此，村民们认为在资产划分中吃了哑巴亏。

冠华集团的公司总经理、董事长、党支书全是土生土长的本村人，他们作为村庄精英，将维护村集体经济利益视为分内之事。在与中交三航公司清算资产的事件上，冠华集团委派吴女士从监事角度厘清合资账目，并为村集体聘请了律师团队和财务顾问。经过激烈博弈，新洲村最终分得 2 600 多万元资金。

5 让村集体共享空间增值收益

发展壮大村集体经济，是维持村庄公共事务、提高村民福利水平的重要途径。然而，目前全国绝大多数农村集体经济处于负数状态或薄弱状态。虽然浙江和上海农村民营经济发达，但是集体经济相对薄弱，主要原因是集体经济组织未能有效分享地域经济发展红利。

黄先生作为一名农民企业家，有着强村富民的梦想，他建议村集体从 2 600 万元中拿出 2 400 万元投资入股冠华集团，分享企业发展红利。不过，因 2021 年起经济形势欠佳，冠华集团已有两年未分红，部分村民对企业发展趋势并不看好。更多村民希望把钱分到个人手中，这种主张受到乡镇政府、村两委的明确反对。在集体资产管理方面，村集体有两种选择：一是把钱留在村集体资金账户上，由乡镇政府代为管理经营，每年获得固定利润；二是把钱投资冠华集团，或者借给冠华集团。

每个选择都有风险，第一个选择的风险是乡镇政府有可能不向村集体归还本金。在村财镇管的财政体系中，乡镇政府欠村集体钱的情形在东部农村较为普遍，村富镇穷的格局使很多乡镇政府为了应付检查，不得不“机动灵活”地从村财镇管的资金库中借用资金。2023 年 7 月，笔者在 Z 省某镇调查发现，有村干部质疑村集体账户上的钱少了，部分开支项不应算在村集体项目上，乡镇财会人员称：“反正都是数字，让你们不缺钱花，也不能让政府饿着。”因为担忧乡镇政府借用村集体资金，各村都想方设法花钱，为老年人发福利便成了一项重要方法。

第二个选择的风险是市场风险。投资有风险是基本常识，况且，近两年市场行情不理想，村民们担心集体资金的安全。这种情形与 2000 年村企改制时相似，村民和村干部为了预防风险，采取个人自愿投资而非集体投资的方式参与新企业的发展。当年每 1 万元投资，在前 12 年间可获得 35.8 万元的回报收益。村集体经济因为没有投资，至今没有任何收益回报。张家港市的永联村、佛山市的紫南村都是村企改制为民企的工业型村庄，两村村集体经济组织在民企中持有相当比例的股份，在过去多年的发展中持续获得分红收益，村庄的公共建设、公共事业和社会治理均处于高水平状态。幸运的是，永联村、紫南村的村企改制是在企业发展形势较好的情形下进行的，村民、村干部对企业有信心，最终成就了“自我实现的预言”。

黄先生、吴女士等高层管理人员，基于企业实力和国际、国内市场判断，对企业发展抱有极大信心。他们将这个时期视为转型期,从依赖与国际知名品牌合作的代工、贴牌业务,转向推广销售自创品牌"喜时"锅具,积极开拓国内市场。喜时的产品质量上乘,客户定位是中高端客户群体,定价较高,获得市场认可需要时间积累。因此,冠华集团在订单和工人都较少的时期,着重进行生产线的更新换代和职工宿舍的装修改造,为迎接新的增长机遇做准备。

为了让村民放心将集体资产入股企业,总经理黄先生向村民承诺,公司可以写清楚如果遭遇破产清算,将优先偿还村集体股份资金。若此承诺仍无法让村民放心,黄先生愿意以个人房产作担保,优先偿还集体股份资金。从企业资产规模上看,2 400 万元对冠华集团并非大额资金。彼时,众多银行以低息向提供企业贷款的邀请,也使冠华集团在融资方面无后顾之忧。冠华集团高管如此期望村集体参与,足以表明其带动村庄发展的强烈意愿。

经过村民代表多轮商议和全体户代表投票,全村 480 多户中 460 户对"借款方案"投了赞成票,最终将 2 400 万元借给冠华集团,冠华集团以 5%的年利率,每年向村集体支付 120 万元的利息。这 120 万元成为村集体经济最主要的自有治理资源。

6 外来人口治理内部化

东部工业型村庄吸引大量外来人口前来就业、生活,外来人员的管理也成为该地区社会治理的重要方面。新洲村虽然地处偏远,没有大城市的繁华景象和休闲娱乐场所,但此处生活环境与农民工的老家相似,而且物价低、房租低,因此能够吸引外来人员前来就业。2000 年前后,冠华公司中的外来人口逐渐增多,外来人口治理成为一项重要的社会治理事务。

6.1 外来人口居住集中化

外来人口治理一直是大城市郊区农村面临的难题。在 2009 年之前,冠华公司的职工宿舍不够,有不少员工租住农房。外来人员初到此地工作时,存在乱扔垃圾等现象。不过,外来员工和本地村民都是同一个厂的工友,渐渐变成熟人关系,村民会告诉外地工友可去自家地里拔菜,外地工友也会给村民带特产以表谢意。职业融合一定程度上化解了外来人口治理中的匿名性、流动性难题。

2009 年,冠华集团将一处厂房改建为"农民工公寓"。2017 年下半年,该处集体公寓更名为"冠欣苑",寓意是让来沪人员在新洲村能过上欣欣向荣的美好生活。冠欣苑占地面积 2 万多平方米,建筑面积约 2.5 万平方米,拥有 9 幢 3 层楼和 18 排平房，共 488 间宿舍，可容纳 1 000 人入住。

为降低村庄治理的压力，冠华集团鼓励职工入住公寓。例如，公司对抛光工人、管理人员每月奖励 120 元住宿费。公寓宿舍的整体租金并不高。截至 2023 年，15 平方米大小的房间，朝阳的房间 200 元/月，背阳的房间 150 元/月；12 平方米的小房间，租金为 100 元/月，租金水平为 8 元/月/平方米。当时，浦东新区张江高科园附近村庄的房屋租金已高达 100 元/月/平方米。冠华集团通过低价出租房屋，将外来人员吸引到集中居住区，以解决分散居住带来的社会治理难题。

然而，外来人口集中居住又引发了新问题。人口集中居住一个小区，对水电、保安、保洁工作提出了新要求。有的年轻人夜间不休息，打牌、喝酒、看电视影响他人；有的居民随意扔垃圾，公共卫生难以有效治理；还有居民因不满管理人员的服务态度，趁人不注意砸坏值班室的玻璃。2017 年，公司老员工黄先生退休后，接手负责农民工宿舍的管理工作。他将农民工宿舍更名为“冠欣苑”，改变了此前由公司后勤部门管理的模式，全权负责冠欣苑的运营管理。他与公司签订责任合同书，以个体名义承接公司宿舍的管理业务，此举不但满足了职工对住宿和企业分离的需求，也将分散、破碎的住宅区管理权集中到个人。

1956 年出生的黄先生，最早在乡镇广播站工作，1994 年转业到新村集体企业工作，主要从事文件起草、对外宣传、矛盾化解、车间质量监管以及总经理秘书工作，管理经验丰富、人情练达。在冠欣苑的治理中，他积极推动居民自治。一是组建“冠欣苑聚新社”这一社区自治管理组织，与冠华公司党支部、新村乡新洲村村委会对接，与社区民警、社区保安、综合协管员、楼组长、志愿者共同做好冠欣苑日常管理工作。二是开展星级文明户评比活动。冠欣苑以户为单位，以遵纪守法、环境卫生、和谐友善、文明风尚等为标准，组成考评组对住户进行入室考核，进行星级评定并发放奖品。

6.2 业务分包制下的员工管理

冠华集团实行厂内分包制度，每种业务由一个更小的分包商负责生产，分包商自行招工并管理。全厂设有 13 个生产车间，冠华集团保留 1 个车间，主要用于测验同样的产品所需的人工、机械和时间成本，以此与分包商定价格。若分包商能以理想的价格完成任务，公司会给予其总产值 10%的奖励。若分包商在生产过程中能够提高生产效率、降低生产成本，节约的成本归分包商所有。若分包商亏本，公司会给分包商的员工照发工资，但分包商需要总结亏损原因。每个车间每年的产值约为2 000万元,分包商据此约有20万元的年收入,此外还有公司发放的年终奖励。

厂内发包制既是一种生产管理模式,又是一种社会治理模式。分包商所招的员工,直接与冠华集团签订劳务合同,工资、五险一金等各项福利待遇由公司承担,车间所需的厂房、设备均由公司提供。车间负责人看似以“借鸡生蛋”的方式承揽业务,实际上全面负责车间内的人员招聘、管理和生产监督工作,显著降低了公司的人员管理和生产监督成本。

分包商吕先生是安徽六安人,他的岳父1989年到环洲不锈钢厂工作,1991年后陆续将五个女儿和一个儿子带来就业。后来,他们一家人开办了一个小型加工厂,主要承揽环洲不锈钢厂的抛光业务。吕先生说:“1991年,我在山上搬石头,月收入300元。来到这里后,月收入能达到600元。”如今,吕先生和其三家连襟分别负责一个车间,为公司提供抛光、制造等业务。1991—2000年,吕先生等人需要自行找场地、设备和人员,为冠华集团提供抛光业务。2000年后,公司决定把分散的加工作坊统一收到厂区之内,采取厂内分包制模式,一方面保证做工质量和标准的统一,另一方面降低招工、培训和管理成本。抛光工作可以男女分工配合完成,因此,很多工人将妻子和孩子带来,工人离职率相对较低。例如,2023年5月,在冠欣苑居住的400人中,有58名幼儿、学生,35名家属(老年人或妻子),其余为厂内职工。

各车间的工作人员基本上是分包商的亲戚、朋友。因此,冠欣苑的社区治理和星级文明户评比,主要依靠各车间分包商和楼栋长。分包商利用集体声誉激励的方式,鼓励工人积极参与星级评定和社区治理,取得了良好的社会治理效果。表4为2020年度冠欣苑“星级文明户”名单。

表4　2020年度冠欣苑“星级文明户”名单

序号	区域户号	星级	备注
1	冠欣苑A楼201室	★★	升星
2	冠欣苑A楼207室	★	—
3	冠欣苑A楼210室	★★	升星
4	冠欣苑A楼301室	★★	升星
5	冠欣苑A楼305室	★★	升星
6	冠欣苑A楼311室	★★★	升星
7	冠欣苑B楼111室	★★	升星

（续表）

序号	区域户号	星级	备注
8	冠欣苑B楼215室	★★	升星
9	冠欣苑C楼109室	★	—
10	冠欣苑C楼215室	★★	升星
11	冠欣苑C楼115室	★★	升星
12	冠欣苑C楼207室	★	—
13	冠欣苑C楼209室	★★	升星
14	冠欣苑C楼311室	★★	升星
15	冠欣苑D楼311室	★★	升星
16	冠欣苑F楼211室	★	—
17	冠欣苑F楼213室	★	—
18	冠欣苑F楼301室	★★★	升星
19	冠欣苑H楼105室	★	—
20	冠欣苑H楼305室	★★	升星
21	冠欣苑H楼309室	★★	升星
22	冠欣苑H楼311室	★★	升星
23	冠欣苑平3排304室	★	—
24	冠欣苑平6排601室	★★	升星
25	冠欣苑G楼203室	★	—
社区优秀奉献者：吕××			
社区优秀户代表：戈××			
社区优秀接班人：赵××			

资料来源：冠欣苑公示栏信息

以核心家庭为单元的务工群体模式，使外来务工者有更多闲暇时间并投入家庭中，生产之余的能量被内化于家庭日常生活实践中。此外，村民与外来人口的工友关系，以及企业主动将外来人口治理的成本内部化，使外来人口能够较好地融入工业村庄。与外来人口集聚村庄治理混乱失序的现象有所不同，新洲村在村企协同治理下，实现了村庄宁静的生活状态与和谐的村庄秩序。

7 结语

新洲村是一个内生型工业村庄，村集体企业在2000年转制为民营企业后，并未将生产空间搬出乡村，而是将其与村庄生活、生态空间融为一体。本土企业的植根性和社会黏性，使企业家不仅关注经济效益，还注重社会效益和社会声誉，积极主动地承担社会责任，在村民就业和福利、村庄社会治理中发挥着积极作用。

相比而言，邻近乡村的新城区、开发区或工业园区往往带来生产负外部性外溢，使所在乡镇或村庄的社会治理成本增加，引发产村互损或公开对抗的情况。内生型工业村庄的实践表明，融合协调的产村关系或产城关系，需要以互利共赢、协同共治为基础。市场能力强劲的企业，如果得不到所在乡村社会的支持，难免会陷入社会交易成本过高的困境之中。

参考文献

[1] 张环宙，黄超超，周永广. 内生式发展模式研究综述[J]. 浙江大学学报(人文社会科学版)，2007，37(2)：61-68.

[2] 魏程琳，钟晓华. 空间再组织 城乡接合部闲置农房产权整合与社会有效治理：上海农房再利用案例研究[J]. 中国农村经济，2022(4)：23-41.

[3] 李文彬，陈浩. 产城融合内涵解析与规划建议[J]. 城市规划学刊，2012(S1)：99-103.

[4] 唐溧，董筱丹. 乡村振兴中的空间资源利用制度创新：如何弱化“三产融合”中的空间“隐性剥夺”[J]. 探索与争鸣，2019(12)：113-123，159-160.

[5] 焦长权，周飞舟.“资本下乡”与村庄的再造[J]. 中国社会科学，2016(1)：100-116.

[6] 龚为纲，张谦. 国家干预与农业转型[J]. 开放时代，2016(5)：57-75+7.

[7] 孙新华. 地方政府干预与规模农业发展：来自皖南河镇的经验[J]. 甘肃行政学院学报，2017(2)：114-123+126.

[8] 鶴見和子. 内発的発展の理論をめぐって[J]. 社会・経済システム，1991(10)：1-11.

[9] 宫本宪一. 环境经济学[M]. 朴玉，译. 北京：生活・读书・新知三联书店，2004.

[10] 费孝通. 中国城乡发展的道路[M]. 上海：上海人民出版社，2016.

[11] 杨丽. 农村内源式与外源式发展的路径比较与评价：以山东三个城市为例[J]. 上海经济研究，2009(7)：25-33.

[12] 马荟，庞欣，奚云霄，等. 熟人社会、村庄动员与内源式发展：以陕西省袁家村为例[J]. 中国农村观察，2020(3)：28-41.

[13] 周立，奚云霄，马荟，等. 资源匮乏型村庄如何发展新型集体经济：基于公共治理说的陕西袁家村案例分析[J]. 中国农村经济，2021(1)：91-111.

[14] 魏程琳，褚庆宜. 统合治理：党支部领办集体经济实现共同富裕的运作机制分析[J].

毛泽东邓小平理论研究，2023(5)：95-107+109.
[15] 陈宏伟，张京祥. 解读淘宝村：流空间驱动下的乡村发展转型[J]. 城市规划，2018，42(9)：97-105.
[16] 王娜，张年国，王阳，等. 基于三生融合的城市边缘区绿色生态空间规划：以沈阳市西北绿楔为例[J]. 城市规划，2016，40(S1)：116-120.
[17] 高海峰，于立，梁林，等. "三生"融合视角下广东传统乡村聚落水体景观的解析与启示[J]. 中国农村水利水电，2016(12)：63-66.
[18] 魏程琳. 中国东部农村的空间功能与制度安排[J]. 理论月刊，2024(1)：123-130.
[19] 潘维. 农民与市场：中国基层政权与乡镇企业[M]. 北京：商务印书馆，2003.
[20] 叶敏，徐咏意，马佐江. 福利型治理：沪郊 HY 村的村治经验[J]. 复旦城市治理评论，2021(2)：155-167.

社会治理创新何以驱动超大城市开发区产城融合

李培欢　容　志

当前大城市发展已步入深度城市化阶段，依赖“功能组团式开发”的城市开发区发展模式已无法应对纷繁复杂的城市治理议题。超大城市开发区是城市发展的缩影，其社会治理应然地具有现代化的经济治理、精细化的城市治理、多元化的社会治理和科学化的空间治理等价值范式。立足上海城市开发区实际情况，目前存在区域经济发展不平衡不充分、城市发展品质不连续不均匀、公共服务发展不完备不精致、社会发展不全面不协调以及治理体制不完善不健全等现实困境，这些困境阻碍了城市开发区产城融合发展。在实践中应从资源配置、基层治理、管镇联动、综合治理和数字赋能等多角度入手，推动上海城市开发区产城融合与社会治理双向增能。

1　问题的提出

20世纪80年代以来，我国许多城市建立了以制造业为主体的开发区，在吸引产业投资、带动城市经济发展、推动城市空间扩张及结构调整等方面起到了重要作用[1]。然而，随着城市化的飞速发展和城市空间的不断扩张，城市开发区的产业发展与城市发展无法有机融合，错位匹配现象十分突出，出现了“社会空间发展落后于生产空间发展，城市功能建设滞后于产业功能发展，社会事业发展滞后于经济增长发展”的现实困境[2]。为了破解此类难题，不仅需要大幅度提升开发区内的综合服务能力，还要求提高综合居住区内产业服务功能，创造和培服务型经济发展空间，促进城市居住区与产业区的融合发展以及核心功能的提升，从而在城市发展上体现为“产城融合”[3]，以此推动城市高效率、高质量运转。

李培欢，河南大学马克思主义学院讲师。

容志，武汉大学政治与公共管理学院教授。

原文以《上海城市开发区产城融合与社会治理创新》为题发表于《科学发展》，2022年，第12期，第65-72页，收入本书时有修改。

根据 2014 年 10 月国务院印发的《关于调整城市规模划分标准的通知》中的概念界定,“超大城市”是指城区常住人口 1 000 万人以上的城市。在超大城市发展过程中,城市居民对民主、法治、公平、正义、安全、环境等方面有了更高需求,民生服务的需求呈现多样化、个性化的发展趋势[4],亟待“加快推动城市治理体系和治理能力现代化,努力走出一条符合超大型城市特点和规律的治理新路子”[5]。数据显示,截至 2020 年年末,上海常住人口 2 487 万,其中户籍常住人口 1 439.12 万人,外来常住人口 1 047 万人[6],如何实现超大城市治理的精细化考验着决策者的智慧,也能够为其他超大城市的治理创新提供借鉴。本文以上海为例,探讨社会治理创新应如何驱动城市开发区产城融合,进而推动城市转型和社会质量提升。

2 何种治理:产城融合下超大城市开发区社会治理的价值范式

随着城市化快速发展,超大城市开发区面临的时代背景、发展机遇和目标愿景都发生着巨大变化,相应地对社会治理提出了新的任务需求和全新的价值范式。

一是现代化的经济治理。经济的健康运行和持续发展是超大城市开发区健康运行的重要前提。在城市开发区产城融合理念的引导下,超大城市以建成现代服务业为主体、战略性新兴产业为引领、先进制造业为支撑的产业体系为核心,提高产业核心竞争力和自主创新能力、提高全球范围资源配置能力和辐射服务能力,成为区域性乃至全国性最具发展活力与综合实力的经济重地。

二是精细化的城市治理。在产城融合发展理念的指引下,超大城市开发区以构建系统完备、科学规范、运行有效的治理体系为目标,以全生命周期管理理念贯穿城市规划、建设、管理全过程各环节,进而提升治理科学化、精细化、智能化水平,提高应对重大突发事件能力,完善民生发展格局,延续超大城市的特色文化,完善自然生态系统,打造宜居宜业的城市治理样板。

三是多元化的社会治理。高效务实的社会治理是超大城市开发区发展的动力所在,以推动城乡社会服务均衡化发展为首要目标,确保公共服务体系和社会保障体系得以完善、社会组织积极参与社会服务和社会公益活动,以实现社会治理和资源在基层汇聚,全面提升街道、社区治理服务功能,联系服务群众的“最后一公里”畅通顺达。具体应当通过老旧小区改造、社区微更新等机制保持城市动态、有机更新。

四是科学化的空间治理。以产业集聚专业化、生态空间价值化为导向,充分结合城市开发区的产业结构、人文环境、生态环境基础，构筑产业生态空间、自然生态空间有机结合的双生态发展模式。例如，上海松江经济技术开发区因地制宜地规划开发区产业布局，积极推进已开发空间优化提升和新开发空间创新利用，通过规划、建设、改造、提升等方式，加快城市开发区空间布局合理开发利用，最终促进产业与城市功能的融合发展，构筑布局合理、开发有序、经济生态协同发展的产城融合空间格局。

3　何种困境：上海城市开发区产城融合与社会治理的实践脱耦

产城融合体现了产业空间与社会空间协调发展的内在要求，城市的发展不仅需要多样化的空间和多样化的产业，更需要多样化的人群和共同分享的机制，而对多样化的人群和共享机制的把握，则需要基于社会治理创新的基础上推动产城融合发展。当前，上海城市开发区产城融合发展与社会治理创新虽然取得了不少成效，但在实践中仍面临诸多问题。

3.1　区域经济发展不平衡不充分

经济发展状况是衡量城市开发区发展水平的重要依据。当前上海城市开发区在区域经济发展方面面临着不平衡不充分的问题，具体体现在以下三方面：

一是产业转型发展的空间巨大。城市开发区产业协调发展是指以各产业在功能区内部的集聚与相互渗透、相互作用为主导，同时也表现为各产业跨功能区的转移、集聚及其相互间的分工协作，但当前上海城市开发区在产业发展方面还存在一些问题。首先是上海现代服务业发展水平不均衡。虽然目前城市核心功能区的现代服务业发展水平较高，但在城市周边区域的服务业发展水平还比较低，导致整个区域内的现代服务业水平呈现出相对滞后的梯级差现象。其次是资源利用效能和产业集聚效能欠佳。早期上海为了实现快速发展，城市开发区产业准入门槛相对较低，这也造成了不少低端产业项目占用大量宝贵土地资源的现象，甚至出现工业用地囤地以及大量土地资源放空，产业集聚效能弱化现象明显。最后是不同规模开发区之间产业融合力度不足，导致产业综合效益不高。一方面，规模较大的开发区在科技创新和产业发展缺乏协调配合，造成了优质项目招商难和大量优秀孵化企业流入周边区域的问题；另一方面，一些镇属开发区存在着小、散、乱的问题，其产业化和市场化发展水平低，难以形成有效的经营利润核算和服务收益，大小开发区之间也存在产业链连接配套不畅等困境，产业关联度和集群化发展不足以支撑社会发展和城市综合配套，更无法满足人民群众对高品质生活的追求。

二是开发区内外经济发展差距明显。从纵向来看,上海城市开发区的经济发展极大地推动了周边地区农村的经济社会发展,对周边农村地区起到了巨大的带动作用;从横向上看,上海城市开发区与周边地区的发展落差也不断加大。以上海张江高科技园区为例,2020 年张江区域(包括张江高科技园区、康桥工业园区、国际医学园区、张江镇)实现规模以上工业总产值 3 033.5 亿元,其中,位于园区内,有着“中国药谷”之称的张江生物医药产业 2020 年全年实现营收 849.05 亿元[7],毗邻的张江镇经济发展水平虽然在浦东行政区内位居前列,但 2020 年实现财政总收入仅为 6.2 亿元,从以上数据中不难看出,开发区与周边地区差距正呈现不断扩大态势。同时,经济发展水平的差异也决定其地域景观差异显著,开发区内是现代化的城市景观,区外则是布局凌乱的非城非农地域景观,这种城乡差距也成为引发社会矛盾的重要原因。

三是城乡居民共同富裕仍需提升。在衡量城乡统筹发展的评价体系中,城乡居民收入及其收入比是一项重要指标,但当前上海城乡居民收入水平还存在较大差距。以浦东新区为例,2020 年浦东新区居民人均可支配收入达到 74 627 元。其中,城镇居民人均可支配收入为 78 315 元,与 2015 年相比年均增长 7.8%,而农村居民人均可支配收入为 38 540 元,增长率为 8.9%[8]。“十三五”期间,浦东新区通过实施乡村振兴战略,有效拉动了农村居民收入增长,截至 2020 年年底,浦东新区城镇和农村居民人均可支配收入比为 2.03∶1,而在相同条件下,作为国家共同富裕示范区的浙江仅为 1.96∶1。因此,上海城市发展在推动实现共同富裕,缩小城乡发展差距,推动经济社会高质量发展方面仍有较大提升空间。

3.2 城市发展品质不连续不均匀

一是城市景观存在明显空间断裂。随着上海城市化进程不断加快,尤其在城市发展初期,受到各种经济利益驱使,城市中心区域出现“摊大饼”式外延发展,形成了圈层状的空间结构,人口和产业过于集中在市区或城市开发区内部,导致中心城区压力过大,交通拥挤,城市生活环境质量下降,城市内部的土地利用、景观格局和功能也趋向于单一化。在“增长优先”政策话语的指引下,城市开发区一度出现直接将农村农业和集体建设用地迅速转变成工业用地或商服用地的情况。对于远离市区的乡村物理空间而言,由于其地理位置远离中心城区,公共服务的便利化程度也更低,更多地体现为在城市难以看到的生态绿化景观。

这种地理切块植入、忽视空间均衡发展的城市增长方式造成了城市开发区土地利用、建筑景观等与周边区域的巨大分野,使平滑空间不断出现烙印断裂的地理特征。

二是公共基础设施水平落差较大。城市公共服务配套完善与否与公众的生活息息相关,其空间布局及可达性水平也直接关系到政府提供公共服务的效率和质量。以浦东新区为例,《上海市城市总体规划(2017—2035 年)》和《上海市 15 分钟社区生活圈规划导则》提到要"构建多元融合的 15 分钟社区生活圈",目标是到 2035 年上海市社区公共服务设施 15 分钟步行可达覆盖率达到 99%左右。但当前浦东新区所有公共服务设施的最小值为 0,即任何一类设施建设的覆盖率都不足 100%,其中浦东新区养老设施处于整个上海市的"指数洼地",其平均值介于−0.919~0.194,且分布十分不均衡[9]。此外,从整个区域不同公共基础设施的分布来看,也存在中心城区的设施可达性普遍高于郊区,郊区核心及核心周边地区的设施可达性明显优于边远地区等现实问题,这些现象虽然是城市化发展进程中的阵痛,但也在客观上加大了区域间公共基础设施水平的落差。

三是城市管理存在盲区盲点。以当前上海城市开发区的"类住宅"治理问题为例。近年来,随着大城市相继启动旧城改造,个体创业者基于办公居住空间融合的要求,在工业用地上建设可分割出售的创新型产业用房。"类住宅"在城市开发区正大量涌现,尤其以手握工业用地,不愿支付转住宅的高额补缴地价、不愿补足配套的国企和园区最为积极。有些类住宅开发商打着租赁的旗号,享受政府政策红利,利用相关法规不足的漏洞,开展"以租代售"业务,其表面是机构化租赁闲置房产,实则是"类住宅"的另类开发和销售。虽然开发区城市体系外围的"类住宅"作为租赁市场,成为中低收入者"落脚"城市的选择,但也造成城市功能和空间结构混乱,倒逼公共配套高成本四处铺开,城市病积重难返,大大增加了社会治理负荷和成本,成为导致产城难以融合的重要原因。

3.3 公共服务发展不完备不精致

城市开发区的产城融合意味着开发区一方面在特殊功能区发展过程中逐渐完善自己的城市功能,实现制造与服务并行;另一方面作为城市体系中的重要功能分区,通过与城市的产业关联、设施共享、交通互联,实现与母城及周边区域的互动融合。但在实践中还存在公共服务发展不完备不精致的问题。

一是住房保障体系建设目标仍有不足。解决上海城市开发区产城深度融合、实现社会治理创新,其中尤为重要的问题就是如何妥善解决职住平衡的问题。住房建设具有满足新增人口住房需求和改善原有居民住房条件的双重目标，缺乏最宜居、最富吸引力的居住环境，难以吸引到富有创新精神的人才。同理，最富有创新精神的劳动者和技术人员受到居住条件的限制，也会制约其持续创新能力提升，进而导致城市开发区软实力培育不足。

二是公共服务配套不完善。城市公共服务配套主要是指包括交通、医疗、教育、养老等在内的配套建设情况，是产城融合发展和社会治理创新的重要指标。在上海城市开发区交通服务方面，交通网络的空间差异和路网对接、越江通道单边交通、轨道交通网络较为稀疏和不成网络等出行问题亟待完善。在教育、卫生等设施建设方面，随着常住人口的急剧增长，高水平的三甲医院、高水平中小学校等还无法精确匹配人民群众的个体化需求；在公共文化服务配套设置方面，上海城市开发区内人均博物馆、纪念馆、图书馆、影剧院、演艺场等数量还较少，相较于国际大城市的发展水平还存在较大差异，无法满足普通市民尤其是高端人才对此方面的需求。

三是更加现代化的社区服务体系建设有待进一步提升。对上海城市开发区而言，首先是参建的社会主体在功能上还相对单一化。当前社区服务体系建设仍主要由政府主导，其他参与力量相对较弱，且以单一功能或系统集成开发单位为主，兼具教育、养老、系统服务功能的社会组织相对稀缺。其次是社区服务体系建设居民参与度不够。虽然当前居民对智慧社区建设需求很大，但参与协商、表达诉求的体制机制建设还有待完善。最后是社区服务体系建设标准化不足。当前上海城市开发区智慧社区的标准建设还处于探索阶段，新推出的数据采集智慧系统是否具备较高的操作性、便捷性、实用性，各类人群的适用性、快速反馈和回访机制的健全性还显得不足，上述问题都已成为城市开发区现代化社区服务体系优化升级的阻滞因素。

3.4　社会发展不全面不协调

社会治理是管理主体对人的管理和服务，但只注重经济增长而忽视社会民生建设和服务是各类城市开发区社会治理的顽疾。开发区内部在社会治理层面往往注重抓稳定等硬性指标，对社会治理及其创新的内容、重要性和意义等认识还不够，对常规化和科学化的社会治理方式缺乏研究，这种重经济发展而轻社会治理的现状使开发区出现社会发展不全面不协调的问题。

一是社区分类治理尚未形成。实施社区分类治理，通过划分社区类型，匹配相应的治理路径，避免社区治理同质化，改善社区治理低效率，是推进城市精细化治理的重要进路。当前上海不少城市开发区内存在包括售后公房小区、普通商品房小区、涉外商品房小区、老洋房小区、动迁安置房小区、城乡接合部社区在内的不同类型的居民小区,而这些居民小区的治理特点和难点各有不同,聚焦其精准精细治理的发力点也存在较大差异。然而,因治理资源和能力等不足,城市开发区在推动居民区治理类型合理划分、问题需求清晰梳理、公共服务精准配置、社会资源有效对接等方面还存在较大差距,社区分类治理没有完全形成。

二是社会资本发育有限。随着上海城市化进程的突飞猛进,城市发展过程中"人口倒挂"现象日趋明显。尤其是在城乡接合部社区,社区形态多元化、人口异质性强、社会构成多样化,形成了复杂的社会空间格局,社区居民异质性凸显,对城乡接合部的社会治理带来了挑战。此外,是社区居民社会交往弱化。市场经济浪潮中形成的新的生活方式,在一定程度上使居民的人际交往趋于浅表化和功利化。同时,社区居民"业缘"纽带的消失也导致了社会交往的弱化,这样的交往模式也给社区治理带来了难题,难以形成互相理解、和谐交往的生活共同体。同时,基于科学规划的制度设计可能并未真正考虑到城乡接合部社区"非城非乡"的特殊情况,使社区"形式大于内容",制约了社区治理的成效,难以满足社区居民的美好生活愿望。

三是社会治理队伍有待强化。基层社会治理队伍涉及面很宽,既包括乡镇和街道干部,又包括社区居委会工作人员,还包括社区业委会成员、社区物业管理人员、各类社区组织工作人员、社会工作者、志愿者以及驻区单位工作人员等[10]。在上海城市开发区社会治理队伍建设方面,首先是社会治理人才队伍结构不尽合理。主要体现为居村委党组织带头人能力、居村委社工队伍能力以及社会组织带头人能力均需提升,基层社会治理专业人才不足等。其次是社会治理队伍专业化水平较低。主要体现为社会治理队伍在服务能力方面还不能满足人民群众美好生活需要、老旧小区物业管理改善需要、老旧小区改造难以及社区参与和基层民主发展需要,应对日益智能化的社会治理需要的能力不足等。最后是社会治理队伍资源管理机制不够健全。基层社会治理队伍中既有党组织,又有各类体制内和体制外组织工作人员,对不同类型的治理主体需要构建人才资源管理的良好机制。人才流动、使用、发挥作用中的体制机制障碍仍然存在,制约了社会治理队伍创造活力的激发。

3.5 治理体制不完善不健全

社会治理创新离不开科学合理的治理体制。以上海市浦东新区为例,在组织层面，城市开发区的范围大都会包含若干个乡镇（街道）行政单位（跨镇和开发区）。由于功能区和行政区的“先天”使命不同，一般而言，功能区主要负责辖区内的“经济管理”职能，行政区则主要负责“社会管理和公共服务”职能，二者的工作重心不同，推动产城融合的积极性也不同。在实践中，这种多元化的行政管理主体并存会导致行政体制不协调，内部运作机制不顺畅，出现行政条块分割严重的问题，主要表现为区级层面缺乏在开发区面上统一平衡协调的部门，统筹职能分散化，平衡区镇利益的政策手段不强，导致争利现象普遍[11]。在规划管理方面，开发区的规划是由开发区管理委员会与上级规划部门共同编制的，往往与所在地城镇规划相分离[12]，浦东新区四大国家级开发区跨行政区情况可见一斑（表1）。在这种治理体制下，城市开发区往往仅注重经济职能而不强调完整的社会职能，在城市开发区的发展思路中也存在重视工业区的建设而缺乏完整的社会功能配套的倾向。因此，在这种发展思路引导下形成了高比例的工业用地和通勤人口，往往给开发区带来一系列的城市发展和社会问题，阻碍了产城融合发展的有序推进。

表1　浦东新区四大国家级开发区跨行政区情况

开发区	面积（平方千米）	所在行政区
陆家嘴金融贸易区	28.00	陆家嘴街道等5个街道
金桥经济技术开发区	40.38	金桥镇
张江高科技园区	95.00	张江镇等8个镇
外高桥保税区	10.00	高桥镇、高东镇、高行镇、外高桥管理委员会、外高桥经济开发公司

4　何以可能：基于社会治理创新的上海城市开发区产城融合

为了破解上海城市开发区产城融合发展与社会治理创新实践中的难题，需要立足社会治理这一基点，创新社会治理方式，从而推动上海城市开发区产城融合与社会治理双向增能。

4.1　进一步完善资源配置机制，强化公共服务体系建设

第一，在教育方面，要建立完整化、现代化的教育体系。一是以集聚优质教育资源为突破口，构建现代化教育体系，尤其是要确保优质教育资源的均等化配置。二是在科学研判的基础上，确保城市开发区所需教育资源与需求数量相匹

配，满足义务教育阶段家庭的基本需求。三是构建与开发区所在城市产业发展相配套的职业技术教育体系，创新培养模式，对高质量的职业技术人才给予物质奖励。

第二，在医疗卫生服务方面，应以医疗卫生服务均等化为方向。以医疗卫生服务均等化、公平化为抓手，实现一城市开发区一优质医院的目标。同时，也要推动实现开发区内居民就近享受医疗卫生救助站等基本医疗服务，使居民小病不出小区，第一时间内获得急救护理。

第三，在养老服务方面，应以外包的方式即向私营机构和社会组织“购买服务”，鼓励民间养老机构提供专业的养老护理等相关服务。通过编制标准和细则，满足不同层次的个性化服务需求，让老年人自主选择相应的服务，促进养老服务的人性化和社会化。同时还应建立协同管理平台，明确界定各方权责利及利益分配机制，整合养老产业链上下游不同优势资源及能力。

第四，在文化服务方面，应通过对各类文化资源的均衡配置，加大城市开发区文化建设力度，特别是增加符合上海城市发展需要的新文化建设，以文化设施、文化场馆和文化活动为抓手，全面提高城市开发区及个体群众的文化素质，增加城市开发区软实力。

第五，在住房保障方面，应提供基于职住平衡的住房建设体系。一是确立“居者有其屋”的住房建设导向目标，纠正以往的住房建设理念和思想，弱化产权房为目标导向的住房建设思路。二是增加公租房比例，优化住房结构，进一步加大保障性住房和公租房开发建设力度，确定合理的公租房和保障房比例，为上海城市开发区内的企业白领提供安全、高质量的安身休憩之所。

4.2 进一步完善基层治理机制，夯实产城融合的基础

“社会治理的重心必须落到城乡社区，社区服务和管理能力强了，社会治理的基础就实了。[13]”这说明基层社会治理，尤其是城市开发区内的城乡社区治理是一项“抓基层、蓄底气、管长远”的战略性工程。推进社会治理创新和产城融合发展，必须推进治理重心下移，强化治理的服务功能。

第一，构建“微治理”体系，完善社区公共服务。需要进一步推动治理重心下移，从过去的“社区—居民小组—居民”的治理模式，转变为“社区—小区（院落）—居民”的治理模式。在组织架构上，推动以基层党组织为引领、业主委员会为主体、院落委员会为辅助的小区“微治理”，更好地适应高密度的社区居住形态，为不断改善人居环境和社区秩序打下良好基础，从而增加居民幸福感、安全

感。同时，针对城乡接合部社区外来居民多的特点，建设一站式服务中心，推动居民社会保险等相关服务的异地办理业务，使外来居民在社区就能享受到便捷的服务，打破群体交往壁垒，提升居民参与意识。

第二，培育社区"公共性"，推动社区社会融合。一个具有稳定性与向心力的社会生活共同体，应当生成对个人行为具有规范与指导意义的集体意识[14]。一是要打造"线上线下"融合的交流平台，促进居民的社会融合。线上充分发挥新媒体平台的力量，加强社区的微信公众号、微博、QQ群、微信群等建设；线下定期开展关于社区党建、养老服务、健康讲座、少儿培训等贴近居民生活的系列活动，促进不同背景的社区居民交往交流交融，培育良好的社区社会生态。二是要发挥社区"草根领袖"与"新乡贤"的作用。要善于利用"他力量"增进社区公共性，通过组织赋予他们相应的"身份"，如请其担任院落委员会成员、居民小组长、楼栋长、党小组组长等职务，通过自身号召力把居民团结起来进行社区建设和营造。

第三，塑造新时代社区精神，构建新的社区文化纽带。一是要促进城市文化和乡土文化的交流融合，进一步消除城乡差别，促进以工业文明为特征的城市文化与以农耕文明为特征的乡土文化的交融。二是要组织丰富多彩、具有社区地域特色的文体活动。例如，上海市浦东新区张江镇新丰村依托乡村人才公寓，定期组织"爱申活，暖心春"等系列活动，结合当地特色产品、露营采摘和旅游资源优势，打造了一个充满活力和温度的城乡融合社区，形成凝心聚力的社区文化氛围。三是要改变外来居民"社区不是永久家园"的心态，使其积极参与社区建设，最终使社区形成地缘和趣缘的"多缘共同体"，从而增强居民对社区的融入感和获得感。

4.3 进一步完善管镇联动机制，促进产城要素流动整合

一是进一步理顺开发区管委会与街镇关系。例如，上海市浦东新区张江镇、金桥镇等实施"管镇联动"模式后，街镇等行政层级更需要把重点放在提供社会管理和服务层面，着力优化营商环境。从机制上形成制度安排，建立多个层面有效衔接、优势互补的机制，尤其是在经济利益反哺、社会职能财力保障等方面，给城市开发区周边行政区域以更大支撑，使其更能放心做服务、更有能力抓管理。

二是下大气力加强类住宅等非产权小区的空间治理。开发区管理委员会和地方政府需要从土地用途管制和规划等方面，开展体制上的改革和机制上的创新，主要以地均产值、就业人口为刚性指标，建立划拨类工业用地和园区腾退红

线,触及红线的工业用地和园区一律由政府收回。加快推进低效工业和商业片区转作住宅片区的规划调整,降低存量用地盘活成本,增加住宅用地有效供应。同时,在立法和执法方面也要加紧补齐短板,2022 年 9 月 22 日,上海市第十五届人民代表大会常务委员会第四十四次会议通过《上海市浦东新区推进住宅小区治理创新若干规定》,明确对类住宅和城中村的管理及执法也适用本规定中关于住宅小区的相关规定[15],后续实践中应严格执行相关法律规定,对不法行为坚决予以打击。

4.4 进一步完善综合治理机制,为产城融合创新优质环境

创新社会综合治理不仅可以有效弥补传统社会综合治理的不足,还可以极大提升治理的效果和质量。通过完善开发区社会综合治理,加强社会治理和服务,保证源头治理体系建设,能够着力解决好民生、民主、民心问题。

一是推进开发区城中村综合治理。城中村既是一种空间形态,也是一种社会形态。对于上海城市开发区周边的城中村而言,应主次分明、循序渐进地推进城中村综合治理,提高城中村的人口素质,提升城中村的归属感,引导城中村的城市融合。政府应统筹公共服务建设,统筹大中小城市协调发展,优化城乡功能结构和空间布局以减缓“城市病”,鼓励地方因地制宜地改革。例如,城中村可利用富足的集体经济,完善各类公益性文化设施,建立公共、半公共性的空间,引导建设参与性高的群众性组织,开展促进社会融合的文娱表演,以提高原住民的幸福感,增加租住者的社区认同,增强城中村的社会资本,实现“大混小居”的空间格局。

二是提高城市应急管理能力。首先是构建城市应急预警机制,强化风险防控意识,运用大数据和大信息先进技术,提高监测预警的及时性和准确性。其次是构建完备的应急保障机制,在城市物资保障、应急专项资金保障、应急科技研发与应用以及应急专业人才培养与储备机制等方面做好防范。最后是建立精准的应急响应机制,构建政府与社会联动的应急处理机制,整合社会应急资源,全面提升应急处置能力,以确保基层应急系统在空间尺度上的贯通协同、时间尺度上的平急结合和人员尺度上的专常兼备[16],最大限度地调动社会力量和有关单位参与应急处置,实现政府与社会的优势互补,形成应对突发事件的合力。

4.5 进一步完善数字赋能机制,为产城融合提供重要动力

数字技术是城市治理的重要支撑力量之一,对于上海城市开发区产城融合

与社会治理创新而言，数字赋能既是技术性解决方案，也是体制性解决方案。当前上海城市开发区社会治理创新还存在着交通拥堵、环境卫生恶化、矛盾纠纷增加、民生服务短板、城市安全风险激增等一系列棘手问题，导致治理的难度和风险不断加大，以数字化转型助推城市敏捷治理已经成为城市健康发展以及城市化顺利推进的必然趋势和要求[17]。

一是构建精密智控的严密防线，使数据全方位赋能城市基层治理。将数字技术全方位、多面向引入基层社会治理各领域，充分利用上海在城市治理“一网统管”“一网通办”方面的经验和优势，积极探索推进数字化治理的方法和路径，做优做细开发区社会治理，实现从“数字”到“数智”再到“数治”的转变，提升城市开发区治理能力和水平。

二是坚持以问题为导向，以数字赋能解决群众急难愁盼愿的问题。数字赋能上海城市开发区社会治理应该以问题为导向，破解环境整治、停车难、治安防范差、消防隐患大、民生服务不足等城市治理的难点、堵点。破解这些问题，不再是就事论事，也不再局限于单一部门或单个街区，而应该将城市视为一个有机整体，发挥数字平台的优势，推动跨区域、跨部门、跨领域协同，动态整合和调配各类资源，为治理城市多种难题提供系统性整体性解决方案，将城市精细化治理推向纵深。

三是运用数字技术，激活城市开发区社会创新和社会活力。公共数据不仅是单一部门的数据，还是社会的数据。同时，公共数据不应该仅仅向职能部门和政府赋权，还应该向社会有序开放，向社区工作者、街区赋权，动态精准匹配，激活市场机制，增加企业的收益，为市民提供有温度的个性化服务，提高居民的获得感，减轻社会工作者重复采集信息的压力，为社区工作者腾出更多的时间开展专业化服务。坚持共生共赢的理念，调动多方参与的积极性，走好社会治理的共建共治共享之路。

参考文献

[1] 饶传坤，陈巍. 向新城转型背景下的城市开发区空间发展研究：以杭州经济技术开发区为例[J]. 城市规划，2015(4)：43-52.

[2] 韩俊，王翔. 新型城镇化的苏州工业园区样本[M]. 北京：中国发展出版社，2015.

[3] 许健，刘璇. 推动产城融合，促进城市转型发展：以浦东新区总体规划修编为例[J]. 上海城市规划，2012(1)：13-17.

[4] 张明斗，刘奕. 新时代城市精细化治理的框架及路径研究[J]. 电子政务，2019(9)：76-84.

[5] 习近平. 在深圳经济特区建立 40 周年庆祝大会上的讲话[N]. 人民日报，2020-10-15.
[6] 上海市统计局. 上海统计年鉴 2023[EB/OL]. [2025-01-07]. https://tjj.sh.gov.cn/tjnj/nj23.htm?d1=2023tjnj/C0215.htm.
[7] 上海市浦东新区人民政府. 开发区统计年鉴[EB/OL]. [2025-01-07]. https://www.pudong.gov.cn/008006035004/20220630/703419.html.
[8] 上海市浦东新区统计局. 上海浦东新区统计年鉴 2021[M]. 北京：中国统计出版社，2021.
[9] 张龄. 从浦东乡村空间评估到城乡等值发展思考[J]. 时代建筑，2021(5)：154-159.
[10] 龚维斌. 加强基层社会治理队伍建设[J]. 马克思主义与现实，2020(6)：42-44.
[11] 卢为民. 产城融合发展中的治理困境与突破：以上海为例[J]. 浙江学刊，2015(2)：151-154.
[12] 姚莲芳. 新城新区产城融合体制机制改革与创新的思考[J]. 改革与战略，2016，32(7)：46-50.
[13] 习近平. 论坚持全面深化改革[M]. 北京：中央文献出版社，2018.
[14] 田毅鹏. 流动的公共性[J]. 开放时代，2009(8)：38-41.
[15] 上观新闻.《上海市浦东新区推进住宅小区治理创新若干规定》全文公布[EB/OL]. (2022-09-28)[2025-01-07]. https://sghexport.shobserver.com/html/baijiahao/2022/09/28/866169.html.
[16] 容志. 让基层应急系统运转起来：城市生命体视角下的融通型结构[J]. 中国行政管理，2021(6)：136-144.
[17] 容志. 数字化转型如何助推城市敏捷治理：基于 S 市 X 区“两网融合”建设的案例研究[J]. 行政论坛，2022，29(4)：71-80.

儿童成长空间友好营建的城市规划建设探索

黄　婧

建设儿童友好城市，寄托着人民对美好生活的向往，事关广大儿童成长发展和美好未来。本文在“新城发力”的背景下，基于松江新城试点实践，分析目前在儿童成长空间友好型社区营建方面存在的不足，如实施目标和措施距离卓越全球城市差距较大、城市规划管理缺少相关技术标准和指引、儿童优先和儿童视角下的城市环境有待加强等问题。进而通过借鉴荷兰鹿特丹、日本流山市以及深圳景龙社区等案例，对松江的儿童友好新城规划建设提出三方面对策和建议：一是保障儿童合法权益，健全针对儿童友好社区建设的体制机制；二是增强规划引领作用，以法定规划落实儿童空间友好布局；三是以儿童优先和儿童利益最大化为指向，以“1＋X”推进儿童友好空间项目建设。

1　引言

2021 年 9 月 30 日，经国务院批准，国家发展改革委等 23 部门联合印发《关于推进儿童友好城市建设的指导意见》，阐明“建设儿童友好城市，寄托着人民对美好生活的向往，事关广大儿童成长发展和美好未来”，并明确指导思想、基本原则和建设目标；在社会政策友好章节中提出城市规划要体现儿童视角，要以“1 米高度看城市”，并要制定城市各类儿童友好空间与设施规划建设标准，完善城市功能布局和优化公共空间设计；此外，还提出推进儿童友好城市建设的相关措施。在《中国儿童发展纲要(2021—2030 年)》中也涉及儿童健康、安全、教育等方面的内容，并明确提出要建设一批国家儿童友好城市。可见对于儿童的重视、培养与关爱，已成为国家和社会关注的热点。

国际上第一部有关保障儿童权利的具有法律约束力的约定是 1989 年的《儿

黄婧，松江区规划和自然资源局总师办负责人，教授级高级工程师，硕士。

原文以《基于儿童友好空间营造的城市规划建设探索：以上海松江新城为例》为题发表于《上海城市规划》，2022 年，第 3 卷，第 3 期，第 81-86 页，收入本书时有修改。

童权利公约》，规定儿童有权利生活在一个卫生、安全的环境中，并提出儿童权利应该作为城市发展的核心要素。1996 年，“儿童友好城市”（Child Friendly City）的概念被首次提出，其内涵为听到儿童心声，并将实现儿童需求、优先权和权利纳入城市治理体系。2004 年，联合国儿童基金会发布儿童友好城市的行动框架，提出在城市建设中维护儿童诸如在街道独自安全行走、与朋友见面玩耍和生活在不受污染的绿色环境中等 12 项权利[1]。至于儿童友好城市的建设，则是要求在城市和社区建成环境设计中，增加儿童视角，对城市道路、公共空间、活动设施等进行设计，在城市建设中兼顾儿童利益和使用需求[2]。

上海市已经开展儿童友好社区试点工作，提出要坚持儿童视角，以儿童优先为原则，重点优化配置、整合统筹社区内儿童活动场所和服务项目；到 2020 年年底，全市计划建成 50 个以上具示范效应的社区示范点，并进而在全市推广。自 2019 年起，松江新城内的方松、岳阳、中山、广富林等四个街道成功创建上海市儿童友好社区示范点，增强了新城儿童的幸福感和满意度。儿童友好型城市建设涉及儿童方面的政策、社会服务、文化建设等内涵[3]，社区则是城市的基本单元[4]。本文基于儿童成长空间友好的命题，从城市规划建设视角，在“十四五”期间上海加强新城建设的背景下，以松江新城为例，探索儿童友好社区建设的对策，旨在为上海建设儿童友好社区提供参考。

2　现状概况

2.1　率先建成儿童服务中心，创新工作机制和政策措施

2019 年，上海市松江区妇女儿童工作委员会制定《关于开展松江区城乡社区“儿童之家”规范化建设的实施意见》，明确工作目标、原则、项目功能等内容，并将其纳入政府的发展规划和年度区级实事项目，落实年度专项经费予以实施推进。同时，成立松江区“儿童之家”建设工作联席会议，各个成员单位协同推进儿童友好社区创建工作。实事项目在全市儿童友好社区率先启动建设，在全区先行先试，同时也为儿童友好创建积累了先期经验（图 1）。

2.2　尊重儿童权益，启动儿童参与和宣传活动

松江开展“萌童乐园・儿童之家”Logo 征集活动，以儿童的视角选定儿童之家卡通人物，上海市松江区妇女联合会（以下简称“区妇联”）选取文翔幼儿园、白云幼儿园等四所幼儿园的中班、大班的孩子，以儿童投票方式选出代言人“萌萌”

(a) 方松街道儿童之家内景　　(b) 儿童之家图书角　　(c) 儿童之家活动海报

图 1　松江新城儿童友好社区试点街道建设示意

资源来源：上海市松江区妇女联合会

“童童”的形象。制作宣传品发放推广，包括孩子喜好的贴纸、小书包、运动器材、益智玩具、绘本图书等宣传品，凸显了“儿童优先”“儿童利益最大化”的城市发展理念和价值观。

2.3　实现资源共享互助，协同共建儿童友好社区

松江新城在儿童友好社区工作创建中，发挥区、镇、居村三级妇女儿童工作委员会分工协同作用，研究确定“儿童之家”点位，先后完成区级妇女儿童发展中心“小豆豆成长乐园”，居委会级如方松街道翔弘邻里中心、中山街道同济雅筑、广富林街道上林社区、三湘四季托育园、岳阳街道方舟园等儿童之家的建设。区妇联整合相关资源协同组织各条线资源共享，协同组织开展儿童活动和建立品牌活动。对于 0～3 岁幼儿及其家庭，充分利用优生优育服务指导中心资源，各街道各中心开展公益性亲子活动、家庭指导类等活动，挖掘利用其他活动阵地及资源，纳入儿童服务中心和站点，实现资源共享共建。

2.4　“15 分钟社区生活圈”建设引入儿童友好主题

在松江的“15 分钟社区生活圈”的推进建设中，“儿童友好”主题得到广泛的社会认同；通过“小小规划师”活动，儿童得以参与城市规划实践。老旧小区开展的社区微更新不仅显著提升了居民的幸福感和满意度，也为儿童成长友好空间建设拓展了新的思路和途径。

3　存在的问题与挑战

针对儿童视角来看社区友好度，包括理念、空间、服务和文化等方面[5]，从空间友好角度分析松江新城，包括儿童视角下的活动阵地、活动轨迹、活动区域和

儿童独立活动性等方面内容。

3.1 实施目标和措施上,与“卓越的全球城市”存在差距

从松江新城四个街道成功创建为首批上海市儿童友好社区示范点的配置标准上看,仅局限于街镇层面的儿童服务中心和社区层面的儿童之家,如“萌童乐园”“儿童之家”等示范场所,街镇级儿童服务中心面积不少于300平方米(含室内外),居村儿童之家面积不少于50平方米(含室内外)。可见,新城儿童友好社区的创建还停留在儿童之家的设施上,并未普及到学校、街道、公园和公共开放空间等区域。《上海市城市总体规划(2017—2035年)》中提出,建设卓越的全球城市和一座生态之城、人文之城和科创之城,完善15分钟社区生活圈的创建,对比国内城市,如深圳市提出“建设中国首个儿童友好型城市”“1米高度看城市”的建设目标,长沙市发布建设“爱心斑马线交通工程”等措施并取得了显著成效,相比国际城市新加坡、鹿特丹、墨尔本等儿童友好城市,还需全面提升。

3.2 城市规划管理上,缺少相关技术标准和指引

在当前国土空间规划体系下,缺少专门针对儿童空间友好方面的规划内容或指标体系。在总体规划层面,缺少与儿童生活紧密相关的基础教育、道路交通、休闲娱乐等关爱型指引与说明。在详细规划层面,对于儿童活动场地、居住小区儿童活动空间、儿童友好型街道设计等刚性管控要求不明确,涉及儿童友好空间的社区设施,如儿童活动空间、场地等设施缺少规模要求、详细布局等规划指引[5]。在建筑管理层面,除基础教育专业的建筑设计规范外,还需进一步完善公共建筑中儿童友好空间和设施布局的相关规范。

3.3 就“儿童优先和儿童视角”而言,城市环境建设有待加强

3.3.1 交往方式——城市邻里关系陌生化

随着松江新城城镇化快速发展,传统的村庄、院落、街巷关系的改变,社区内人群的生活环境和交往方式也发生了显著改变,以多层、高层建筑为主的住宅区增多,居住建筑逐渐呈现高密度紧凑型发展模式。然而,这种变化导致家长和孩子与同社区人群的交流机会和场地减少,进而影响了新城内儿童交往、聚会和活动场地的氛围。

3.3.2 活动路径——儿童独立活动性不高

调查数据显示,松江新城内约有51.2%的儿童乘坐私家车上学,不足

29.4%的儿童步行，10.3%的儿童乘坐公共交通上学[6]。但儿童所拥有的“独立活动性”，其实是“依赖成人的活动性”或者“依赖汽车的活动性”。儿童独立探索自己所处环境的自由受到限制，路径友好的功能缺失。

3.3.3 活动轨迹——学习时间长轨迹单一

对松江新城的调查数据显示，儿童的活动轨迹主要集中在兴趣辅导班、社区和家庭。工作日期间，儿童的时间大多被作业占据，社区内外的活动较少，主要活动场所为家庭。双休日期间，儿童的活动范围有所扩展，兴趣辅导班和家庭作业仍是主要安排，社区内外活动虽有所增加，但家庭仍是主要活动场所。因此，社区交往空间的建设显得尤为重要。

3.3.4 活动空间——儿童之家配置有限

松江新城在创建儿童友好社区中的调查显示，在创建中完成了区级、居委会级等 9 家儿童之家的建设，覆盖 0～18 岁年龄段，分布在方松街道（2.2 万人）、广富林街道（1.6 万人）、岳阳街道（1.5 万人）、中山街道（2 万人），这些儿童之家的场地面积分别为 800 平方米、255 平方米、50 平方米和 150 平方米，总计建筑面积约为 1 350 平方米（图 2）。然而，对于旨在构建百万人口规模、打造长三角地区具有独立性和综合性节点城市的松江新城而言，这样的建设在儿童空间友好的方式和目标上稍显逊色。调查显示，松江新城在服务儿童基本需求的公益性设施方面，如婴幼儿培育中心、幼托机构、社区幼儿保健中心等，存在建设不充分、分布不平衡等问题，这在新城几个街道普遍存在。尤其在老旧地区，针对儿童的教育、医疗、娱乐设施等资源配置存在较大缺口，难以满足该地区内儿童的需求。

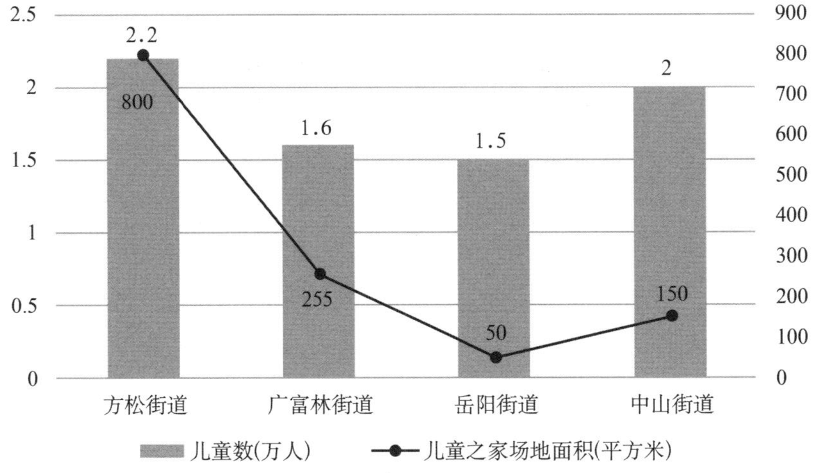

图 2　松江新城儿童之家建设情况

3.3.5 儿童优先权——儿童参与有待升级

调研显示,松江新城在儿童友好社区的建设过程中,未能充分展现儿童作为主体的参与性,当前已有的儿童之家和少儿图书馆等活动场所,虽旨在服务儿童青少年及其家庭,但其主要由政府主导推进,更多地体现了成人的认知和认同。在组织社区活动的策划、活动场馆的定位等方面,也大多是以成年人视角进行设计与推动,缺少对儿童真实需求的重视。因此,在儿童参与公共事务和城市发展建设方面,需要增强儿童的参与性。

4 国际和国内案例借鉴

4.1 荷兰鹿特丹:塑造多样化儿童活动空间

荷兰鹿特丹市通过尊重儿童好奇的天性,增强儿童活动场地的自然性,营造非正式的儿童活动空间,为儿童提供认知自然、熟悉自然的见学场所。在公共空间模块中,不仅对儿童游戏区、室外活动区的尺度规模、服务半径提出了配置标准,同时强调将绿色环境融入场地设计中,增强场地的自然性,为儿童提供更多接触自然的机会。

4.1.1 结合各年龄段儿童使用需求和生活轨迹

规划设置儿童 5～10 分钟步行可达覆盖率,健全多类型儿童服务型设施配置。除此之外,还通过提供“儿童友好”型住房设计、营造儿童安全且充满乐趣的出行环境等策略,为儿童生活成长提供健康的环境。

4.1.2 增强儿童活动场地的自然性

制定《鹿特丹标准户外游戏室建设规范》,为儿童提供认知自然、熟悉自然的见学场所。根据儿童不同年龄阶段的行为特征,场地应提供多种活动的可能性,保留一些原生自然区域,如沙土、石头等,使所有儿童各得其乐。

4.1.3 配置标准尊重儿童活动需求

配置标准上,大于 150 000 平方米的居住区需设置不小于 5 000 平方米的运动和活动区;150 000 平方米的居住区需设置不小于 1 000 平方米的综合运动、活动区。以大型运动和活动区为中心,300 米范围内应设置不小于 1 000 平方米的第二处运动及活动区。

4.2 日本流山市:建设“育儿友好型”服务设施

日本流山市位于东京都市圈千叶县,距离市中心的通勤时间仅需 25 分钟,是日本东京大都市圈的新城之一。面临东京少子化和老龄化的困境，该市策划了亲子宜居型城市重点吸引年轻的双职工家庭居住，营造儿童友好型城区环境。

策划研究孕育、生产、哺育、培育等不同时期育儿需求，营造多样化的育儿空间，包括母子保健中心、儿童支援中心、儿童图书馆、哺乳室等设施。同时还提供活动支援类服务，包括家庭教育咨询、儿童参与活动、邻里互助活动等。结合各年龄段的孩子心理特点和活动场地需求，将其充分运用到儿童设施中，以保障使用的舒适度。

4.3 深圳市景龙社区：打造儿童友好社区

深圳市景龙社区包括五个城中村、一个20世纪90年代的花园小区和一处建设中的楼盘，具有密度高、建成度高等特征，同时存在开放空间少、集中绿地少、儿童活动场地不足等问题。在更新方案中提出建成儿童友好城市生态系统，并提出优化方案。

4.3.1 社区微更新项目提升方案

美化建筑外墙、利用原有存量空间改造为儿童活动场地，租赁商铺改造为儿童活动室，增强社区内街道、公共通道的公共活动属性。

4.3.2 注重共享、多元价值理念的提升

按照居住区域儿童的年龄构成特征，完善主题式的活动场地，按照婴儿期、幼儿期、儿童、青少年等活动特征丰富社区儿童友好活动空间布局，并以运营管理、活动策划的方式全面提升品质，挖掘资源实现空间共享。

4.3.3 探索布局儿童友好交通空间

以5～10分钟社区生活圈为尺度，对儿童交通空间进行改善提升，对学校周边、幼儿园周边的道路断面和标识进行改造，以儿童尺度进行设计，并在河道水网绿道、水道实现衔接，提升慢行系统儿童友好空间布局。

5 松江建设儿童友好新城的对策建议

上海主城区已经扮演着类似伦敦、纽约在各自城市群和都市圈中的角色，发挥着引领长三角世界级城市群和上海大都市圈发展的核心城市作用。2021年，上海市委、市政府召开五个新城建设座谈会，会议指出，推进五个新城建设，在新发展阶段有全新的实践要求，要践行最现代的理念、运用最前沿的技术、发展最先进的产业、打造最宜居的环境，为工作生活在这座城市的人们提供全新的生活方式选择。

"十四五"时期,松江新城强化"人民向往"的根本追求,打造科创、人文、生态之城,坚持儿童优先和儿童利益最大化原则,保障儿童生存、发展、受保护和参与的权利,促进新城儿童健康全面发展。在空间布局上,充分尊重儿童权益,加强对儿童群体的关注和投入,分析全年龄段的儿童不同年龄结构和心理、行为活动等特征,增加儿童设施、活动场地、慢行系统等配置[7],不断提升城市对于儿童群体的关爱度,营造最具国际化水准的儿童友好型城区。

5.1 保障儿童合法权益,健全儿童友好社区建设的体制机制

一是市区两级政府部门加强组织领导,形成市区两级儿童友好型城市建设领导小组,全力推进儿童友好社区建设工作。二是空间规划布局和公共设施规划建设上,由上海市妇女联合会与其他专业部门协同推进工作,统一部署、统一协调、统一建设。三是研究出台儿童友好型城市空间友好导则,明确儿童空间友好规划的建设目标和标准、指标参数等,指导各层级儿童友好空间规划布局,确保各类友好空间和设施按照 15 分钟社区生活圈布局和落地建设。

5.2 增强规划引领作用,以法定规划落实儿童空间友好布局

5.2.1 在国土空间规划增设儿童友好空间规划方案

建议在国土空间规划体系中,在总体规划层面的公共设施配套章节增设儿童友好空间规划布局内容,确定目标要求、指标参数,在城市级、地区级、社区级等儿童活动场地的设置、设施的布局、慢行系统的规划布局等方面,提出不同层级的指导意见,以指导后续空间规划布局和项目实施。在详细规划层面,研究配置标准,并增加在基础教育、公共空间、交通线路、儿童活动设施、社区住房等方面对于儿童友好社区的空间关爱篇章。

5.2.2 开展儿童友好社区布局专项规划

建议以街道或社区为单元开展儿童友好社区布局专项规划,摸清儿童人口数和各类儿童设施、空间规模底数,按照社区儿童的年龄结构和未来儿童规划发展趋势,以需求为导向,布局相关的设施、场地和场所,以便科学合理地推进儿童友好社区创建工作。在完成现状评估、案例分析、儿童意见征询等专项规划环节后开展规划方案,提出儿童友好学校、友好街道、友好公共设施、友好公园等建设目标,编制基础教育设施提升、通学道路优化设计、学校周边交通管理要求、公共建筑儿童活动空间提升方案,增加各层级绿地公园儿童友爱空间规模和涉及母婴休息室、婴幼儿保育、社区儿童活动中心等方面的内容[8]。在户外活动场地的

布局上，研究增设 1 000 米范围内居住社区配置青少年活动场地，500 米范围布局一定规模的儿童活动场地，300 米范围内布局儿童活动区等。

5.2.3 编制和实施儿童友好社区建设行动方案

为进一步加强儿童友好社区创建成效，建议开展行动方案编制工作，以目标和需求为导向，在专项规划的成果上编制 3 年或 5 年行动计划，明确任务和责任单位，落实资金投入，确保项目建设。可选择儿童友好空间在交通系统设计、绿化景观布局、环境营造、公共建筑规划建设等方面保障设施建设，包括推进路径友好项目，如在幼儿园、小学周边设置儿童专用步行道到达周边小区和启动学校周边高峰时段交通管制要求；或在学校、公园、图书馆、郊野公园等区域增加儿童活动区、婴幼儿活动室等项目。建议参考《深圳市建设儿童友好型城市行动计划(2021—2025 年)》在“十四五”时期打造儿童友好型城市的路径方法、具体任务及目标要求，全域拓展儿童友好空间建设，争取建成儿童友好学校 300 个以上、儿童友好幼儿园 200 个以上、儿童友好公园 100 个以上、儿童友好实践基地 200 个以上，以及建设儿童友好医院和公共图书馆，建成若干儿童专类公园和儿童活动阵地，一共 12 类 55 个具体项目落实责任目标和责任主体，按照时间节点有序推进完成[9]。

5.3 以儿童优先和儿童利益最大化为指向，以“1＋X”推进儿童友好空间项目规划建设

5.3.1 开展儿童参与城市规划公众参与环节

“开门做规划”“新城规划听您说”是新城规划推进中突出“人民城市人民建”的重要环节，听取公众意见有利于城市规划的广泛性，建议启动开展儿童参与城市发展规划议题，探索建立儿童代表参与社区建设方案，对涉及儿童相关事务的问题，提出建议和诉求，如儿童参与各类公共设施、公共空间新建和改造。组织儿童参与公共设施、学校、图书馆、医院等项目在设计方案阶段的意见征集活动等。

5.3.2 推进形成“1＋X”儿童友好空间规划建设体系

2006 年，荷兰鹿特丹曾被投票选为儿童成长中最不受欢迎的城市，随后，鹿特丹共花费约 1 500 万欧元(约 11 000 万元人民币)将自身打造为儿童友好型城市，创新提出“儿童友好”的公共空间、交通路线、设施和住房四个模块，并为每个构成模块设定了相应的技术要求，指导 11 个试点街区规划建设，并通过后续的监测体系评估“儿童友好”社区建设成效。

在上海推进新城建设过程中，建议结合新城“十四五”规划建设行动方案，推进形成“1＋X”儿童友好空间建设体系。“1”即形成一份社区友好空间建设工作方案，“X”即指分项完成的儿童友好空间类型，包括居住社区类、绿地系统类、道路交通类、基础教育类、公共设施类等。

居住社区类主要包括育儿场所、儿童活动中心等，按照0～18岁各年龄需求，围绕15分钟社区生活圈和绿色低碳、功能复合的社区生活基本单元建设要求进行配置。在老旧小区改造中开展社区微更新，增设儿童托管中心、儿童活动场地，满足各年龄段儿童需求。对于有新增育儿场所、儿童活动中心等需求的街区，在住宅小区和商业商务办公项目土地出让前开展评估工作，落实社区需求项目面积，并标注“需沿街面布局”“在1～2楼布局”等方便幼儿使用的要求，土地出让后由开发单位建设完成后交付街镇政府使用。

绿地系统类，可利用城市绿地系统布局增设儿童户外活动场地，如在城市中央公园、街头绿地、口袋公园、郊野公园增设儿童活动设施，并鼓励儿童参与到方案布局中。梳理适合儿童活动的中心、站点和空间，按照1 000米、800米、500米和300服务半径分布特征，结合城市绿地、广场形成安全的儿童游戏场地，幼儿和儿童游戏场地的位置应该尽可能方便家长及时监护。增加亲子活动设施，如沙坑、滑梯等，也应该考虑到成年人或老年人在监护或陪伴时相互交往的可能。青少年活动与运动场地宜设置在相对独立的地段，功能上包括球场、滑板场地等。利用郊野地区，打造自然环境下的儿童科普活动环境，充分发挥美丽田园景观的功能价值，突出乡村文化传承体验。融入科普教育、文化体育等多元业态，使用包容的儿童活动空间，采用适合儿童使用、灵活多元的包容性设计。

道路交通类，儿童的成长和生活主要在社区，按照儿童步行范围，创造安全可达、标识清晰的交通条件，开展儿童安全出行系统规划，优化儿童上学路径，让儿童能独立安全到达他们的活动目的地，提升儿童街道活动安全，建立儿童安全出行系统指引，打造儿童友好型街道[10]。在路径设计上，参考长沙爱心斑马线交通工程和儿童友好型校区周边交通及公共空间改造指引，在建设层面全面落实儿童友好空间建设[11]。

基础教育类，结合“十四五”期间新城新建的各类学校将儿童空间友好理念全面贯穿，强调对儿童尺度、儿童环境的关注，突出儿童优先权，按照不同年龄段儿童的安全和活动需求。儿童友好活动空间中的棱角、台阶等设计，应尽可能消除潜在危险，确保儿童的安全。活动区需种植随季节性变化的树木，让儿童感知春夏秋冬、日月星辰的变化；设计可供攀爬的空间、场地和树木，拓展孩子对世界的探索；避免种植多刺、有毒性的花卉和植物；同时，在室外的硬质铺地、草地和生态活动区的比例设计上[12]，充分尊重儿童群体行为习惯；在色彩和图形分布上，顺应儿童的喜好和心理特征，丰富基础教育场所的感染力和吸引力。

公共设施类，在新城的开放空间和公共设施规划建设中，合理布局儿童友好设施，将儿童的生活、学习和游憩空间融入，使自然环境和社会文化密切关联。参考国际城市鹿特丹和新加坡经验，在机场、博物馆、图书馆、医院、街道公共活动场所等公共空间增加儿童看护和活动设施，加强儿童尺度设施的设计，可以在新城的博物馆、图书馆等场馆增设母婴活动室、第三卫生间等场所。按照不同年龄阶段儿童对空间的需求差异，面向 0～6 岁的婴幼儿打造“儿童之家”，突出空间色彩及安全性；面向 7～12 岁的儿童，打造户外自然科普类探究空间，增设羽毛球、篮球等运动场地；面向 13～17 岁的青少年，可设置社会实践基地[13]，提供沟通交流平台。针对社区运动场地短缺的现状，建议可采用政府类投资和社会投资兼顾的模式，增设运动场地，如羽毛球、篮球、网球场地等。此外，还可开放社区活动场所、学校、存量工业设施等。

6　结语

在国家发展改革委等 23 部门联合印发《关于推进儿童友好城市建设的指导意见》的指导下，儿童有望逐步摆脱繁重的课业和补习班，可以有更多时间参与社区活动。儿童成长友好空间的营造需要全社会的更多关注与思考。正值“十四五”开局之年，上海五个新城发力，一批集聚度、显示度和高等级的公共服务设施项目正在加快建设，建议以此为契机，植入儿童成长友好空间营造理念，在城市规划管理上编制相关导则与法定规划，做到有法可依、有章可循。同时，按照计划逐步落实到国土空间规划中，按照财政资金安排和开发进展逐步落实到项目建设中，确保儿童空间友好布局的预留和项目实施建设。除了成长空间布局和设施建设等“硬件”外，还需同步推进社会友好、公共服务友好、权利保障友好、发展环境友好等方面的建设，构建一个庞大的儿童友好城市生态系统[14]。这不仅关乎新城发展中近期人口集聚、青年人才吸引力和城市公共服务水平的提升，更关乎城市发展的未来。

参考文献

［1］李小云.包容性设计：面向全龄社区目标的公共空间更新策略[J].城市发展研究，2019，26(11)：27-31.

[2] 刘堃,魏子珺. 成长视角下社区街道对儿童街道活动的支持研究[J]. 城市发展研究,2019,26(8):16-24.
[3] 杨郑鑫. 多维视角下儿童友好型城市规划的初探[C]//中国城市规划学会. 共享与品质:2018 中国城市规划年会论文集(11 城市总体规划). 2018.
[4] 王梓茜,武凤文. 儿童安全视角下的社区公共空间设计策略[J]. 北京规划建设,2020(3):18-24.
[5] 刘堃,高原,魏子珺,等. 儿童友好社区规划中游戏化儿童参与方法研究[C]//中国城市规划学会. 共享与品质:2018 中国城市规划年会论文集(07 城市设计). 2018.
[6] 沈瑶,云华杰,赵苗萱,等. 儿童友好社区街道环境建构策略[J]. 建筑学报,2020(S2):158-163.
[7] 王方,林芳菲. 儿童友好社区在地化实践探索:以景龙社区为例[C]//中国城市规划学会. 活力城乡美好人居:2019 中国城市规划年会论文集(20 住房与社区规划). 2019.
[8] 萧易忻. 儿童友好社区在农村的建构策略:五味屋的资源整合与儿童增能[J]. 青年学报,2020(2):47-54.
[9] 李树文,袁泉. 国外儿童友好社区建设经验对我国的借鉴[J]. 市场周刊,2019(6):141-142.
[10] 胡肖涵,马灿,李享. 基于儿童视角的社区空间环境研究与规划设计策略:以深圳市红荔社区为例[C]//2019 城市发展与规划论文集. 2019.
[11] 董楠楠,伊娃,杨佳希. 基于儿童友好型社区的环境体系构建[J]. 城市建筑,2017(29):28-30.
[12] 沈瑶,刘晓艳,云华杰,等. 走向儿童友好的住区空间:中国城市化语境下儿童友好社区空间设计理论解析[J]. 城市建筑,2018(34):40-43.
[13] 陈云霞. 儿童友好型城市理念下的社区交通系统优化研究[D]. 深圳:深圳大学,2019.
[14] 深圳市妇女儿童工作委员会. 深圳市建设儿童友好型城市行动计划(2021—2025 年)[R]. 2021.

青年发展篇

新城建设，产业是基础，人才是关键。在人才流动日益平滑顺畅的当下，城市间人才竞争日益激烈。如何打破新城的“睡城”角色困境，吸引更多青年人到新城创业就业、安居乐业成为上海五个新城近年来致力于解决的核心问题之一。本篇聚焦青年人才发展议题，分析辖区青年的薪资待遇、行业分布以及预期流动走向等，提出以科创人才需求为导向、以家庭友好友好为基准的黏性提升策略，通过打造宜业宜居的软环境，增强新城的吸引力，从而更好地留住和吸引青年人才。

平滑世界中的区域黏性:上海新城人才吸引力研究

孙　明　朱　妍

上海五个新城建设开启了城市发展的新格局,要实现新城"独立的综合性节点城市"的定位,产业是基础,人才是关键。在新城建设的总体要求中,"产城融合、职住平衡"的提出,意味着新城不再是疏解中心城区人口的卫星城或者职住分离的"睡城"[1],而是社会生活社区与生产系统相互融合渗透的创新区域。在这一城市生态系统中,人才兼具经济属性和社会属性。他们不仅是支撑产业发展的高端生产要素和实现经济高质量发展的人力资源,而且作为社会行动者的人才,与政府、企业、社会组织一样,是新城建设的重要主体。人才在新城的空间集聚从根本上决定着区域的创新潜力与社会文化特征。

在高度流动的世界以及区域竞争的背景下,人才的"引"与"留"并非易事。交通运输技术和信息通信技术的日新月异实现了对空间的不断压缩[2],人们的工作与生活日益突破地理空间的限制,在不同区域之间能够实现更加便利的空间流动。与此同时,户籍、社会保障等制度的改革不断降低区域间人才流动的制度障碍。可以说,人才的流动与其他生产要素的流动类似,处于一个更加光滑的世界之中。而在光滑的世界中如何提升区域对人才的黏性(本文使用"平滑世界中的区域黏性"这一说法)[3],实现人才的空间集聚并根植于当地,逐渐引起各地政府的高度关注。继招商引资的产业竞争之后,各地已经展开了激烈的人才竞争,频频推出更宽松的落户政策、更优惠的人才政策。

基于人才的重要性以及区域间人才竞争的形势,如何提升上海新城的人才吸引力成为一个重要的研究主题。基于新城的产业特征,需要吸纳哪些类型的人才以实现人与产的匹配?在激烈的人才竞争中,新城从哪里引才,人才竞争的主要压力源自何处?如何精准对接人才需求,提升新城对人才的黏性?本文以

孙明,同济大学政治与国际关系学院社会学系副教授。
朱妍,上海社会科学院社会学研究所副研究员。

社会学的社会网络理论和经济地理学的创新集群理论作为理论渊源,基于对部分新城所在行政区的调研,尝试对上述问题进行回答。

本文采用定量与定性混合的研究路径。2021 年 10 月,课题组在上海市嘉定区开展了非概率抽样的问卷调查,8 175 名在该区工作的受访者填答了问卷,调查范围涵盖嘉定区 13 个街镇、不同类型的行业、不同性质的企业以及户籍状况等。虽然非概率抽样的样本无法对总体的参数进行统计推论,但统计结果具有一定的参考价值。同时,课题组召开了 26 场座谈会,对象包括区和街镇的相关职能部门、产业园区、企业。在调研企业的选择上,课题组基于行业、规模、所有制三个核心维度来划分类型、选取典型,所有制形式涵盖国有、外资、民营等不同类型,行业类型兼顾传统制造业、战略性新兴产业以及生产性服务业。

特别需要说明的是,虽然五个新城具有清晰明确的地理边界,是嘉定区、青浦区、松江区、奉贤区、浦东新区的局部①,然而课题组在调研中发现,这种“城中城”的格局、行政区内部的分异不仅给制度的设计和执行带来不便,而且在官方宣传和受访者的认知中也时常将全区作为一个整体视作新城。因此,本文在调研与分析时,将新城的范围扩展到其所在行政区。

1 新城处于产业转型的关键时期,人才需求呈现多样化、多层次

人才的需求结构本质上是由当前的产业结构以及面向未来的产业规划所决定的。课题组在调研中发现,既有产业在数字信息技术的浪潮中承受了转型升级的巨大压力,在宏观经济下行和新冠疫情冲击下面对更加激烈的市场竞争,企业不仅面临招工难、招工贵的问题,对专业技术人员的需求也非常迫切。五个新城在“十四五”产业规划中都重点布局了战略性新兴产业或先导产业,希望获得长期发展的新动能,成为具备竞争优势的高科技创新型产业聚集区。除了上述约瑟夫·熊彼特意义上的创新发展[4],部分新城还实施了产业结构多元化战略。例如,嘉定区努力推动本区拥有比较优势的制造业向生产性服务业尤其是高端服务业延伸,提出在远香湖中央活动区打造总部经济,力求产业结构更加多元均衡。上述产业结构转型升级和多元化的发展规划,对新城所需的人才类型将产生深刻影响。

传统制造业、战略性新兴产业、生产性服务业有各自的人才需求。调研发现,传统制造业企业紧缺机械、材料等专业的人才,生物医药与精准医疗行业需

---

① 例如,嘉定新城的范围是北至霜竹公路,南至蕰藻浜,东至横沥河—绿意路—浏翔公路,西至嘉松北路。同时,将安亭枢纽站城区(东至墨玉北路,西至上海绕城高速,南至城市开发边界,总用地面积 21.97 平方千米)纳入新城范围。新城规划面积约 162 平方千米,而嘉定区的总面积是 464.2 平方千米。

要大量生物、药学专业的人才,而在“软件定义汽车”的新能源智能网联汽车行业,需要大量的软件人才以及与“三电”(电池、电机、电控)相关的人才。除了与研发、生产密切相关的技术人才,能够带来管理模式创新的管理人才同样是企业急需的。制造业的发展需要生产性服务业的支撑,大量法律、财会、金融、销售、大数据分析、战略规划等人才企业同样求贤若渴,而且该类人才的空间集聚也是区域市场环境成熟的一个重要标志。

高素质的公共服务类人才与企业的技术和管理类人才同样重要,容易被忽略。影响区域人才的吸引力的一个重要因素是当地的公共服务质量,各区政府也将提升基础教育、公共医疗、政务环境的品质作为招揽人才的重要抓手。不同于基础设施等“硬环境”建设,公共服务的品质与从业人员的素质密切相关。从事教育、医疗、行政管理工作的人才,是提升公共服务质量、打造宜业宜居环境的重要支撑。

技术创新路径的差异化,使企业人才需求呈现多层次的特征。大量传统的制造业企业采取“渐进型的技术创新”,而处于战略性新兴产业的要尽快实现“突破型的技术创新”。企业创新的路径不同,知识、技术、技能的性质不同,相应地,企业需要的人才就展现出高低不同、多层次的特征。

传统产业的渐进型创新需要大量中端人才。高学历不等于高能力,知识的前沿性有时不如经验的丰富性。企业的人才招聘,不仅考虑技术的前沿性,更在乎成本与收益的经济合理性。调研发现,许多制造企业的技术创新是对国外先进产品的逆向研发(仿制)、产品设计和工艺流程的改进、零部件的国产替代(所谓“成本创新”),表现出典型的渐进型创新的特征,是“干中学”的过程。支撑创新的并不是基础科研、领先的专业知识、高精尖的技术,而是生产实践中所积累的隐含知识(Tacit Knowledge)。拥有丰富工作经验、能够解决现实难题的专业技术人员是制造企业急需的人才。因此,有被访企业的高管建议,新城人才引进的眼光也应该适当调低,虽然院士与诺贝尔奖获得者具有高显示度,但对于多数企业而言,更应关注符合实际发展需求的实用型人才。

战略性新兴产业的突破性创新依赖极少数的高端人才。顶尖科学家及其团队、研发骨干等是企业实现技术突破以及获取市场竞争优势的关键,例如,在新能源智能网联汽车、生物医药与高端医疗设备、智能制造等行业,企业与时间赛跑,只有实现关键技术的突破,才能赢得市场和未来。调研发现,部分被资本市场青睐的企业,不惜重金在全球范围内邀请顶尖科学家和技术人才的加盟。某初创公司,依靠 3 位海归博士实现了移动穿戴设备的软件研发,成为某国际知名信息与通信技术企业的供应商,企业实现爆炸式成长。某个生产自动包装机的企业,成功从国际电力和自动化技术领域的领导厂商 ABB(Asea Brown Boveri)邀请到一位技术骨干加盟,企业迅速转型升级为智能机器人的制造商,由于邻近众多制造企业、贴近应用场景,拥有广阔的市场前景。

2 新城的人才主要来自外省市,将成为典型的人才迁入型区域

新城的人才主要从哪里来?这个问题涉及人才的特征、新城引才的发力方向以及人才政策的设计。由于人才内部存在类型与层次的异质性,笔者并不打算对人才的空间来源进行面面俱到的分析。人数少、占比低的高端人才或领军人才流动范围广阔。笔者出于数量规模、指向未来这两方面的考虑,重点聚焦"青年人才",也是各地人才竞争的重点目标——年轻的高等院校毕业生或年轻的专业技术人员。

通过对问卷调查中受访者户籍状况的分析,可以推测出新城的青年人才主要来自外省市。课题组选择在嘉定区工作、具有大专及以上学历、年龄 35 岁及以下、岗位为专业技术人员(包含财务、研发、医生等)的受访者,对户籍状况的统计分析结果显示,嘉定区土生土长的本地人仅占 7.95%,无法构成青年人才的主体。由此,可进一步判断,新城大规模引才必须向外发力,本地人才的数量对于实现新城的定位难以提供坚实的人才基础;上海其他区的本地人比例更低(仅有 4.74%),依靠上海市内本地人才的跨区流转也并不现实。与本地青年人才比例较低形成鲜明对比的是,大量来源外省市的受访者构成了青年人才的主体,其中获得上海户籍的新嘉定人占比 17.43%,拥有居住证的占 39.30%,无居住证的占 27.37%,合计高达 84.1%(表 1)。

表 1　嘉定区青年专业技术人员(35 岁及以下)的户籍状况

户籍状况	人数	比例
上海户籍(嘉定本地人)	52	7.95%
上海户籍(外省市迁入嘉定)	114	17.43%
上海户籍(其他区的本地人)	31	4.74%
上海户籍(外省市迁入其他区)	16	2.45%
上海居住证(外省市户籍)	257	39.30%
无居住证(外省市户籍)	179	27.37%
港澳台居民、外籍人士	5	0.76%
总计	654	100%

来自外省市的青年人才又可以进一步区分为上海的高等院校毕业生和外省市高等院校毕业生,通过对高校、企业、人才服务中心的走访,来新城就业的外省市青年人才主要是后者。

为什么新城无法从上海中心城区和本地高校大量吸纳毕业生呢?首先,上海中心城区高校集聚、高等教育资源丰富,但郊区新城的区位劣势对高校毕业生的吸引力不足,中心城区与郊区之间不存在明显的人才外溢现象,反而存在中心城区对郊区人才的强烈吸引。通过访谈发现,除了生物医药、人工智能、新能源智能网联汽车等战略性新兴产业中的企业,以及传统优势产业中的大企业能够以职业发展前景、丰厚的薪酬待遇吸引中心城区的青年人才,多数被访企业表示很难在中心城区的高校招到毕业生。

其次,面对其他省市尤其是上海中心城区的吸引,郊区新城的产业结构与区位劣势导致本地毕业生的根植性较弱。例如拥有大学城的松江区,人才服务中心的工作人员表示由于本地高校的专业设置、学科特长与松江区的产业结构匹配度不够高,外加中心城区的吸引,松江大学城毕业生留在本地的比例要低于预期。对同济大学嘉定分校的高年级本科生访谈也有类似发现,除了"汽车"相关专业的学生会在嘉定区与浦东新区之间进行抉择,其他专业的同学均没有强烈的留嘉意愿。郊区新城在青年人才招聘方面的区位劣势,已经迫使部分企业将校园招聘的重点放在外省市,甚至拓展到中西部地区。例如,一家国内知名的产业互联网企业,只在武汉市组织校园招聘。某家大型上市物流公司的华东总部招聘办公室职员,已经将校招延伸至云贵川地区;由于该公司地处郊区,区位劣势导致新进人员离职率较高。

若上海新城的青年人才主要来自外省市,那么新城将成为典型的人才迁入区域。在这种情况下,人才政策中的落户政策会成为外来青年人才的核心关切之一。众所周知,本地户籍与公共资源的享有以及归属感之间有着紧密的关联。相比本地人才,外来人才的流动性更强,这对提升区域的人才黏性提出了更高要求[①]。区域的社会氛围需要足够开放包容,因为地方主义的排外情绪、对外来人才摊薄本地资源的顾虑,都会削弱该区域的人才吸引力。

---

① 例如,在嘉定区的问卷调查中,具有大专及以上学历的嘉定本地人中,仅有10%表示未来几年有计划离开嘉定,而在拥有同样学历但来自外省市的受访者中,有计划离开嘉定的比例明显提高。其中,已经落户嘉定的"新嘉定人"计划离开的比例是28.34%,拥有居住证和没有居住证的受访者计划离开的比例分别是27.09%和48.65%。

3 郊区新城的既有人才存在较高的流动预期,面对中心城区的强烈磁吸效应

引才难,留才也并非易事。新城既有人才的流动预期是怎样的,具有哪些特征?对嘉定区的问卷调查数据进行分析可知,所有 8 175 名受访者中有 30.28%表示未来几年可能离开嘉定区。课题组由于缺乏参照而无法对这一数字作出判断,但如果参考企业的职工流动率,这一流动预期有些偏高。进一步分组统计,土生土长的嘉定人计划离开的比例是最低的,仅有 8.9%[①]。课题组统计了户籍不在嘉定、拥有本科及以上学历受访者的流动预期,特征是越年轻的人才越可能流动,30 岁及以下的受访者计划离开的比例高达 45.63%,31～35 岁的受访者计划离开的比例降至 32.6%,56～60 岁的受访者计划离开的比例低至 23.08%,60 岁以上的高学历受访者计划离开的比例只有 11.11%。再看婚姻状况,未婚的高学历人才计划离开的比例高达 48.85%,已婚者计划离开的比例降到 30.3%。通过访谈可知,已婚的人才在进行流动决策时往往以家庭为分析单位,需要权衡配偶的就业、子女的教育等多种因素,这些因素增加了流动的社会成本,提高了人才的稳定性。因此,在营造引才、留才的环境时,要着眼于人才的"立业",以"成家"为代表的本地生活对人才而言是更具黏性的。

若人才是流动的而非固定的,那么本地人才可能流向何处,人才竞争的压力源自哪里?在走访调研中,政府的工作人员、企业的管理者认为新城所面对的人才竞争态势是内外双向挤压。外部长三角区域的苏州、南京、无锡、杭州、宁波等城市被多次提及。一方面,上海较高的生活成本,以及"落户难"的制度阻碍,构成对人才的"推力";另一方面,国内一些明星城市经济快速发展,其相对较低的居住成本和落户门槛,更具吸引力的人才政策,以及独具特色的地方文化,构成对人才的"拉力"。在上海市内部,五个新城的产业规划有部分重叠,对生产性服务业和公共服务人才的需求存在共性,可以说,五个新城对人才的吸纳彼此之间也存在竞争关系。而更大的压力源则是上海的中心城区,一些受访者表示郊区新城具有疏解中心城区人口的功能,但对于人才而言,方向是反过来的,中心城区对郊区新城的人才具有明显的磁吸效应。

---

① 从外省市落户嘉定区的"新嘉定人"计划离开的比例是 26.48%,说明即使获得户籍,人员依然可能流动,不少基层工作人员在访谈中也表达过对这一现象的顾虑。

对新城本地人才流动预期的分析清楚地显示了中心城区对人才存在巨大吸引力。在嘉定区的问卷调查中,课题组分析了户籍不在嘉定、具备本科及以上学历、年龄45周岁以下(含)的受访者如果离开嘉定区,将去哪里工作。统计分析的结果显示,在拥有本科学历的中青年人才中,高达41.49%的人会选择上海中心城区,选择上海其他郊区和长三角其他城市的比例类似,分别是13.00%和12.86%。拥有硕博学历的中青年人才选择上海中心城区的比例更高,达到55.14%,选择上海其他郊区和长三角其他城市的比例分别是12.35%和9.05%(表2)。

表2　高学历中青年人才预期的流动目的地

学历	流动目的地							总计
	上海中心城区	上海其他郊区	昆山	太仓	长三角其他城市	长三角以外城市	其他	
本科	41.49%	13.00%	2.28%	2.49%	12.86%	3.60%	24.27%	100%
硕博	55.14%	12.35%	1.23%	1.65%	9.05%	4.12%	16.46%	100%

中心城区吸引郊区新城既有人才的部分原因是区域产业结构的差异,以及中心城区作为成熟的产业社区和生活社区所形成的竞争优势。哪些行业的人才更可能流动到上海的中心城区呢?通过对嘉定区问卷调查的分析,可以发现从事金融(75.00%)、房地产开发(63.27%)、批发零售(55.29%)、租赁和商业服务(52.94%)、软件和信息技术服务(50.53%)以及科教文卫公共服务(54.64%)的中青年人才离开嘉定区选择上海中心城区工作的比例均超过了半数。相比之下,制造业和物流仓储行业的人才计划迁往上海中心城区的比例稍低,分别是34.78%和29.49%(表3)。上述高学历中青年人才流动预期的行业差异,反映出中心城区与郊区新城的产业结构差异,商业、生产性服务业、科教文卫等行业在中心城区能够提供更好的薪酬福利和职业发展的机会。更深层次的原因是同行业的企业、机构、人才在中心城区的空间集聚所形成的产业氛围,个体融入其中将获得集体学习的效率、知识溢出效应以及丰厚的社会资本等,这是微观层次的行动者在集群中能够获得的益处。从新城的角度看,以金融、信息技术服务业为代表的高端服务业人才、科教文卫人才对于新城产业发展、技术创新、公共服务品质的提升具有重要的意义,需要有针对性的举措来弥补产业结构差异导致的人才吸引力的劣势。

表 3　高学历中青年人才所处行业与预期的流动目的地

行业	流动目的地							总计
	上海中心城区	上海其他郊区	昆山	太仓	长三角其他城市	长三角以外城市	其他	
制造业	34.78%	15.97%	2.24%	3.28%	15.22%	3.58%	24.93%	100%
租赁和商业服务	52.94%	9.80%	3.92%	3.92%	9.80%	5.88%	13.73%	100%
物流仓储	29.49%	8.97%	1.28%	3.85%	10.26%	6.41%	39.74%	100%
软件和信息技术服务	50.53%	10.53%	1.05%	1.58%	13.68%	6.32%	16.32%	100%
批发零售	55.29%	10.59%	4.71%	2.35%	5.88%	0	21.18%	100%
住宿餐饮	42.50%	10.00%	0	0	10.00%	0	37.50%	100%
金融	75.00%	7.50%	2.50%	0	5.00%	2.50%	7.50%	100%
房地产开发	63.27%	14.29%	0	0	10.20%	2.04%	10.20%	100%
居民服务、修理业	42.11%	15.79%	0	0	0	5.26%	36.84%	100%
科教文卫公共服务	54.64%	10.38%	1.64%	1.09%	10.93%	2.73%	18.58%	100%
其他	42.96%	11.97%	2.82%	2.11%	10.92%	3.52%	25.70%	100%

如果人才的流动预期与实际流动行为一致，那么人才的吸引力存在明显的空间分异，人才的流动呈现“外省市—上海新城—上海中心城区”的三级梯度。如前文所述，上海新城的青年人才主要来自外省市，而在新城工作且没有落户的中青年人才中近半数计划到上海中心城区工作。若实际的空间流动也是如此，则上海新城在人才流动的轨迹上具有“过渡区域”或“跳板区域”的特征。一种乐观的境况是，即使新城的人才被中心城区持续地吸纳，只要人才如水流一般源源不断地迁入，新城在人才方面依然可以保持充足与活力。但是，上述情形并不符合“职住平衡”的目标，以及人才能够根植本地的期待。因此，不仅要引进人才，更要留住人才。提升区域的人才黏性，使人才由“工作—过渡型”变为“生活—定居型”是摆在新城面前的一个重要课题。

4　增强新城的人才黏性，需营造宜业、宜居的“软环境”

以更高的薪酬福利和更广阔的职业发展前景弥补区位的劣势是被访企业招揽人才的惯常做法，但对于从事创造性和知识密集型工作的人才而言，自由、自主、公平的工作环境与物质激励同样重要。课题组对问卷调查数据进行分析后发现，受教育程度越高的受访者能够在嘉定区获得更高的收入，具有更确定的升迁预期，对发展和晋升的满意度更高。

受教育程度越高的受访者月收入越高,以教育为代表的人力资本与收入回报之间具有明显的正相关关系。拥有初中、高中学历的受访者,月收入集中在8 000元及以下的区段,拥有硕博学位的受访者月收入10 001～15 000元(27.61%)、15 001～20 000元(19.22%)、20 000元以上(31.16%)(表4)。未来几年升迁的可能性同样随教育程度提升而增加,受教育程度是初中及以下、高中/职高/中专/技校、大专、本科、硕博的受访者,未来几年可能升迁的比例分别是14.44%、20.27%、26.92%、35.93%、45.90%(表5)。对晋升和发展机会的满意度也有同样的趋势,受教育程度是初中及以下、高中/职高/中专/技校、大专、本科、硕博的受访者,对工作晋升和发展机会表示"满意"的比例分别是33.89%、32.50%、39.48%、45.68%、46.08%,学历越高,满意度越高(表6)。从上述描述性统计分析的结果可以看出,对高学历群体而言嘉定区整体的就业环境是比较适宜的。

表4　不同教育程度的受访者月收入

受教育程度	月收入					总计
	8 000元及以下	8 001～10 000元	10 001～15 000元	15 001～20 000元	20 000元以上	
初中及以下	90.40%	6.51%	2.00%	0.50%	0.58%	100%
高中/职高/中专/技校	81.93%	12.86%	3.73%	0.64%	0.83%	100%
大专	68.72%	14.56%	12.15%	2.26%	2.31%	100%
本科	43.53%	15.95%	19.22%	9.51%	11.79%	100%
硕博	12.50%	9.51%	27.61%	19.22%	31.16%	100%

表5　不同教育程度的受访者对未来几年升迁可能性的判断

受教育程度	可能性			总计
	可能	一般	没可能	
初中及以下	14.44%	21.29%	64.27%	100%
高中/职高/中专/技校	20.27%	27.25%	52.48%	100%
大专	26.92%	29.92%	43.17%	100%
本科	35.93%	31.77%	32.29%	100%
硕博	45.90%	28.17%	25.93%	100%

表6　教育程度与工作晋升和发展机会的满意度

受教育程度	满意度			总计
	满意	一般	不满意	
初中及以下	33.89%	24.46%	41.65%	100%
高中/职高/中专/技校	32.50%	28.08%	39.42%	100%
大专	39.48%	32.91%	27.60%	100%
本科	45.68%	35.25%	19.06%	100%
硕博	46.08%	33.21%	20.71%	100%

基础设施与公共服务的品质是提升新城人才吸引力、实现“职住平衡”的关键。那么从人才的角度出发,哪些方面的需求比较突出呢?课题组通过访谈发现,需求最为迫切的是提升基础教育的质量。目前,各个新城已经建立了多所覆盖义务教育阶段的公立学校,适龄人群凭户籍或居住证积分均能获得公立学校的就近入学资格。但是中高端人才极其重视子女教育,对教育资源的质量有更高的需求。换言之,他们不会仅满足于让孩子“有学上”,而是追求更高品质的公立教育资源。对问卷调查数据的分析发现,拥有硕博学位的受访者对各阶段教育质量表示不满意的比例最高,对小学教育质量不满意的比例达到19.03%,对初中教育质量不满意的比例达到24.07%,远高于拥有初中及以下学历的受访者(6.34%)。专业技术人员对小学教育质量表示不满意的比例是14.5%,对初中教育质量不满意的比例是16.86%;中高层管理人员的这两个比例,分别是12.25%和14.82%;作为参照,工人和服务业人员对小学和初中教育质量不满意的比例为7.24%和7.53%。

教育资源的质量无法满足期待,对于部分人才而言是工作空间与生活空间、人才与家人异地分离的一个重要原因。课题组调研发现,不少外地来沪的企业高管和核心技术人才让孩子在老家就读质量更有保障的公立学校,不得不付出亲人两地分居、无法陪伴子女的社会成本,而这也成为部分人才无法扎根嘉定安心工作的负面因素。另有部分中高端人才为了子女教育而选择居住在上海中心城区,每天付出较高的通勤成本。

除了基础教育的质量,“文化氛围”在访谈中被中高端人才反复提及,对于青年人才而言是职业发展之外影响流动预期最主要的原因。文化资本理论认为,教育程度越高,文化品位越高,对“文化舒适物”尤其是高雅文化舒适物具有更高的需求,如图书馆、博物馆、剧院等[5]。与文化有关的舒适物并不局限于有形的

“物”，受访者口中的“文化氛围”意味着某个区域拥有多元、开放、时尚、有活力的文化环境或社会风气，也被称为“社会舒适物”。国内众多城市积极建构自身的特色符号，通过营造年代感、文艺气息、生活氛围，打造出一批“文艺弄潮地”“网红打卡地”“先锋文化空间”等。这种多元融合、异彩纷呈、活力四射的空间，深深吸引了受过高等教育、还未组建家庭的年轻人。新城在这方面还有比较大的提升空间。一些在校本科生对课题组表示，郊区新城与中心城区相比文化氛围不够浓厚，缺乏时尚有趣的文化活动以及志同道合的青年群体，毕业之后计划去中心城区。

5 构建新城的人才社会网络，打造人才社群

提升新城对人才的黏性，要以社会网络的思路打造人才社群，让人才在新城“结网”。通过人才政策及资源匹配将人才吸引到新城形成人才的空间集聚仅是第一步，关键是推动个体之间的社会互动，产生社会关系，使关系延展形成社会网络。个体深深嵌入在区域的社会网络之中，该区域就会具有很强的黏性。为什么人与人之间的社会互动以及社会网络如此重要，对人才有如此大的吸引力呢？知识可以分为编码化知识（Codified Knowledge）和隐含知识，前者指的是通过以书面或图表等方式表达的观点或知识技能[6]，而大量隐含程度高、充满不确定性、晦涩难懂和无法精确表达的隐含知识以及情感、思想主要通过面对面的非正式交流[7]获取。这种人际互动能够使信息迅速扩散，双方及时反馈，即使在数字信息技术时代，空间邻近性带来的面对面交流也是无可取代的①。

社会网络不仅具有上述信息通道的功能，在人与人的反复互动中还会产生情感、信任、合作、约束机会主义行为的规范等，形成个体和集体层次的社会资本。当新城的人才成功“结网”，形成内部协作的人才社群时，那么新城就不仅具有人才黏性，还会对其他区域的人才产生强烈的磁性，这也是新城打造高技术创新型产业区的有力支撑。课题组在嘉定汽车·创新港等高新技术产业园调研时发现，不同于乡村工业区依附地缘、血缘关系，高科技产业园区是基于“业缘”的同行业人才空间集聚，密集的人际交流互动分享着最新的产业信息、知识技术、

① 戈尔曼和圣吉认为，大脑中的社交和情绪回路，在网络环境下运作时会遇到各种问题，因为脑神经是基于面对面的交流而设计的，而不是基于电子交流。当面对面交流时，大脑当中的一部分会自动即时接收和解读成千上万的信息，它会告诉人下一步怎么做会更好；“社会脑”会帮助人依据对方的反应即时调整人的互动，从而让人际互动流畅融洽。但在网络的虚拟世界里，这些反馈一个都得不到。详见：丹尼尔·戈尔曼与彼得·圣吉《重专注力：如何提升互联网一代最稀缺的能力》（北京：机械工业出版社，2017年），第41-42页。

就业机会等，内部社会网络的形成能够有力地抵御其他区域对产业人才的“挖角”。

促进新城人才的“结网”，打造人才社群，可以从打造社交型公共空间、培育社会组织、开展社交活动三条途径发力。社交型公共空间分为公共零售空间和公共开放空间，前者包括咖啡馆、茶馆、餐厅、酒吧等，后者是免费的广场、街道和人行道开放空间、社区中心、工作楼宇的共享空间等。社交型公共空间是工作空间的拓展，对于从事创新工作的人才而言，沟通和交流的社交活动是这些空间的主要活动[7]。课题组在调研中发现，不少传统的产业园区在空间设计上仅有单一的生产功能，缺乏商业配套、共享办公、文化休闲、社会交往的公共空间，整体的空间形态呈现企业（工厂）之间边界清晰、彼此分割。这种传统产业园区的空间设计适宜生产管理和劳动监督，但与高技术创新型产业园区强调的社会互动、激发创意、充满活力的氛围相去甚远，也不符合创新型人才的工作特征和需求。

以促进社会互动为目的的公共空间营造，当前还未引起政府部门和企业足够的重视。课题组对一家知名的产业互联网平台公司调研发现，该公司由中心城区前往新城拿地盖楼建立总部，虽然内部工作、文娱、餐饮一应俱全，但是周边没有交集的企业和大片空地，且交通不便，主要靠企业班车摆渡。未来需要通过公共空间的设计，促进企业之间的互通，使企业不再是原子化的孤岛或内向封闭型的单元；推动区域内人才的社会互动，建构高密度社会网络是十分必要的。

社会组织是人才之间进行社会互动的重要载体，社交活动是建构社会网络的重要形式。新城内部除了政府机构、企业、高校、科研院所等重要主体，还包括行业协会、商会、科技人才联谊会、同学会、志愿组织等社会组织。这些社会组织对增强内部人才的交流和激发区域活力具有重要作用。它们不仅能为成员提供各种服务，更重要的是，它们还是成员交流与互动的平台。社会活动包括会议、沙龙、讲座、联谊等，人才在互动中分享信息、寻求合作，建立联系并生成社会网络。

综上所述，要提升五个新城对人才的吸引力、增强区域的人才黏性，需要明晰人才的特征，精准对接人才的需求，营造适宜的社会文化环境，以社会网络的思维打造与产业集群同等重要的人才社群。当前五个新城的人才政策，是通过适度降低落户门槛、有梯度的公共服务、分级分层的物质激励等，吸引人才在新城形成空间的集聚。而要使五个新城真正成为人才工作与生活的向往之地，除了职业发展的前景和公共服务的品质，关键是打造开放、包容、多元、充满创意、令人愉悦的社会文化氛围；创造能够增进社会互动的物理与社会空间，使人才在新城不是变动不居的、孤立的个体,而是嵌入本地社会网络之中,有可以交流、合作、值得信任的同伴。至此,新城对于人才具有黏性,人才对于新城则具有根植性。

参考文献

[1] 王丹,彭颖,柴慧,等.上海五大新城打造独立综合性节点城市研究[J].科学发展,2021(4):59-64.

[2] 迪肯.全球性转变:重塑21世纪的全球经济地图[M].北京:商务印书馆,2007.

[3] MARKUSEN A. Sticky Places in Slippery Space: A Typology of Industrial Districts[J]. Economic Geography, 1996, 72(3): 293-313.

[4] 熊彼特.经济发展理论[M].北京:商务印书馆,1990.

[5] 王宁.地方消费主义、城市舒适物与产业结构优化:从消费社会学视角看产业转型升级[J].社会学研究,2014,29(4):24-48.

[6] 寇,凯利,杨伟聪.当代经济地理学导论[M].北京:商务印书馆,2012.

[7] 王缉慈,等.创新的空间:产业集群与区域发展[M].北京:科学出版社,2019.

需求导向的科创新城人才吸引力研究：以松江新城为例

钟晓华

“十四五”期间，上海五个新城建设开启了城市发展的新格局，要实现新城“独立的综合性节点城市”的定位，产业是基础，人才是关键。进入科创驱动的新发展阶段，作为重要创新要素的人才主体，对区域创新环境、城市舒适度和成长机会有着更高的需求。本文以人才吸引力为主要视角，从人才主体特征及需求出发，探讨松江新城吸引人才的主要影响因素和瓶颈制约，进而为优化科创新城建设提出有针对性的空间对策和政策建议。

1 引言

在创新驱动和新城发力的双重战略驱动下，以科创赋能产业发展、助推地区升级、实现产城融合的科创新城模式逐渐成为新城建设主导模式。其中，人才是科创的主体，其生产、生活活动的聚集是激发城市活力、提升区域能级的核心要素。故此，人才吸引力成为衡量城市竞争力的重要指标。随着城市发展逻辑由“产带人”转向“人带产”，新城建设由粗放型扩张转向高质量发展，吸引创新产业及企业，人才需求导向的“抢人大战”愈演愈烈。不同于逐步老龄化的中心城区，基于创新产业发展的新城人口结构以中青年为主，尤其以 19～40 岁的高校学生、中青年行业人才和产业工人居多。这种社会结构的转变对新城建设提出了新的功能复合、设施完善、需求配套的生活服务要求。以松江区为例，“十三五”以来，全区以长三角 G60 科创走廊为战略依托，加快创新驱动和转型升级，“十四五”时期将继续推进打造科技创新策源与高端产业引领的科创之城。

2 区域科技创新与新城建设

科技创新是经济可持续发展的必经之路，是区域获得新的发展动能和社会

钟晓华，同济大学政治与国际关系学院社会学研究所所长，副教授。

原文发表于《上海城市规划》，2023 年，增刊第 1 期，第 82-87 页，收入本书时有修改。

活力的关键。以科技创新、产业升级驱动新城发展逐渐成为国内外的普遍趋势，美国硅谷、日本筑波科技城、新加坡纬壹科技园、韩国松岛新城、北京中关村等都是代表性案例。

2.1 国内外区域创新研究的相关研究

技术创新是经济可持续发展的必经之路，是经济增长的内生动力。区域科技创新的理论主要通过古典主义学派、内生增长理论、制度经济学派、创新地理学派、空间经济理论等经济学和地理学研究得以展开。这类研究主要从区域和城市层次分析创新的空间分布趋势特征、创新空间集聚/分散的机制和影响因素、创新空间对其他因素的影响[1-3]。在解释区域科技创新的影响因素时，资源配置效率理论、增长极理论等经济学理论强调了市场的决定作用；技术创新理论、制度变迁、企业家精神理论强调政府、制度和创新主体的重要作用。国家创新理论强调国家创新体系是重要的经济决定因素，通过政策纠正科技创新中系统失效和市场失效；其中三螺旋模型强调大学、政府和企业三大主体的互动和交叠是创新系统的核心单元，同时提出社会资本、社会网络的重要性[4-6]。

2.2 科创驱动的新城发展新阶段

国内新城建设大致经历了三个阶段，第一阶段是借鉴苏联经验，大规模进行工业卫星城建设；第二阶段是改革开放初期借鉴西方开发区模式，城市呈“摊大饼”式扩张，房地产郊区化发展，形成很多“睡城”；第三阶段是开始倡导多中心模式，此前的功能型新城转向职住平衡、产城融合、辐射区域的综合性副中心节点城市。其中，科技创新驱动的新城或园区发展，又经历了第一代科技产业驱动的线性园区、第二代关注创新环境的链式园区、第三代突出人才主体性和与其他创新要素结合的网络型园区。其中，第三代园区强调人才为核心，突出人才与政产学研军资等创新要素的有机结合，以及基于其消费需求导向的工作、生活、学习、娱乐场景的一体化发展。

2.3 需求导向的创新综合体建设

从国家创新系统、区域创新网络到地方创新实践，科创城市和区域建设聚焦促进科创主体合理流动和创新资源优化配置。城市政府可以通过空间配套、价值引导和规则协商促成这一创新生态的形成。在更微观的层面，欧美城市提出创新街区概念，强调对人才的生产、生活更有吸引力的创新空间生产策略，支持创新要素地理接近性和创新人才的居住消费偏好的空间支持体系。针对这些问题，研究者提出以降低双创成本、改善空间品质和促进社会互动为目标的一系列政策建议、规划对策和实践建议。具体策略包括通过规划调整、城市设计、空间微更新等方式，建设高密度的混合用途空间、开放可及的创新空间、充足的数字基础设施，提升丰富的创业就业机会，打造多元的住房供给结构、包容的公众参与平台等[7,8]。

3 科创新城的人才吸引力研究

人才吸引力概念源于管理学概念，强调内外因素对特定群体流动方面的牵引力。既有研究多集中在经济学、社会学和心理学领域，一方面关注影响人才流动的地方要素和影响力评估；另一方面关注城市应对人才需求的能力，包括经济、社会、文化、公共服务、生态环境等要素，在创新人才的需求特征、影响因素及人才吸引力评估方面有较多研究。

3.1 创意阶级理论

21 世纪，人才已成为后工业时代、全球化 2.0 时代的国家和城市发展新引擎，以及重要的创新要素。当前各地政府在创新驱动增长的目标下，致力于创造条件吸引创新人才和资本，城市研究的重点随之转向识别能够推动城市及地区发展的关键人群，以及探索吸引和留住这些人才的有效途径。美国学者理查德・佛罗里达（Richard Florida）提出了“创意阶层”理论，认为多元包容、社会互动和原真性等方面是创新人才共同青睐的社会环境和生活方式[9]。然而，创新人才往往又是流动性很强的群体，他们非常注重个人及家庭需求，一旦其需求无法得到满足，或者其他城市提供了更好的供给，他们将选择迁移。那么如何吸引人才留下呢？城市舒适性理论基于美国西海岸的地区创新生态研究总结出了自然气候、生活品质和社交氛围三个影响创新人才迁入的因素[10]；以场景理论为代表的新城市理论则提出在消费主导的社会环境中，城市休闲娱乐设施（Amenities）和公共服务的重要性[11]。

3.2 科创人才的需求特征

科技创新的实质是通过研发要素和创新资源在区域间的流动而产生的优化配置效应和知识溢出效应，进而驱动高质量发展[12]。作为重要创新要素的研发人才、产业人才和金融人才,其需求兼具普遍性和特殊性。第一,创新人才对区域创新环境有高敏感性,产业技术创新要求创新主体能跨领域连接、供给产业链上共性或关键性创新技术,因此这类人才对城市或区域的产业结构和创新生态有高敏感度。第二,创新人才对区域包容性有更高要求。这些应对全面经济竞争和深度全球化的新知识精英,相较于其他劳动力有更高的动态性和成长性。他们在专业学习的基础上不断提升,其创新创业、生产价值的过程也是人才从潜质到成熟的成长过程,因此他们非常重视区域环境的容错性和激励性。此外,创新人才本身具有专业、产业和行业的多样性,对区域经济机会和专业支持的需求具有多样性和复合性的特征。第三,创新人才重视生活环境的高舒适性。早期经济学研究表明,工资和租金是影响劳动力和资本流动的主要原因,随着经济发展水平的提高,高技能劳动力愈发关注生活的舒适性与品质[13]。从事高科技工作的人显著偏好向自然和人工舒适性都比较高的城市聚集[14]。基于以上特征,很多研究和实践表明,拥有混合的土地功能、多样的住房结构、高品质的服务型设施、高密度的城市化生活的创新街区成为吸引创新人才、触发创新互动的重要机制[15][16]。

3.3 城市(地区)人才吸引力

关于人才吸引力和城市(地区)吸引力的评估有诸多综合及专项指标。其中由全球最大的人力资源服务企业德科集团与欧洲工商管理学院(INSEAD)及谷歌公司(Google)联合发布的《全球人才竞争力指数》(GTCI)是关注城市人才竞争力的重要专项指标。该指标通过赋能、吸引力、培养、留存、全球竞争力五个维度,衡量一个国家或主要城市在人才培养、吸引、留存等方面的表现,从而评估其人才吸引力、竞争力和指向未来发展的准备能力①。针对经合组织国家的人才吸引力指数(Indicators of Talent Attractiveness, ITA)分别针对拥有硕博学位的从业者、企业家和大学生三类移民人才,从就业机会质量、收入与税款、未来期望、家庭环境、技能环境、包容性和生活质量七个维度进行评估,为三类人才分别构建了包含共性和个性两类指标的评价体系②。国内的人才吸引力研究始于20世纪90年代,早期主要从区域经济学、就业地理学、产业集群、人口迁移等领域对人才集聚及其影响因素进行分析。城市规模、经济发展、文教事业、城

① 参见:https://www.insead.edu/global-talent-competitiveness-index。

② 参见:https://www.oecd.org/en/publications/measuring-and-assessing-talent-attractiveness-in-oecd-countries-second-edition_133b6085-en.html。

市环境、人才政策、事业平台、企业环境、生活条件等成为主要的指标和影响因子[17](表 1)。

表 1　人才吸引力影响因素概括

维度	人才吸引力影响因素
物质环境	地理位置、自然条件、城市建设水平与环境、基础设施、科学基础设施等
经济环境	产业结构、经济发展水平、营商环境、就业机会、投资环境、技术创新能力、科创企业、创业支持等
成长环境	教育文化设施、研发投入、培训机会、全球联系度等
生活品质	公共服务、文化环境、休闲娱乐、生活成本、职住平衡、治安等
家庭保障	子女教育环境、医疗保障、住房条件、邻里氛围户籍政策、配偶工作等

资料来源:笔者根据国内外文献梳理。

4　松江新城的人才吸引力现状

上海“十四五”规划提出五个新城的发展目标是到 2035 年每个新城集聚 100 万人口,建成具有辐射带动作用的综合性节点城市。基于重大战略和重点产业的人才引进将成为新城人口增长的主要来源,《松江新城“十四五”规划建设行动方案》提出了建设人才高地的目标。基于人才的重要性以及区域间人才竞争的形势,如何提升上海新城的人才吸引力成为一个重要的研究主题。基于新城的产业特征,需要吸纳哪些类型的人才以实现人与产的匹配?在激烈的人才竞争中,新城从哪里引才,人才竞争的主要压力源自何处?如何精准对接人才需求,提升新城对人才的黏性?笔者所在的课题组自 2021 年 6 月至 2022 年 2 月,陆续走访了松江区和街镇的相关职能部门、产业园区,并分别于 2021 年 10 月和 2022 年 2 月针对新城在职员工和上海市在校大学生展开了非概率抽样的问卷调查。

4.1　人才结构逐渐完善,紧缺人才呈现多样化特征

人才的需求结构本质上是由当前的产业结构以及面向未来的产业规划所决定的。五个新城在“十四五”的产业规划中都重点布局了战略性新兴产业或先导产业,希望获得长期发展的新动能,成为具备竞争优势的高科技创新型产业聚集区。上述产业结构转型升级和多元化的发展规划,对新城所需人才的类型将产生深刻影响。人才队伍结构也随着产业发展有所变化。截至“十三五”后期,全

区人才队伍人员总量达到 31 万人，其中非公领域经营管理人才 15.6 万人，专业技术人才 13.6 万人，高技能人才 2.1 万人。入选海外高层次人才、百千万人才工程、国家高层次人选、享受国务院政府特殊津贴等国家级人才 172 人，入选上海领军人才、上海首席技师、上海市优秀学科/学术/技术带头人计划等市级人才计划 300 人。

新城处于产业转型和区域升级的关键时刻，自 2016 年长三角 G60 科创走廊启动建设以来，松江区共新设企业 13.91 万户，同比增长 111%，对各类人才的需求也显著增加。新城聚焦人才链在长三角 G60 科创走廊建设中的关键作用，通过产业链和重大项目的引进，加速创新引领的关键团队和人才的落地。但在产业链布局初期，仍存在不小的人才缺口。尤其是重点发展的工业互联网、新材料、新能源、人工智能集成电路、生物医药等产业，既缺少高端研究型人才，又面临高技能产业工人吸引力不足的问题。同时，新城建设正处在基础设施快速建设、完善城市公共服务的阶段，教育、卫生、文化、旅游、社区治理等公共事业领域人才配置也有较大不足。

4.2 人才政策服务性强，动态调整性大，知晓度不高

随着人才结构的变化，与之相适应的人才政策也在不断调整完善。围绕长三角 G60 科创走廊的建设，2017—2020 年松江区连续出台了 3 版人才政策，形成以《松江区关于加快 G60 科创走廊人才高地建设的实施办法》为主，涵盖企业分类、人才评价、G60 积分管理、薪酬扶持、人才安居、技能培训、创新创业、成果转化等人才引育管用全链条的 10 个配套细则为辅的“1+10”政策体系[18]，并相继出台了医教文卫、影视产业、创新创业等领域的行业人才政策。人才政策在人才培育、人才奖励和住房保障等方面体现了较强的服务性。对接企业及创新人才需求，重点解决人才落户、购房、租房、子女教育等问题，并在人才积分认定、人才公寓租赁等方面提供数字化平台。

由于强调政策与发展规划和实际需求的匹配度，人才政策的供给也体现出较大的动态变化性。例如，支持性政策资源向新增发展产业倾斜，“一企一方案”“一人一方案”回应企业、人才的个性化需求；面对面向企业、人才宣贯政策、经办业务，根据新增需求完善政策配套措施。这些举措虽然增强了政策的精准度，但也影响了政策的连贯性和普惠性。此外，政策知晓度低也是影响政策效果的重要原因。以青年人才政策为例，虽然松江新城出台了针对在校生和毕业生的实习、培训、创业、租房、落户等相关政策，如《大学生暑期实习实践补贴实施办法》

《社会化职业技能培训补贴操作办法》等,但是问卷结果显示,超过30%的上海本地在校大学生对此并不了解。

4.3 产城融合度逐步增强,生活舒适度仍低于预期

如果说"强产引人""科创聚人"的话,那么城市舒适性就是留住人才的关键。在本轮新城建设的总体要求中,"产城融合、职住平衡"的提出意味着新城不再是疏解中心城区人口的卫星城或者职住分离的"睡城",而是社会生活社区与生产系统相互融合渗透的创新区域。松江新城以重大产业项目为牵引,高标准配置学校、医院、文体设施、公共交通等公共服务资源,提升新城生活质量和环境品质,营造人才安居乐业的良好氛围。截至2023年6月,松江全区已挖掘打造优质的保障性人才公寓1.3万套,其中在新城范围内建设筹措保障性租赁住房4 000套。"十四五"初还将建成启用9所学校,实施2个开放林地建设,另有20余项公共服务项目,产城融合度、生活宜居性逐步增强。

然而,相较国内外成熟的科创新城和创新街区,新城的城市舒适性仍不能完全满足创新人才的需求。虽然布局有松江经开区、临港松江科技城、G60科创云廊等多个园区,但仍处于传统产业园区式的空间结构,园区周边缺少创新人才需要的空间要件,如数字基建、良好服务及便捷连接的公共空间(如广场、绿地、街道等),私人空间(如居住、办公及零售空间等)和连接空间(如公共交通、步道、自行车道、非正式交往空间等)。此外,家庭生活保障也低于人才预期。以子女教育为例,中高端人才极其重视子女教育,对教育资源的质量有更高的需求。换言之,他们不会仅仅满足于让孩子"有学上",而是追求更高品质的公立教育资源。对问卷调查数据的分析发现,拥有硕博学位的受访者对各阶段教育质量表示不满意的比例最高,对小学教育质量不满意的比例达到19.03%,对初中教育质量不满意的比例达到24.07%,远高于拥有初中及以下学历的受访者(6.34%)。除了基础教育的质量,文化氛围在访谈中被中高端人才反复提及,对于青年人才而言,文化氛围是职业发展之外影响流动预期最主要的原因。文化资本理论认为,教育程度越高,文化品位越高,对"文化舒适物"尤其是"高雅文化舒适物"具有更高的需求,如图书馆、博物馆、剧院等。新城在这方面还有较大的提升空间,一些在校本科生对课题组表示,郊区新城与中心城区相比文化氛围不够浓厚,缺乏时尚有趣的文化活动以及志同道合的青年群体(图1)。

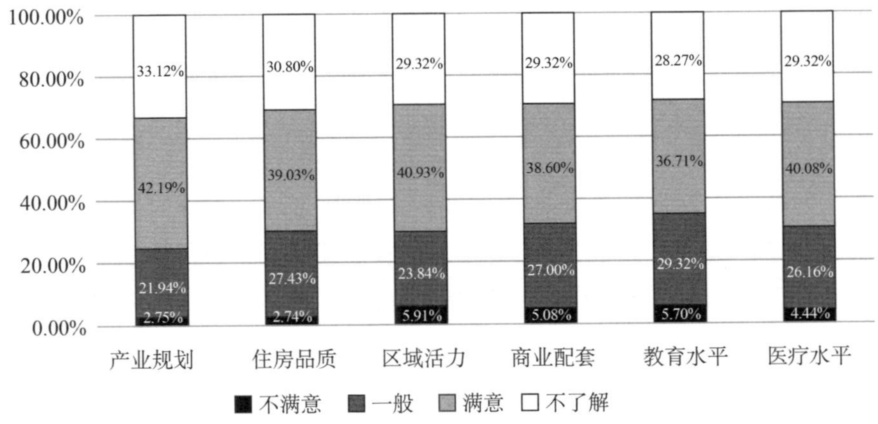

图 1 在校大学生对新城建设的满意度

资料来源：2022 年 2 月课题组问卷

4.4 青年人才流动预期大，周边区域虹吸效应明显

调查显示，虽然新城在产业布局、政策支持、配套设施等方面的发力，促使相关人才的聚集，但仍面临着上海市中心和周边长三角城市的巨大虹吸效应，人才流动预期较大。对新城在职员工而言，户籍不在本地、拥有本科及以上学历受访者的流动预期较大，其中越年轻的人才越可能流动；学历越高，流动意愿也越强（表 2）。数据显示，30 岁及以下的受访者计划离开的比例高达 45.63%，31～35 岁的受访者该比例降至 32.6%，对比更鲜明的是，56～60 岁的受访者计划离开的比例低至 23.08%，而对于 60 岁以上的高学历受访者该比例只有 11.11%。在走访调研中，政府的工作人员、企业的管理者认为新城所面对的人才竞争态势是内外双向挤压。外部长三角区域的苏州、南京、无锡、杭州、宁波等城市被多次提及。而更大的压力源则是上海的中心城区，一些受访者表示郊区新城具有疏解中心城区人口的功能，但对于人才而言，方向是反过来的，中心城区对郊区新城的人才具有明显的磁吸效应。

表 2 不同学历大学生求职意愿地

学历	求职意愿地				总计
	上海 中心城区	长三角 其他城市	长三角 以外城市	其他	
本科	41.49%	12.86%	3.60%	24.27%	100%
硕博	55.14%	9.05%	4.12%	16.46%	100%

资料来源：2021 年 10 月课题组问卷

对在校大学生而言,面对其他省市尤其是上海中心城区的吸引,郊区新城的产业结构与区位劣势导致本地毕业生的根植性较弱。问卷显示,大学生择业考虑的首要因素是薪酬福利(94.30%)、发展机会(93.25%)、工作氛围(88.82%)(图2)。松江大学城虽有七所高校,但由于本地高校的专业设置、学科特长与松江区的产业结构匹配度不够高,外加中心城区的吸引力,松江大学城毕业生留在本地的比例要低于预期。根据松江大学城七所高校2016年至2021年的就业质量报告显示,应届毕业生留沪就业率在70%左右,但在松江本地就业的比例并不高,新城在影响青年人才择业考虑的诸多因素中并不占优势。新城对外地及海外求学的大学生的吸引力相对较高,22%的国内高校学生有在上海新城的就业意愿,高于本地毕业生(16%)。

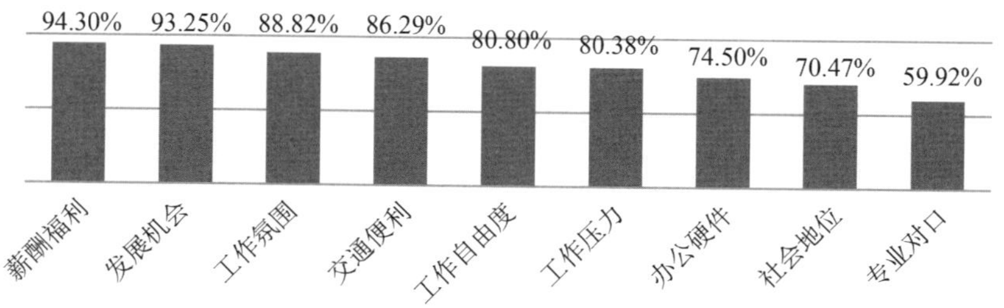

图2 在校大学生择业选择的影响因素

资料来源:2022年2月课题组问卷

5 关于增强新城人才吸引力的相关建议

调查数据显示,人才吸引力存在明显的空间分异,人才流动呈现"外省市—上海新城—上海中心城区"的三级梯度。新城在人才流动的轨迹上具有"过渡区域"或"跳板区域"的特征。如何提升区域的人才黏性,使人才由"工作—过渡型"变为"生活—定居型"是摆在新城面前的一个重要课题。"十三五"以来,松江新城依据科创产业发展战略不断健全完善人才政策体系,在人才吸引、人才培育、人才奖励、住房保障、公共服务等方面加大扶持力度。但从创新型人才的群体特征及发展需求来看,仍需在空间品质、平台建设及社会治理等方面推动高质量创新综合体建设。

5.1 建立人才需求导向的多层次空间支持体系

松江新城处于建设和发展同步推进的阶段,在政策、经济、科技、服务、生活、人文、社会等众多人才支持生态系统的组成要素中，以生活与服务为导向的人才空间支持体系尤为重要。目前，松江新城的产业园区主要还是传统的工业区模式，有产无城、职住失衡，缺乏对创新主体的吸引力。布鲁金斯学院提出的“创新街区”模式在这里值得借鉴，街区“有领先的主力机构及公司聚集，且与初创公司、企业孵化器和加速器连接起来的地理区域，空间结构紧凑，交通便利性高，技术上具备通信网络，并且提供混合用途的住宅、办公和商业用地”。在不同的人才招引周期（引进、留用、发展等）为不同类型的人才（基础保障型、就业型、创业型、专家型）提供设施完备、文化多元、富有活力的多层次空间支持体系；旨在在新区规划建设之初，就能前置性整体谋划人才导向的设施体系、服务标准和环境品质的创新营造；通过全新的设施体系和环境品质的规划建设以及政策性、物质性服务标准的建立，实现“人才高地”的建设目标。在多样化住房供给的基础上，根据人才分类认定及积分标准，出台明确的租房、购房补贴实施办法；通过混合型创新街区的增强职住平衡，满足创新和提升型生活生产的需求。政策上以“产城融合”为理念进行单元式规划与土地供应，增设混合用途统筹机制，对土地利用功能、开发强度、建筑形态在较大土地范围内进行弹性动态控制，并进行高度灵活的混合用地试点。在空间品质方面，强化绿色交通、数字基建，完善自行车道与步行道的连接，使建筑和绿地等地面空间具备开放可及性，打造共享办公和咖啡店等创新人才所需的第三空间。

5.2 加强人才全周期成长平台建设

对科创人才而言，其价值生产和个人成长是并行阶段，国内外成熟经验都显示出人才管道（Pipeline）和产学研转化平台的重要性。通过党建联建、产业联盟、校企合作等方式加强创新人才成长网络建设，在制度方面建立选择机制、信任机制、沟通机制、激励机制、资源共享机制、人才流动机制、风险防范机制、利益分配机制等全要素保障。松江大学城七所高校有着机械工程、影视文化产业、纺织化工、金融贸易等与新城重点产业布局相匹配的优势学科，要进一步加强本地产学研对接，建立高校与企业合作联合培养人才、促进知识转化的平台，促进创新生态的构建。倡导高校、科研院所与企业建立人才“共引共育共享”机制，鼓励更多高校、科研院所进行类“双聘制”人才管理体制探索，打造环大学创新生态圈，借鉴实施“科技镇长团”“科技副总”“产业教授”等计划，引进和培养一批既通科技、又懂市场，生产组织创新、技术创新、市场创新能力较强的创新创业人才。

5.3 建立多元主体共治的人才高地

对需要通过高素质人才、中青年人口导入获取发展动力的新城，要从目标导入人口的普遍及特殊需求出发，新城的目标导入人口普遍为高学历、高素质人才，以及大量中高收入的家庭，尤其是后者是提高新城人才黏性的关键。因此，需要配套优秀的学校、包容的公共空间、多样的交通选择、可负担的住房供给、可靠的健康保障，吸引并留住人才及其家庭，不能因为对家庭需求的供给不足而流失一大批年富力强的骨干人才和高质量劳动力，要吸纳其成为融入地方发展、参与治理创新的主体力量。在人力资源管理服务方面，也要充分发挥专业化机构作用，重视人才中介、技术经纪、校友协会、行业协会等专业机构作用，进一步发挥其在人才评价方面的专业强、视野宽、评价体系完善等方面的优势。与数据平台合作，对接承担社会管理服务职能的相关机构，充分利用人才在社会活动、学术动态、人才流动、人才信用等方面“大数据”信息，提高信息发掘、处理和综合研判能力，进一步提高人才市场化评价的精准性和有效性。此外，社会组织是人才之间进行社会互动的重要载体，社交活动是建构社会网络的重要形式。新城内部除了政府机构、企业、高校、科研院所等重要主体，还包括行业协会、商会、科技人才联谊会、同学会、志愿组织等社会组织，这些社会组织对增强内部人才的交流和激发区域活力具有重要作用。它们不仅能为成员提供各种服务，更重要的是，它们还是成员交流与互动的平台。社会活动包括会议、沙龙、讲座、联谊等，人才在互动中分享信息、寻求合作，建立联系并生成社会网络。

松江新城一直有较高的宜居性，能在住房、教育、医疗等方面给予人才较好支持。但要增强区域对科创人才的吸引力、增强区域的人才黏性，需要明晰人才的特征，精准对接人才的需求，营造适宜的社会文化环境，以社会网络的思维打造与产业集群同等重要的人才社群。除了适度降低落户门槛、有梯度的住房保障和公共服务、分级分层的物质激励外，需要从空间规划、治理创新等方面推动创新综合体建设。在生产空间(园区)、生活空间(社区)之外，要重视介于生活生产空间以外的“第三空间”建设。打造开放、包容、多元、充满创意、令人愉悦的社会文化氛围;创造能够增进社会互动的物理与社会空间，人才在新城不是变动不居的、孤立的个体，而是嵌入在本地社会网络之中，有可以交流、合作、值得信任的同伴。在创新驱动的城市发展阶段，这种社交将从个体与个体之间，拓展到“员工—企业—政府—社区”之间，加速创新要素的聚集、创新成果的转化。

参考文献

[1] PORTER M E. Clusters and the New Economics of Competition[J]. Harvard Business Review, 1998, 76(6): 77-90.

[2] 赵建吉,曾刚. 创新的空间测度:数据与指标[J]. 经济地理,2009(8):1250-1255.

[3] SIMMIE J. Innovation and Space: A Critical Review of the Literature[J]. Regional Studies, 2005, 39(6): 789-804.

[4] SWEENEY G P. Innovation, Entrepreneurs and Regional Development[M]. London: Pinter Publishers, 1987.

[5] ETZKOWITZ H, LEYDESDORFF L. The dynamics of innovation: from National Systems and "Mode 2" to a Triple Helix of university-industry-government relations[J]. Research Policy, 2000, 29(2):109-123.

[6] 王缉慈. 创新的空间:企业集群与区域发展[M]. 北京:北京大学出版社,2001.

[7] PPS STORRING N, WALKER M. Eight Placemaking Principles for Innovation Districts [EB/OL]. (2016-11-07)[2025-01-03]. https://www.pps.org/blog/eight-placemakingprinciples-for-innovation-districts/.

[8] ESMAEILPOORARABI N, YIGITCANLAR T, KAMRUZZAMAN M, et al. Conceptual Frameworks of Innovation District Place Quality: An Opinion Paper[J]. Land Use Policy, 2020(90): 104166.

[9] FLORIDA R. The Rise of the Creative Class[M]. Sydney: Pluto Press, 2003.

[10] ULLMAN E L. Amenities as a Factor in Regional Growth[J]. Geographical Review, 1954, 44(1): 119-132.

[11] 西尔,克拉克. 场景:空间品质如何塑造社会生活[M]. 北京:社会科学文献出版社,2019.

[12] 王钺,刘秉镰. 创新要素的流动为何如此重要:基于全要素生产率的视角[J]. 中国软科学,2017(8):91-101.

[13] 浩飞龙,杨宇欣,王士君. 城市舒适性视角下长春市创新产出的空间特征及影响因素[J]. 人文地理,2020,35(5):61-68+129.

[14] 温婷,蔡建明,杨振山,等. 国外城市舒适性研究综述与启示[J]. 地理科学进展,2014,33(2):249-258.

[15] VEY J S, HACHADORIAN J, ANDES S, et al. Assessing Your Innovation District: A How-to Guide[EB/OL]. (2018-02-21)[2025-01-03]. https://www.brookings.edu/research/assessing-yourinnovation-district-a-how-to-guide/.

[16] 佐金. 创新之所:城市、科技和新经济[M]. 钟晓华,周蜀秦,译. 上海:格致出版社,2021.

[17] 崔少泽,邱华昕,王苏桐. 城市人才吸引力评价模型研究:以深圳市为例[J]. 科研管理,2021,42(7):60-67.

[18] 上海市松江区人才工作领导小组办公室,上海市松江区人力资源和社会保障局. 关于印发《松江区"十四五"人才发展规划纲要》的通知[EB/OL]. (2022-03-10)[2025-01-09]. https://www.shanghai.gov.cn/fzhj-gqwj13/20240531/9927f3e2f4714b2095b5e849929fb239.html.

“家庭友好”视角下的上海新城人才吸引力研究

钟晓华　张　俊

21世纪，一个城市所拥有的人力资源是加快区域发展和科技创新的关键，人才吸引力已成为衡量城市竞争力和发展动能的重要指标，也是国内外理论及实践领域的关注焦点。2021年，上海市人民政府颁布《关于本市“十四五”加快推进新城规划建设工作的实施意见》，提出将发展嘉定、青浦、松江、奉贤、南汇五个新城，将之建设成为在长三角城市群中具有辐射带动作用的综合性节点城市。新城建设目标中明确“到2035年各集聚100万人口”，外来人才的引与留成为其中要义。新城建设以职住平衡为目标，将先进制造业和现代服务业等重点产业从业者，以及拟引进的功能型机构、高能级项目、重大平台和龙头型企业的高层次人才作为引留的重点对象。只有了解这些被称为“创意阶层”“创新人才”的群体的特征及需求，才能制定更有针对性的人才政策，并配套公共服务，推动居住与就业空间的协调发展。根据上海市科学技术委员会的调研数据显示，2019年科研院所、国企及公益机构中的科技工作者年龄集中在31～45岁的比例达52%，其中女性比例超30%[1]，这一年龄段正值成家育儿、家庭压力增大的关键时期，因此，如何应对创新人才的家庭生活需求，为其平衡生活需求和工作需求提供支持，也应成为新城建设的重要考量。

1　关于人才吸引力的研究

21世纪，人才已成为后工业时代、全球化2.0时代的国家和城市发展新引擎，以及重要的创新要素。因此，对城市竞争力的评价从传统生产维度转向吸引高素质人群的消费维度，城市研究的重点继而转向谁是能够推动城市及地区发

钟晓华，同济大学政治与国际关系学院社会学研究所所长，副教授。
张俊，同济大学政治与国际关系学院社会学研究所，副教授。
本文为中央高校基本科研基金项目“五个新城人才吸引力与政策优化对策研究”阶段性成果，曾在2021年10月第十二届“为了孩子”国际论坛上发表。原文发表于彭震伟主编《新城济语：同济新城建设研究集》，上海：同济大学出版社，2022年，第74-84页，收入本书时有修改。

展的关键人群？如何才能吸引和留住这些人？美国学者理查德·佛罗里达(Richard Florida)提出了“创意阶层”概念，依据职业而非学历，将计算机、生命科学、艺术、传媒、建筑工程、教育、法律、医疗等能显著促进地区劳动生产率的职业群体划分为创意核心阶层和专业阶层。该理论根据人才(Talent)、技术(Technology)、包容(Tolerance)的3T原则归纳了分阶段的城市发展模型：第一阶段，城市对人才的接受度、大学和消费者服务设施等会影响人才到哪里去；第二阶段，人才的聚集反过来影响技术发展；第三阶段，技术、人才、城市对人才的接受度共同影响地区收入和工资[2]。

然而，创新人才往往又是流动性很强的群体，他们非常注重个人及家庭需求，一旦其需求无法得到满足，或者其他城市提供了更好的供给，他们将选择迁移。因此，以场景理论为代表的新城市理论开始关注哪些是能够吸引上述人才的城市场景以及如何创造这些场景。除了丰富的教育资源和就业机会外，钟爱多元文化、强调自治的创新人才偏好包容性、多样性和开放性的城市社区文化，可以通过空间配套、价值引导和规则协商促成这一创新生态的形成，而最少的规则限制、慷慨的资金支持、宽泛的分类资助以及严格的评估制度是城市政府最好的干预策略[3]。

在更微观的层面，欧美城市提出了创新街区的概念，强调对人才的生产、生活更有吸引力的创新空间生产策略，支持创新要素地理接近性，构建符合创新人才的居住消费偏好的空间支持体系。针对这些问题，研究者提出了以降低双创成本、改善空间品质和促进社会互动为目标的一系列政策建议、规划对策和实践建议。具体策略包括通过规划调整、城市设计、空间微更新等方式建设高密度的混合用途空间、开放可及的创新空间、充足的数字基础设施、丰富的创业就业机会、多元的住房供给结构、包容的公众参与平台等[4-6]。

国内的人才吸引力研究始于20世纪90年代，早期主要从区域经济学、就业地理学、产业集群、人口迁移等领域对人才集聚及其影响因素进行分析。城市规模、经济发展、文教事业、城市环境、人才政策、事业平台、企业环境、生活条件等成为主要的指标和影响因子[7-9]。在占比不大的生活条件维度中，大多数研究聚焦环境健康与生态活力、人身安全、医疗、公共卫生等个人需求层次，少有关注家庭层面的需求。

2 家庭友好的国外实践

产业发展、城市发展理论虽然从人才的创新生产和消费偏好出发，论证了产业集聚、社区文化及场景空间对吸引人才的重要性,但没有过多涉及进入家庭生活周期的中青年人才的需求。实际上,城市/地区对人才的初期吸引力主要来自经济结构及个人发展机会,而后期留住人才则更需要综合考虑人才作为消费者、公民、家庭成员等其他社会角色的诉求。社会学领域的学者主要从公共资源的代际再分配、妇女和家庭的视角、家庭友好政策等方面对育儿公共政策和项目设计提出策略建议。欧美及日本等大城市的实践表明,育儿友好环境与城市增加人才吸引力、提升城市竞争力之间有很强的相关性。

2.1 育儿友好指标——日本流山市案例

“育儿友好”的概念首先出现在少子化、空心化严重的日本新城镇。以流山市为例,位于日本首都圈内,受千叶县管辖,市域面积为 35.32 平方千米,截至 2021 年 2 月常住人口 20 万人,84 800 户(2017 年人口总数为 182 126 人)。流山市作为东京市与著名的科技新城筑波之间的沿线城市,一度面临人口严重老龄化的问题。但在 2000 年年初,该市抓住国家的生育支持政策和周边产业发展的契机,利用良好的森林生态优势,提出“易于育儿”“安心安全”“环境友好”“充满活力”“健康长寿”五大发展目标,重点吸引双职工父母及子女(Double Employed with Kids, DESKs)入住。针对双职工家庭“工作”“育儿”之间的时间冲突问题,流山市制定了一系列育儿友好政策,倡导“大家一起育儿”的理念,联合儿童福利、母子保健、工商劳动、教育、住宅等相关部门推出《一起养育孩子的计划:流山市儿童、育儿支援综合计划》,针对“孕期”“0～3 岁”“就学儿童”等不同时期育儿需求,配套育儿公寓、育儿支援中心、学童俱乐部、儿童接送站点等资源与服务。在物质环境方面,流山市不仅利用绿化覆盖率大的特点增加了不少儿童游憩设施,而且对公共场所的电梯、走廊、楼梯等设施提出了严格的保育安全标准。为解决育儿人才不足的问题,城市设置了保育师修学资金贷款制度、潜在保育师研修制度,相关育儿人才流山市入职后将奖励 30 万日元,每月补助金额 4 万日元。

一方面,一系列的育儿友好举措使流山市的常住人口在 2005—2017 年间增长了近 3 万人,其中很大比例是 15 岁以下的儿童以及 30～49 岁的双职工家庭[10]。此外,育儿友好政策也大大助推了城市发展,城市财政增加,不仅获得了国家鼓励生育补助,而且随着年轻人口及产业的入住带来了购房、消费及企业税收等自主财政收入。另一方面,育儿友好举措显著提升了城市的内部满意度和外部知名度,据 2015 年城市调查,60%的市民对城市发展表示满意,并认可城市“适合儿童健康成长、适合育儿”的定位。而一系列城市形象的品牌营销,也使流山成为育儿友好、家庭友好、全民友好的网红城市。

2.2 家庭友好指标——美国的第三方评估案例

与少子化社会鼓励生育的“育儿友好”概念不同，美国一些城市所倡导的“家庭友好”概念更强调工作空间、社区及其他公共场所对有孩子家庭的友好。“家庭友好”概念提出的起因是以往的政策导向和社会关注大多集中在孩子、刚毕业的年轻人和老年人，有孩子的家庭在很大程度上被忽视。因此，一些倡导平等、包容发展的社会组织通过为社区规划提供技术支持、为政府机构和民选官员提供咨询服务等方式，提出了“家庭友好”的倡议。

例如，“美国精明增长联盟”(Smart Growth America，SGA)提出的家庭友好指标，从教育育儿、公共空间、交通设施和住房供给四个方面提出了实现家庭友好的操作性建议①。

第一，在教育育儿方面，指标主要针对公立教育系统，不仅涉及学校可及性、教育质量、资金资源、社区融入性，还提出了儿童友好的空间设计和区校合作的建议，社区为学校提供社区教育课程，学校也要为社区居民和组织提供活动和议事的空间，并在父母参与活动的同时提供孩子培育及托儿服务。第二，在公共空间方面，指标主要倡导城市/社区为所有年龄段的儿童、青少年、青年和成年人创造场所，增加可用绿地和道路绿化，为青少年而不是幼儿提供音乐和游戏等活动的广场，让他们自己参与规划设计过程。第三，在交通设施方面，美国以汽车为导向的交通设施是家庭不友好的，需要增加慢行交通设施，为步行、骑行者提供安全愉快的街道体验，为婴儿车推行设置无障碍设计；学校周边的交通安全尤为重要，要保障孩子可以自己通过步行、自行车或公交方式上下学；鼓励社区内的非主干街道限时成为社区活动的公共空间。第四，在住房供给方面，城市要增加住房供应和供给种类，在公寓楼、合作住房、庭院住宅、集中社区之间打造适宜家庭的半私人或公共空间，为孩子们提供游憩空间，同时为父母分担监护责任。

又如，全美排名和评论网站利基网(Niche.com)，作为全国权威的置业、创业及求学参考咨询网站，通过搜集各种政府及市场数据，从多维度对城市吸引力进行评估，其中“家庭友好”的评估选取了多项对家庭生活较为重要的因素，包括学校质量、安全、可负担性和家庭设施(表1)。2021年，伊利诺伊州的内珀维尔(Naperville)获评全美最家庭友好的城市。该市常住人口14.8万人，公立学校

① 详见：https://smartgrowthamerica.org/building-a-family-friendly-city。

质量、房屋自有率都很高，城市有很多餐馆、咖啡馆和公园，吸引了许多家庭和年轻的专业人士居住①。

表 1　美国利基网对家庭友好的评估指标及数据来源

指标	指标内容	数据来源	指标权重
公立学校	该地区幼儿园到高中的平均得分，按每校学生数加权	多个来源	20.0%
高等教育的人口占比	拥有本科及以上学历的人口比重	美国人口普查	12.5%
生活成本	消费价格指数、可负担住房可及性	多个来源	10.0%
犯罪与安全	地区暴力和财产犯罪率	多个来源	10.0%
住房	房价、房产税、居住成本等	多个来源	10.0%
家庭友好设施	公园、图书馆、文化活动及其他家庭友好设施	多个来源	7.5%
满意度评分	对地区主观感受的 5 度评分	自行采集	5.0%
多样性	族裔、代际及经济活动的多样性	多个来源	5.0%
户外活动	气候、空气质量，公园及游憩设施的可及性	多个来源	5.0%
有孩家庭占比	有 18 岁以下孩子的占比	美国人口普查	5.0%
步行友好度	步道和自行车道的占比、邻近性和密度	多个来源	5.0%
贫困儿童	过去 12 个月在贫困线以下的 18 岁以下儿童数	美国人口普查	2.5%
17 岁及以下常住人口	17 岁及以下人口占比	美国人口普查	2.5%

资料来源：利基网（https://www.niche.com/about/methodology/best-places-to-live/）

2.3　联合国儿童友好指标

相较育儿友好、家庭友好，联合国儿童少年基金会提出的“儿童友好”理念从儿童主体权益出发，以“儿童最大利益、普惠公平、儿童参与、共建共享”为原则，推动制度友好、空间友好、服务友好、文化友好的社区及城市建设。按照联合国的定义，“儿童友好城市”是指致力于实现《儿童权利公约》规定的儿童权利（包括无歧视，在涉及儿童事宜中以儿童最大利益为出发点，确保儿童生命权、生存权和发展权，尊重儿童意见）的城市、城镇、社区或任何地方政府体系。在

① 数据源自：https://www.niche.com/places-to-live/naperville-dupage-il/。

这些城市或社区，儿童的心声、需求、优先事项和权利是当地公共政策、程序、决策不可或缺的一部分。儿童友好倡议的最终目标是提高地方施政体系的儿童权利保障能力，确保儿童和青年享有城市可持续发展的各项成果。现在，儿童友好型城市倡议已深入全球 40 个国家，惠及 3 000 万儿童[①]。基于儿童权利的行动倡议有助于城市创造更多全龄友好的绿色、健康生活空间，通过保障所有儿童的权益、提供普惠服务以及鼓励主动参与，从而改善系统性不平等及资源分配不均的问题。这些倡议对重视儿童教育和发展的家庭来源，都是重要的择居因素。

从国外的既有实践来看，无论是日本的育儿友好、美国的家庭友好，还是联合国的儿童友好倡议，虽关注主体各有侧重，但都指向对新城有孩家庭的重视。对需要通过高素质人才、中青年人口导入获取发展动力的新城而言，更要从目标导入人口的普遍及特殊需求出发，配套优秀的学校、包容的公共空间、多样的交通选择和可负担的住房供给，以此吸引并留住人才及其家庭，避免因对家庭需求的供给不足，导致一大批年富力强的骨干人才和高质量劳动力的流失。从另一种意义上说，一座对有孩家庭友好的城市，本质上也是适合所有人栖身的宜居之城(图 1)。

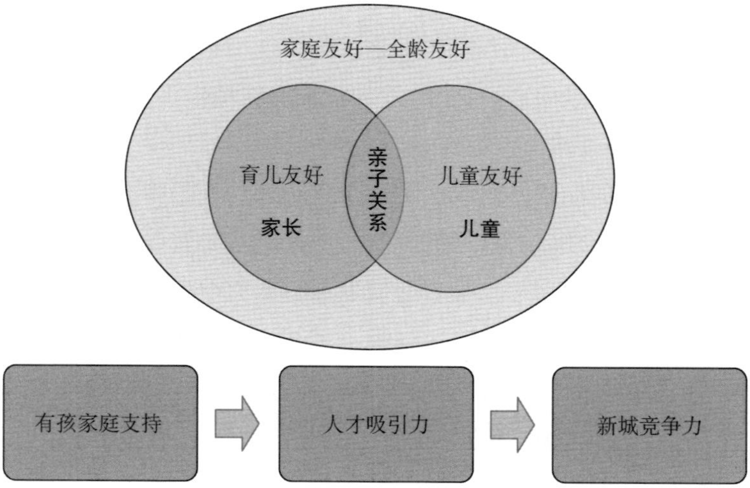

图 1　育儿友好、家庭友好、儿童友好之间的关系，及其对人才吸引力的影响

① 详见联合国儿童基金会(中国)：https://www.unicef.cn/reports/cfci-child-and-youth-participation。

3 家庭友好对国内新城人才吸引力的影响

虽然美国、日本等发达国家的城市/地区已开始实践家庭友好、育儿友好的理念,但关于如何从城市层面实现家庭友好、育儿友好目标,增加城市/地区的人才吸引力,进而提升城市竞争力的研究尚处于空白状态。尤其是承担着经济发展、区域服务、人口疏解等重要职能的新城,其人口结构中中青年和外来人口占比较大,这类人步入婚育年龄后,生活需求便从个人层面转向家庭层面,育儿、教育、医疗、落户等需求将集中爆发。

3.1 家庭友好对新城建设的重要性

随着城市发展逻辑由“产带人”转向“人带产”,新城建设由粗放型扩张转向高质量发展,城市的目标导入及服务对象发生了很大改变,有孩中产家庭成为职住平衡综合型节点新城的重点导入目标。具体而言,家庭友好对新城建设的重要性体现在以下三个方面。

第一,新城发展新阶段的功能性需求。新城建设大致经历了三个阶段,第一阶段是借鉴苏联经验,大规模进行工业卫星城建设;第二阶段是改革开放初期借鉴西方开发区模式,城市呈“摊大饼”式扩张,房地产郊区化发展,形成很多“睡城”;第三阶段是开始倡导多中心模式,之前的功能型新城转向职住平衡、产城融合、辐射区域的综合性副中心,这个阶段的转变对新城提出功能复合、设施完善、需求配套的生活服务要求。

第二,新城人口的结构性需求。不同于逐步老龄化的中心城区,承担着人口疏解、经济发展功能的新城,人口结构以中青年为主,尤其以19～40岁的高校学生、行业人才和产业工人居多。随着新城发展驱动力由低价供地招商引资,转向通过宜居生活品质吸纳聚集人才,进而吸引创新产业及企业,以人才需求导向的“抢人大战”愈演愈烈,育儿友好、家庭友好成为进入婚育阶段的新城人口的突出需求。

第三,新城人才的提升性需求。新城的目标导入人口普遍是高学历、高素质人才,以及大量中高收入的家庭,这类家庭普遍更重视子女养育,2019年的调查表明,55%的新中产家庭在子女教育上的支出比例为10%～30%,超过30%的家庭预计会持续增加子女教育支出,居住地周边的教育资源供给成为这类家庭择居的重要影响因素。

3.2 上海五个新城的“家庭友好”建设现状及问题

上海新城发展近 20 年来，随着产业结构、公共服务、交通出行不断优化，人口规模显著增长。据统计，五个新城总人口已从启动建设初期的 90 万人增至 2019 年的 240 万人。尽管人口有明显增加，但仍普遍存在人口流动快、人才流失大、城区活力不足等问题，其中结婚生子后搬离新城的情况不在少数。笔者于 2021 年 5—8 月走访了五个新城的职能部门、企事业单位、园区及社区，并在嘉定新城重点调研了人才需求，结合近年来的各类问卷数据，将上海新城的“家庭友好”现状归纳如下。

第一，人才吸引力提升，但安家率不高。在五个新城居住到中心城工作的比例为 9.2%，在中心城居住到新城工作的比例为 4.7%①。目前，新城以低居住成本吸引人才，中心城以更好的育儿环境等吸引人才，高层次人才更偏向在中心城居住。无论是生活在新城、工作在市区的“睡城”模式，还是工作在新城、生活在市区的“园区”模式，这两种职住分离的类型都会增加通勤压力、挤压父母的育儿时间。随着民生配套和人才政策的不断完善，新城对应届大学生、刚入职场的年轻人的吸引力逐渐增强。然而，年轻人一旦结婚并进入家庭生活阶段，便会因落户政策等制度因素，在购房、子女入学等各方面受到限制。2021 年 2 月印发的《关于本市“十四五”加快推进新城规划建设工作的实施意见》提出了多项落户新政，例如，在新城重点产业的用人单位和教育、卫生等事业单位工作满一定年限，并承诺落户后继续在新城工作 2 年以上的人才，可经新城所在区推荐后，“居转户”年限由 7 年缩短为 5 年；对上海市居住证持证在新城工作并居住的人才，可予以专项加分等。不过，由于政策出台时间短，目前其效果尚未显现，新城的人才流动频繁，“候鸟型”人才多于“安家型”人才。

第二，育儿教育资源数量增加，质量有待提高。参照国外育儿友好、家庭友好的指标，学校资源应率先进行前瞻性配置，各新城的幼儿园、中小学数量都有明显增加，在数量上较好地满足了人口和教育需求增长的趋势。然而，从 2020 年进行的上海市民 15 分钟生活圈满意度调查②结果来看，新城所在区的受访者对学校的教师素质、升学比例、生源质量等方面的满意度仍然不高。在松江新城的调查显示，对新城基础设施总体满意度影响最大的因素是幼儿园建

① 数据源自 https://sghexport.shobserver.com/html/baijiahao/2021/05/14/433252.html。
② 数据源自 https://www.thepaper.cn/newsDetail_forward_10198314。

设[11]。2021 年 5 月颁布的《上海“十四五”新城公共服务专项方案》提出，在教育领域，要根据新城人口变化趋势，前瞻性地规划配置教育资源，不断扩大优质教育供给，每个新城至少配备 1 所高职以上的高等教育机构或校区，打造由市实验性示范性高中领衔、覆盖义务教育学校的示范性学区集团。除了教育资源外，育儿资源也是吸引有孩家庭、提升生育率的关键因素，调查显示，婴幼儿托管点和儿童托管点的设置，以及高水平服务的供给在新城地区仍存在很大缺口。

第三，住区规划逐渐完善，但缺少家庭友好的社区营建。五个新城人口从 90 万人增长至 240 万人，到 2035 年年末规划人口 500 万人，存在大量新增住区建设需求。通过新城规划，住宅空间布局逐渐优化，多元化的住房供给体系正在形成，但迁居型住区的社区建设相对滞后。当前，新城已有相当一部分外来人口，让已进入新城的外来人口融入本地社会并实现长期定居，将成为新城经济和社会发展的重要保障[12]。反思动迁安置社区、农民安置社区因治理缺位、适应不良而导致的再边缘化、再贫困化问题，以及新城住区的新上海人融入问题、家庭多样化需求问题，也需要前置性地纳入社区治理目标。

由此可见，新城发展步入新阶段，无论是从区域功能需求、人口结构需求，还是人才特殊需求的角度来看，建设支持家庭育儿需求、儿童发展需求的城区，是提升地区人才吸引力的关键。

4　关于家庭友好型新城建设的对策建议

上海“十四五”规划中明确了综合交通、产业发展、空间品质、公共服务、环境品质和新基建等“新城发力”重点领域，旨在将新城打造为中青年人才入沪就业、生活的首选地，建设成在长三角具有引领示范作用的高能级节点城市。2021 年 3 月印发的《上海市新城规划建设导则》，从宜居、宜业、韧性、智能、文化等维度提出了新城建设建议。然而，其虽涉及国际社会所倡导的全龄友好包容型城市建设，并按不同人群划分提出了公共服务配套清单，但对于以家庭为单位、育儿为导向的服务体系建设的重视程度仍显不足。

4.1　打造新城职住平衡的家庭友好工作空间

新城建设中的家庭友好服务空间，不仅是从儿童需求角度进行教育、医疗、文化、游憩设施的配给，更是要为双职家庭家长提供全方位的育儿支持。有孩双职家庭在生育、养育和教育方面肩负着主要责任。尽管这些中产家庭普遍受教育程度较高，且具有较强的教育投资意愿，但家长往往遭遇育儿与工作之间的时间冲突难题。故而，家庭友好的工作空间在重视产业发展和人才招引的新城尤为重要。目前，新城存在两种典型的职住分离现象：一种是“睡城”模式，即生活在新城、工作在市区；另一种是“园区”模式，即工作在新城、生活在市区。这两种模式都会增加通勤压力、挤压父母的育儿时间。因此，需要在规划及政策制定中引导产城融合、就近就业。尤其是增加女性友好的邻近型就业机会，在笔者的走访调研中，很多企事业单位、科研院所的女性人才都表达出就近就业、照顾家庭的强烈意愿，更多承担家庭育儿职责的一方的择业选择，会对家庭的择居选择产生更多影响，而人才是否居家定居是新城人才吸引力的重要体现。

对已经在新城就业的人口而言，高质量的家庭友好空间不仅在于居住空间配套，还在于工作空间、育儿服务空间的协同。尤其是工作空间的家庭友好，新城目标导入的高学历、高技术人才往往面临高强度工作和家庭育儿职责难以平衡的问题，所以更需要在工作场所周边配置可及性很高的育儿设施及服务，将原先功能单一的产业空间规划转变为具有复合功能的职住综合街区，建立托底型、基本型及提升型的分层育儿服务供给体系。除了实现就近就业外，新城、园区和企业还应为双职家庭提供更为灵活的工作地点与时间选择，以及在工作园区内的哺乳、幼托、晚托服务。此外，新城应大力增加女性就业机会，这既可以增加新城本地就业人口的安家率，也会显著提高家庭育儿的友好水平。以科研人才家庭为例，针对科研工作者育儿照料和科研工作时间冲突大的问题，国家层面出台了针对女性科研人才的鼓励性政策①。同时，发挥用人单位的主体积极性也至关重要，如位于上海嘉定区的中国科学院上海光学精密机械所，作为全国八家国家科研科普基地之一，积极响应刚刚出台的“双减”政策，提供优质校外资源供给，开展科普体验等活动，助力孩子全面发展。通过开设职工子女寒暑托班和晚托班，为员工子女提供看护、课业辅导、科普教育、用餐等服务，有效解决科技人员加班多、子女寒暑假期以及工作日晚间无人照顾的难题，这类对育儿友好的工作场所也将成为吸引人才前来定居就业的重要因素。

4.2 规划建设以育儿为中心的全龄友好公共空间

在大城市中育儿面临很多困难，一般核心家庭很难单独完成，多数是借助大家庭的力量，通过代际合作完成。有研究表明，在北京，约 70%的儿童由隔代祖

① 2021 年 7 月，科技部会同全国妇联等 12 家部门印发《关于支持女性科技人才在科技创新中发挥更大作用的若干措施》，以进一步激发女性科技人才创新活力，促使女性科技人才在创新驱动发展、实现高水平科技自立自强、建设世界科技强国中发挥更为重要的作用。

父母抚养,上海为50%~60%,广州为50%,全国有将近一半的儿童接受的是隔代抚养和教育[13]。育儿从小家庭扩展到大家庭,需要多个家庭成员协作,这是城市家庭育儿的现状。

在上海新城中,新上海人占比很大,随着新城建设,还会吸引更多的新上海人。新上海人在育儿上依靠大家庭时,比上海本地人面临更多困难。首先,需要为育儿的老人安排友好的空间。老人从外地过来,需要为老人提供一定的居住空间及合适的社区空间。若老人无法安身、安心,便难以参与育儿。其次,需要帮助育儿的老人融入社区。因为育儿不仅在家庭,还要在社区,若老人无法融入当地社区,也很难带领儿童融入社区。最后,需要帮助育儿的老人融入新城。老人要熟悉新城的儿童资源,才能带领儿童使用。因此,新城的社区空间、城市空间不仅应是儿童友好的,还应是老龄友好的;不仅要有地方特色,还要有统一标准,才能充分支撑儿童的生育、养育、教育。

在空间营造方面,要以步行、骑行、公共交通三个网络健全以育儿为中心的家庭友好城市空间,提高儿童在城市的自由可及性,在每一个层次的可及性上提供足够多、足够好的儿童友好公益空间,供儿童自主选择。一是日常的步行网络。儿童步行15分钟就能够接触到大自然、运动场地、儿童游憩空间、学校、地段医院、社区图书馆、社区文化馆等。自然是最好的老师,儿童步行可接触的大自然需要有足够的规模、丰富的植被、多样的花鸟,还要足够安全,儿童可在家长的陪伴下自由玩耍。相比市区,新城在此方面有潜力和机会做得更好。二是骑行网络。对于12岁以上的儿童来说,骑行是自由出行的一种方式。在新城中构建自行车骑行通道,可以为家庭成员亲子骑行、低碳出行提供平台。骑行的活动半径扩大到2~3千米,极大地提高了儿童自主活动的范围,有利于儿童了解社区、参与社区活动,成为城市的一员。三是公交网络。儿童步行、骑行的空间范围十分有限,公交网络可以大大拓展儿童的活动范围,也方便老人带领儿童出行。公共交通网络应有合适的线路规划,使儿童能够方便地借助公共交通到达街道图书馆、城市博物馆等街道、城市层面的儿童友好设施。

4.3 建立多元协同的家庭友好治理网络

新城的家庭友好体系建设,除了完善政府主导完善家庭友好的公共服务、引导用人单位发挥人才家庭支持的主体作用外,还需要建立多元协同的治理网络,实现自上而下的政府引导和自下而上的社会自治的双向互动,通过搭建"政府—企业—社会"之间的伙伴关系网络,发动全社会的力量,整合多方资源,形成支持合力。其中,尤其要发挥妇联等群团组织、社会组织、社会企业的积极作用,协调好行政管理、市场利益和社会创新之间的关系,发挥公益等社会形式在第三次分配、优化公共服务配置中的作用,建立需求表达渠道,为多样化的家庭需求、育儿需求和儿童发展需求提供更精准、更便利的设施和服务。在治理理念的倡导下,家庭中的父母和儿童不仅是被服务的对象,也是积极的参与者和建设者。

以儿童友好城市柏林为例,第三方组织“德国儿童友好社区协会”作为儿童友好型社区建设方案的设计和管理者,常常邀请孩子和家长一同参与社区规划方案的编制,并将这些意见反馈给专业规划师和设计师,使社区规划及设施设计方案能精准回应不同社区的家庭生活需求,增添了家庭友好设施的多样性和丰富度。一方面,鼓励和保障儿童的主体参与权,站在儿童角度审视城市发展,不但体现出对儿童成长需求的重视,也会为城市带来更多活力和创新力。另一方面,家长的主体参与,家庭友好和儿童友好不是为了“解放”家长,使其缺位于子女教育,其核心目标之一仍是提高父母家长的陪伴质量,让孩子与家人有更为紧密和正确的联系,让家长以更为放松的状态面对孩子。新城聚集了很多高素质家长群体,引导他们积极参与学校、社区及其他儿友好空间的营建,不仅能提高育儿质量,还能增强这些新成员的社区认同感,助力新城留住人才、用好人才。

5 结语

中共中央、国务院于 2021 年 7 月公布《关于优化生育政策促进人口长期均衡发展的决定》,提出实施三孩生育政策及配套支持措施,回应新时期人口结构变化及高质量发展需求。针对家庭生活需求的社会依赖性强的特征,要破解“不愿生”“生不起”“养不起”难题,不仅要加强工作场所、公共空间及生活社区的家庭友好配套,更要建立“政府—企业—社会”之间的多元伙伴关系,构建育儿友好型社会治理体系。上海五个新城作为长三角地区未来城市及可持续发展的示范样板,更需建立完善生育、养育、教育三大服务体系创新试点,在提供就业岗位、发展机会和宜居环境的基础上,提供全家庭生命周期的支持,提升地区对人才的持续吸引力及长期居住黏度,尤其要为以育儿需求为择居择业导向的高素质双职家庭提供差异化、高质量的家庭友好的空间设施和精准服务。

参考文献

[1] 马兴发. 上海市科技工作者发展报告(2015—2019)[M]. 上海:上海科学普及出版社,2020.

[2] 佛罗里达. 创意阶层的崛起[M]. 北京:中信出版社,2010.
[3] 西尔,克拉克. 场景:空间品质如何塑造社会生活[M]. 祁述裕,等译. 北京:社会科学文献出版社,2019.
[4] VEY J S, HACHADORIAN J, ANDES S, et al. Assessing Your Innovation District: A How-to Guide[EB/OL]. (2018-02-21)[2025-01-05]. https://www.brookings.edu/research/assessing-yourinnovation-district-a-how-to-guide/.
[5] STORRING N, WALKER M. Eight Placemaking Principles for Innovation Districts [EB/OL]. (2016-11-07) [2021-12-14]. https://www.pps.org/article/eight-placemaking-principles-for-innovation-districts.
[6] ESMAEILPOORARABI N, YIGITCANLAR T, KAMRUZZAMAN M, et al. Conceptual Frameworks of Innovation District Place Quality: An Opinion Paper[J]. Land Use Policy, 2020(90): 104166.
[7] 高子平. 基于层次分析法的上海市人才吸引力研究[J]. 华东经济管理,2012,26(2):5-9.
[8] 崔少泽,邱华昕,王苏桐. 城市人才吸引力评价模型研究:以深圳市为例[J]. 科研管理,2021,42(7):60-67.
[9] 王文寅,张靖琳. 城市人才吸引力评价研究[J]. 河南科学,2019,37(4):668-675.
[10] 沈瑶,刘赛,云华杰,等. "育儿友好"视角下城市竞争力提升启示:以日本流山市为例[J]. 城市发展研究,2020,27(4):72-81.
[11] 魏旭红,张婷麟,孙斌栋. 大都市郊区新城的空城化与破解策略:以上海松江为例[J]. 上海城市管理,2011,20(2):61-63.
[12] 沈洁,罗翔. 郊区新城的社会空间融合:进展综述与研究框架[J]. 城市发展研究,2015(10):102-107.
[13] 吴航. 家庭教育学基础[M]. 武汉:华中师范大学出版社,2010:69.

城乡治理篇

新城空间功能设计之初的单一性与人们实际生活娱乐便利需求的丰富性之间的矛盾，以及如何避免新城这一城市边缘区沦落为“贫民区”，是新城当下及未来社会治理的基本议题。本篇聚焦城市边缘空间服务缺位、居住失序、社会隔离、治理失灵等现实议题，试图从空间产权集中、生活圈建设和基层党建等视角，分析新城空间社会治理有效、生活机会丰富、片区统筹精细治理和城乡文化服务质量提升的实现机制。

上海新城边缘空间如何实现居住有序

魏程琳

作为最大的发展中国家，中国各地市在近20年来经历了深刻的城市化、工业化发展，经济发展与社会治理的不平衡在城乡之间日益凸显。职住不平衡、住房供给不足成为大城市高质量发展的瓶颈，大城市边缘空间居住失序成为全球普遍性难题。上海作为拥有一千多万外来人口的国际化大都市，在保障性租赁住房供给方面积极探索。2022年1月，上海市人民政府办公厅印发《2022年上海市扩大有效投资稳定经济发展的若干政策措施》，提出围绕重点产业区和轨道交通沿线增加保障性住房土地供应、优先供应，单列保障性租赁住房供地计划，推进保障性租赁住房的REITs试点工作。"十四五"期间，上海计划新增建设筹措保障性租赁住房47万套(间)，累计建设筹措60万套(间)以上，其中40万套(间)左右形成供应。旨在让新市民、青年人、各类人才和城市基本公共服务群体等"租得到、租得近、租得起、租得稳、租得好"，与上海共同实现高质量发展[1]。

1 研究回顾

随着打工潮的兴起，城市一直面临着外来人口治理的问题。外来人口在城市边缘地带集聚，形成以地域、血缘为基础的聚落，诸如"浙江村""河南村""城中村"等现象引起学界关注，随后的农民工研究、城市住房保障研究、职住平衡和长租公寓研究，针对城市边缘空间居住秩序展开了不同面向的学理分析。

城市边缘空间的居住失序，受土地所有权及租赁关系的形塑，住房人口超载诱发非法空间、疾病及社会安全等问题[2]。拉美地区城市贫民窟的困窘源于城市产业及住房供应体系中的结构性制约所生成的恶性循环，城市产业结构不良导致非正规就业不断激增与收入不平等，住房供应体系不健全则要求在公租房缺乏的情况下自建住房的合法化过程[3]。欧美国家因移民迁入，同样面临严重的住房供需紧张问题，土地稀缺及地价高昂催生了非正规地下居住空间。由于

魏程琳，同济大学政治与国际关系学院副教授。

国外不存在户籍制度,非正规空间的合法化、私有化过程是国外空间治理的核心措施。以纽约为例,地下违规居住空间通过法律调整后转变为合法化空间,并通过设置安全标准、提供贷款支持、限制租金来改善地下居住环境并防止绅士化导致的价格上涨[4]。相比之下,我国城市中非正规空间治理的核心在于土地产权与居住权益问题[5],外来人口成为城市户籍及产权排斥下的“第四方群体”[6]。政府“经营型城市”取向下的城市用地及更新策略[7],导致外来人口向城郊边缘地区迁移,拆迁安置社区、城中村、棚户区、小产权房、农房成为外来人口的聚集地。

为保障中低收入家庭的住房需求,廉租房、经济适用房、公租房等保障政策自 20 世纪末在全国逐步推行。保障性住房政策一方面在收入审查、住房分类体系、房屋建设质量、入住标准等细节上不够精细[8];另一方面仅面向城市户籍人口,将低收入的外来人口(主要是农民工)排斥在体系之外,加剧了市民权利的不平等[9]。除保障性住房外,2015 年国务院办公厅《关于加快发展生活性服务业促进消费结构升级的指导意见》明确指出,积极发展长租公寓等满足人民群众消费需求的行业。在存量模式向增量模式转变、大量外来青年人才住房紧缺的情况下,将城中村民房转变为长租公寓,成为深圳边缘空间更新的着力点[10]。作为商业经营模式,无论是国营还是民营公寓,往往重资产、轻运营,对融资和盈利的追求较高。青客公寓因资金链问题于 2022 年 1 月破产清算[11],租客利益难以保障;万科泊寓直到 2018 年上半年尚未盈利[12],这些都表明市场资本主导的长租公寓很难实现平稳运行。

城市空间治理植根于居民的生活经验——人们可以在求同存异中通过自我治理与合作治理追求物质与社会需求,并期望城市政府创造多样性空间发展包容型政治[13]。然而,当前外来人口的居住权益尚未与城市更新密切结合[14],外来务工人员及其非正规经济尚未与城市发展规划联系起来[15]。

人是城市活力之源。上海五个新城建设皆致力于打造“百万人口级别的独立的综合性结点城市”,尤其需要妥善解决新城建设与外来人口居住秩序问题。笔者 2021 年以来在浦东新区、嘉定区、松江区、奉贤区等地的调研中聚焦外来人口居住问题,本文将基于调研经验展示上海城郊居住现状及治理创新实践,并提出优化城市边缘空间居住秩序的政策建议。

2 上海新城边缘居住失序的表现

上海五个新城(嘉定区、松江区、奉贤区、青浦区、临港新片区)在产业发展、地理区位、经济社会等方面各具特色，但在新城边缘地带皆面临人口倒挂、住房紧张、职住不平衡等社会治理问题。

2.1 上海郊区人口居住现状

外来人口可以简单分为有专业技能或学历证明的人才和无专技证明的农民工两类，引进人才通常能在短期内获得户籍成为新市民，且其过渡期内的住房保障由政府、单位提供，社会治理问题相对较轻；而农民工难以获得上海户籍，无法获得政府和单位的住房保障或补贴，往往选择租金较低的城市边缘地带居住生活。流动性强、人口规模大、经济支付能力弱的农民工群体，成为大城市边缘区居住失序主体。

尽管五个新城所在行政区的地理位置已属郊区，但外来人口更多地集聚在郊区的郊区——新城城乡接合部地带的乡村。浦东新区经过三十余年的发展，在产业转型升级和外来人口居住治理方面具有一定的前沿性，对五个新城社会治理具有一定借鉴意义，因此，笔者将非五个新城的浦东新区纳入经验表述范围。为呈现地方产业发展阶段和政府治理方式对城郊居住秩序的影响，笔者将调研点的人口、主导产业、外来人口及居住治理难题列表如下（表 1）。

表 1　调研地点人口、主导产业及居住治理难题

调研地点	嘉定区 安亭镇	松江区 新桥镇	浦东新区 张江镇	奉贤区	
				奉浦街道	金海街道
调研时间	2021 年 7 月	2021 年 11 月	2021 年 1 月、9 月	2022 年 1 月	2022 年 1 月
总常住人口（万人）	30.00	21.30	25.00	8.50	5.50
外来人口（万人）	19.10	14.70	14.80	4.15	4.10
主导产业	汽车配套产业	制造业	高新科技产业	制造业	制造业
外来人口类型	中低技能农民工为主	中低技能农民工为主	研发人员“白领”	中低技能农民工为主	中低技能农民工为主
居住区域	村庄、街镇	农民还建小区和还建房	村庄、还建小区和园区	城中村还建小区	农民还建小区
治理难题	群租、无序	群租、无序	二房东较多	群租、无序	二房东较多

尽管五个新城近几年积极布局新能源、生物制药、人工智能等新兴产业,并对落后产能进行淘汰,但新产业的形成需要一定的培育、发展时间。目前,嘉定区、松江区、奉贤区的主导产业仍以过去十年所形成的传统制造业为主,外来人口以中低技能的农民工为主;浦东新区则形成了以高新科技研发和金融信息服务业为主的产业格局,其外来人口以研发技术人员为主。

如表1所示,笔者所调研的四区五镇的外来人口占所在镇区常住人口的50%左右,有的竟高达74.5%(如金海街道)。虽然各区外来人口以镇域农民房屋为主要房源,但由于各区城市化进程不同,租赁空间风貌样态也有所不同。嘉定区安亭镇、浦东新区张江镇还保留部分村庄,农民工以租住传统农房为主,居住相对分散。但嘉定区的农房以20世纪80年代翻建的房屋为主,风貌陈旧;浦东新区农房以2000年左右翻建的农房为主,样式风貌新颖。租金水平因地区产业差异、市场需求不同也有明显差异,15平方米的一间农房,在嘉定区赵巷村的月租金为600元左右,在张江镇环东中心村和新丰村的月租金则为1 200元左右。

松江区新桥镇和奉贤区金海街道的传统村落基本被征地拆迁完毕,两镇除十几户农户农宅外,绝大多数农民集中居住到统规统建的小别墅(松江区)、多层住宅小区和高层住宅小区。外来人口租住的房屋也多为小别墅和新建房屋,与传统村落违规搭建普遍、形似"贫民窟"的景象完全不同。金海街道的金和景园北区住宅区共有住房2 042套,已入住1 406套、3 615人,其中整套出租的住房有1 005套,外来租客2 720人,外来租客成为小区的主要人口。

在传统农村住宅中,老旧村落和农房通常是整套出租给外来人口,新翻建的农房则会将部分房间出租给外来人口。在张江镇环东中心村、安亭镇向阳村(整村平移新建),仍有30%左右的农户在村庄居住,这在一定程度上降低了外来人口违规利用空间的程度。然而,在奉贤区金汇镇金星村、安亭镇赵巷村等传统村落风貌区,留村居住的人口以老年人为主,人口倒挂现象严重,危房出租、违规搭建棚屋出租现象较多且难以根治。此外,各区在租赁性房屋治理中都面临着二房东不愿配合的问题。

2.2 新城边缘居住失序的表现

一是人口倒挂现象突出,公共服务严重超载。统计数据显示,嘉定、松江、青浦、奉贤等区的外来人口皆超过本地人口,外来人口集居的城郊村面临严重的公共服务超载问题(表2)。例如,奉贤区金村户籍人口4 083人,实际在村居住人口不到900人，而在本村居住的外来人口在2020年新冠疫情之前高达8 000人，在疫情发生后仍有6 000人。笔者在村庄走访期间看到，不但老旧房子里住满了外来人口，就连危房、违规搭建的棚屋也被村民以极低的价格出租给外来人口，由于厕所、洗澡间、厨房等配套空间严重匮乏，外来人口只能到庭院、道路一侧烧饭，村落公共空间的环境难以保持清洁状态。该村村委会为改善环境卫生曾新建了一个公共厕所，但由于外来人口和本村留守老人长期"争"公共厕所水龙头的免费水洗衣做饭，最终使水厕变为旱厕。

表2　上海市各区土地面积、常住人口及人口密度(2019年)

地区	行政区划面积（平方千米）	年末常住人口（万人）	年末常住人口中的外来人口（万人）	人口密度（人/平方千米）
全市	6 340.50	2 428.14	977.71	3 830
浦东新区	1 210.41	556.70	234.22	4 599
黄浦区	20.46	65.08	17.83	31 808
徐汇区	54.76	109.46	27.45	19 989
长宁区	38.30	69.36	17.96	18 110
静安区	36.88	105.77	26.83	28 680
普陀区	54.83	127.58	34.03	23 268
虹口区	23.48	79.40	15.46	33 816
杨浦区	60.73	130.49	27.63	21 487
闵行区	370.75	254.93	125.14	6 876
宝山区	270.99	204.43	83.78	7 544
嘉定区	464.20	159.60	90.48	3 438
金山区	586.05	80.70	27.32	1 377
松江区	605.64	177.19	106.31	2 926
青浦区	670.14	123.31	71.43	1 840
奉贤区	687.39	115.78	57.72	1 684
崇明区	1 185.49	68.36	14.12	577

资料来源：上海市统计局官方网站 http://tjj.sh.gov.cn/tjnj/nj20.htm?d1=2020tjnj/C0202.htm.

二是房屋租赁利用负外部性失控，居民间生活矛盾突出。外来人口为降低生活成本到城郊居住，但由此产生的群租、场所"三合一"、乱拉电线、乱停车等问题，给周边居民带来负面影响。例如，有的快递公司将临时仓储点设在村庄，深夜装卸货物产生的噪声扰民，村民前往询问时易与司机或工作人员产生言语冲突。本地村民往往选择隐忍，转而通过乡村干部或市民热线反映问题。此外，外来人口租赁村庄空地或闲置院落从事中低端制造、废品回收，甚至开设违规棋牌室等行为，进一步破坏了社区环境、社会风气和居住秩序。群租屋因人口密度过高、空间资源紧张，生活中的矛盾冲突亦在所难免。典型案例显示，浦东某还建小区居民投诉，楼上二房东将客厅违规改建成带抽水马桶的卧室，冲水声在用餐时间持续不断，严重影响日常生活。

三是外来人口流动信息模糊，增加社会治理难度。上海作为一座追梦之城，是全球人才的汇聚地，高人口流动率带来了高治理负荷。截至2020年年底，浦东新区张江镇实有人口25.9万人，其中外来人员14.8万人，境外人员6 500余人，与上年同期相比，有30%的人口流动变化；嘉定区安亭镇2020年的人口流动率也在30%以上。因外来人口对村居委的依赖度低，其主动前往站点报告信息的积极性不高。尽管各街镇外来人口管理办公室在各村居安排2～3名常驻的外口办协管员，以及时维护更新外来人口信息，但在二房东转租情形下，外来人口信息更新不及时、遗漏的问题难以避免，给上海正在推进的社会数字化治理造成基础信息方面的困扰。

新城边缘空间是城市不可分割的部分，产业发展、住房配套以及外来人口支付能力是居住现状的结构性致因。外来人口追求低租金、二房东追求高经济回报，而政府追求空间社会有序，三者目标不一致，这是城市边缘空间治理难以取得成效的重要原因。

2.3 “二房东”对居住秩序的影响

“二房东”在上海城市边缘空间治理中扮演着重要角色，但各区基层工作人员对二房东的评价相差甚大，金海街道和张江镇乡村工作人员认为二房东是居住失序的根源之一，而新桥街道办工作人员则认为二房东有助于居住治理，原因是一房东更加不愿意配合政府的治理活动。

农户为求省心，索性将新建的房子或新到手的还建房不装修，直接交给二房东，一次签订5～8年的租赁合同。二房东拿到房子之后，在传统农房里进行分割，将两层6间房屋改建成12～15间，并配备从二手市场购置的空调、洗衣机、床板、柜子等耐用品，高价出租给外来务工人员，环东中心村便是如此。在中心城区和高层住宅小区，市政府明确规定了人均居住面积和群租标准，严禁房东或二房东违规分割房屋群租。金海街道金和景园小区由于是最后一批建成的还建房，绝大多数拆迁农户已经分得两套房屋，农户倾向于将新拿到的房子不做装修直接交给二房东，目前金和景园北小区尚未出现违规改建房屋的情形。

据调研，截至2021年9月，张江镇环东中心村有传统农宅住房1 208套，户籍村民4 770名(含部分征地拆迁村民)，外来人口8 988名。其中，1 208套农房中整套出租给二房东的有99套，二房东人数为62个。截至2022年1月，金海街道金景和园北小区的1 005套房子由100余位二房东经营。由于房屋出租费心费力，是个“辛苦活”，上海本地人很少愿意做二房东。因此，二房东绝大多数为外来人口，环东中心村的二房东以安徽人、江苏人为主，金和景园北小区的二房东以河南人为主。二房东将房屋分割装修之后，通过自办的中介或者老乡介绍将房屋出租，房屋日常维护管理、居住人口信息更新、垃圾分类与有序停车等生活治理任务都推给了村居委干部和外口办人员。外来人口工作生活时间不规律，工作人员上门核验信息、提供服务时，经常找不到人。二房东以赚取房租差价为目的，实际上加剧了人口集聚程度，增加了消防风险和社会治理难度。

在长租公寓普遍面临装修成本过高、资本运营压力大、毛利润低下的情况下，“散乱小”的私人化二房东是如何获利的呢？私人化的二房东采用最低投入、最大化利用空间甚至违规利用空间的方式，在保持同等租金水平的前提下，获取租金差额收益。相比品牌化运营的长租公寓，私人化的二房东不考虑品牌价值和市场效果，只关心短期内的利润回报。

据调研，环东中心村农户住宅面积为90～150平方米(单户宅基地房面积为90平方米，父子两户宅基地联排面积可达150平方米)。二房东从农户手里拿房子的租金为2元/平方米/天，月租金为60元/平方米，一栋上下两层180平方米的房子12个月的租金是12.96万元。拿到房子后，二房东将阳台全部封进房间，并将客厅改为单间，每层的房屋由3间变为6间15平方米的标准间。环东中心村的农房通常是二层半，二房东将顶楼半层改造为2个15平方米的房间，可利用空间增加30平方米。二房东出租房屋时，每平方米每月租金比原价高出15～20元，全年房间无空档的情况下，可获租金18.90万～20.16万元，毛收入为5.94万～7.20万元。通常情况下，二房东与一房东的房屋租期为5～8年，二房东在第2～3年时可实现投资回本。

由于二房东增加了社会治理成本，地方政府在整治违建、群租房时，也希望能够规范、驱离二房东群体，但治理效果始终不理想，原因在于：第一，郊区农房无建筑分割标准和消防安全标准，二房东改变房屋空间布局虽然造成“群租”后果,却无法以“群租”管理条例对其进行规范化治理。第二,二房东并无房屋产权,只是依托农户转让的转租权进行房屋出租经营,农房治理关涉农户利益,农户以产权私有反对政府监管或不配合政府治理活动(如拆除违建或隔间),削弱了政府治理效能。第三,二房东通常不是本地人、不在本地居住生活,无法采取经济社会机制对其进行有效约束,“二房东就像泥鳅,看得着,但很难抓牢”。第四,在房屋租赁充分市场化背景下,二房东通过低投入、非正规利用空间获取租金差价,政府或企业收储农房后并对之进行高投入、正规化利用,难以维持二房东支付给一房东的租金水平。因而,无论是行政规范管制、社会生活约束或是市场竞争机制,都难以对二房东群体产生有效制约。

3 租赁性住房治理的上海实践

在外来人口住房供给上,是采取市场主导的资本化模式,还是采取政府主导的监管模式,或是社会主导的自主治理模式,在一定程度上决定了城市边缘空间治理效果和城市的公平水准。无论何种治理模式,其面临的核心问题仍然是市场逐利逻辑、房客低成本生活逻辑与政府管理逻辑能否协调。

3.1 租赁性住房的治理模式

在租赁性住房供给中,政府、市场(资本)和社会(个人)会因拥有房产所有权或转租权而成为供给主体。政府根据政府责任、经济发展需求和财政能力,针对不同人群采取不同类型的保障性租赁住房,服务对象具体为:①低保家庭廉租房,申请对象是本市户籍、被民政部门认定为低收入或最低收入家庭;②新市民廉租房,新转入上海户籍无自有住房,可在企事业单位享受廉租房或租房补贴;③引进人才住房保障,根据相关人才政策提供住房或住房补贴等。在政府住房保障政策之下,各区又对人才住房保障类型进行细分,做好托底保障和人才吸引两方面工作。目前五个新城推出的引才政策中,较具吸引力的项目除户籍外便是住房补贴或住房成本较低。例如,临港新片区及临港在其他区的“飞地”(享受临港政策的园区),为符合条件的就业人才提供租金50%的住房补贴。

松江区经济开发区2022年新施工的配套设施建设项目,改变了此前各企业自主分散拥有配套设施用地(工业用地面积的10%)的模式,将配套用地集中交由开发商建设运营居住生活服务区。除政府主导的保障性租赁住房外,市场资本和社会主体的参与进一步丰富了住房来源,模式如表3所示。

表 3　租赁性住房供给与治理的三种类型

类型	有巢公寓模式	乡村人才公寓模式	安客模式
实践区域	松江区	浦东新区	嘉定区
运行主体	国有企业华润集团	张江镇镇属企业	赵巷村村属企业
资产归属	自持资产	农民所有； 委托出租	农民所有； 委托出租
租金水准	2 200 元/月/间(15 平方米)	1 700 元/月/间(15 平方米)	800 元/月/间(15 平方米)
治理项目	定期举办青年联谊互动； 配置公共活动空间	定期举办青年联谊互动； 配置公共活动空间	积分奖励、租户代表参与社区公共治理活动
政策支持	集体土地入市，地价较低； 享受人才住房补贴； 阳台封入可用面积增加	镇政府投入公共资源运维乡村住房空间	政府以奖代补； 投入资源建设美丽乡村； 纳入人口治理经验
风险控制	资产自持； 无金融风险	镇政府信誉担保； 无金融风险	村属企业运营； 无金融风险

3.1.1　有巢公寓模式

为缓解 G60 科创走廊以及周边创业园区、高科技园区工作人员的住房紧张问题。松江区人民政府通过试点转让农村集体建设用地，快速推动租赁性住房建设和供给能力。华润集团下属子公司有巢公寓集团获得松江区泗泾镇的农村集体建设用地试点入市地块。这块面积为 40 000 平方米的土地，是上海市首例农村集体建设用地入市地块，土地开发建设不用经过征地、收储、招拍挂等环节，直接进入建设利用阶段。两年后，有巢国际公寓泗泾店开始试运营(2021 年 5 月 20 日)。

有巢公寓共有住房 1 264 套，房型为 35 平方米、40 平方米的一室户和 60 平方米的两室一厅户，租金 2 400～4 800 元/月。有巢公寓的主要服务对象为辖区内青年人才，青年人才可依据积分申请政府住房补贴，最高可连续三年获得 50%的住房补贴。与蛋壳、青客等长租公寓模式不同的是，有巢公寓在此是自持房屋资产，从房屋建设到室内装修、家居生活用品配套，再到市场化出租和服务管理，全部为公司自主运营。有巢公寓泗泾店在服务区内配备了健身娱乐设施空间和公共活动室，还定期举办青年联谊活动，旨在打造一站式青年社区。

政府在土地使用权转让时对保障性住房项目用地采取优惠政策，每平方米低于同区位地块价格 200 元/平方米[16]。除地理位置较偏、生活服务设施配套不完善外,有巢公寓的生活秩序较为井然。笔者在 2021 年 6 月调研时发现,该公寓后面 2 栋楼房已全部住满,前面 3 栋尚未启动的房屋已被锁定 80%。有巢公寓泗泾镇运营负责人表示,未来会将房屋上市,通过金融手段将资金流转出来,以缓解资金压力。

3.1.2 乡村人才公寓模式

为缓解张江高科城白领工作人员的住房紧张问题,张江镇人民政府委托其下属集体企业张江镇投资公司,负责运营乡村人才公寓。镇企通过与农户签订 10～15 年的租房合同,在环东中心村和新丰村收储一批质量过关、有改造价值、相对聚集的房屋。因服务对象是白领工作者,乡村人才公寓参照国内公寓标准改造,每栋农房改造成本约 100 万元,包括房屋内外装修、公共空间打造、公共设施配套、家具生活用品配套。因投资成本较高,成本回收大概需要 10 年,因此收储的房屋面积最低 260 平方米,上下两层能够隔成标准间(15 平方米)12 个房间,同时确保设有会客厅、公共厨房、公共洗衣机等公共区域。乡村人才公寓由公司全权负责运营维护和保洁,并定期开展村民租客联谊活动,已经成为张江镇的一张名片。

从收支角度看,一栋 260 平方米的房子,如果按照二房东给出的市场价 60 元/平方米/月的价格收储,一年的成本价为 18.72 万元;经过改造后的乡村人才公寓,每个房间租金为 1 700 元/月,一年的租金收益为 24.48 万元,无租房空档期的情况下,一年可得毛利润为 5.76 万元,十年可得毛利润为 57.6 万元,难以实现收支平衡。事实上,镇企在收储房屋时通常会以投资增值房屋、政府信誉担保、降低对方管理维护成本等为由,将租金降低 30～45 元/平方米/月,这样每栋 260 平方米的房屋每年最小可节约成本 4.68 万元、最多可节约 9.36 万元,进而能够实现收支平衡。由于二房东将农房租金提高到 60 元/平方米/月,镇企在与农户商谈收房时通常较为艰难,但其优势在于政府信誉担保、房屋质量保证、村干部一线管理、长期出租不需要费心。截至 2021 年 9 月,张江镇镇企在新丰村、环东中心村共收储 14 栋 133 间房屋。

3.1.3 安客模式

嘉定区安亭镇是传统汽车制造业和配套服务业的聚集地,外来务工人员以从事简易操作劳务的农民工为主。外来务工人员通常租赁农民房屋居住,居住失序状况严重,存在乱拉电线板、随意丢垃圾、乱停车、室外烧火煮饭等问题。2014 年,赵巷村村委会探索村集体集中经营农房的模式。村委会成立村属物业公司,负责具体运营维护村民委托出租的房屋。村委会要求委托出租的房屋无违建、非危房。由于农户私人出租房屋可以将庭院内违建棚屋出租，总体收益相对较高，因而，村民开始并不愿意将房屋委托给村委会。经过村组干部动员、劝说和党员干部带头示范，部分农户开始试探性地委托房屋，经过一段时间运行，越来越多村民选择将房屋交给村委会运营。原因如下：第一，虽然拆除了违规建筑，但改造后的房屋租金相应提高，如某农户一间房屋原本的租金为 450 元/月，10 间房每月可得租金为 4 500 元，2 间违建房屋拆除后，每间房每月租金为 600 元，8 间房每月可得租金为 4 800 元。第二，减少农户管理成本，以往农户自己出租房屋，需要定期回来查看房屋质量、收取租金，还经常遇到拖欠租金、逃单、给假钱等现象。第三，村委会对农房的外立面、线路、水路、厨房、厕所、充电装备进行全面改造，每个农宅花费 3 万元左右，大大降低了农宅的消防风险。

从收支角度看，村委会从农户手中收储价格为 0.47 元/平方米/天（以建筑面积计算），但不对农房进行隔间改造，每个农宅还是原来的 6 个房间、仍然保留客厅和庭院公共空间。占地面积 90 平方米的两层农宅通常有上下 6 个房间，一楼有 1 个房间作为厨房，其余 5 个房间用作出租。以往农户出租每个房间为 600 元，每月可得租金 3 000 元。若将房屋交给村委会，每月可得租金 2 538 元，虽亏损 462 元，但可省去管理维修成本。

赵巷村物业公司通过线上线下的方式出租房屋，每间房的月租金价格约 800 元，一栋 180 平方米的标准农房，5 间房屋每月可得租金为 4 000 元，扣减支付给农户的每月租金 2 538 元，每月毛利润为 1 462 元。物业公司长期聘用两名房屋运行管理员、一名保洁人员，村干部兼任物业公司负责人，同时物业公司还承担其他区域的保洁业务，基本实现运维成本内部化。扣除物业保洁、维修、管理费用外，物业公司可在 3～4 年内实现回本。因此，物业公司与农户签订的租赁合同通常是一次 5 年。截至 2021 年 8 月，赵巷村村企共收储 122 套农宅，服务租客 600 户 1 800 余人[17,18]。

3.2 不同治理模式间的比较分析

有巢公寓、乡村人才公寓和安客模式代表了保障性租赁住房供给的市场主导、政府主导和社会主导模式，具有不同的特征及应用推广范围。

一是市场资本的逐利诉求。2022 年 1 月 4 日，上海市第三中级人民法院裁定受理青客租房破产清算一案。作为首个赴美上市的长租公寓企业，2019 年 11 月上市当天发行价是 17 美元，2022 年 1 月底青客公寓的股价只有 0.49 美元，市值蒸发 97%。按照青客公寓公报数据显示，青客公寓 2020 年净亏损达

15.34 亿元[19]。由于后期运维服务质量差,青客备受租客诟病,网络平台投诉率畸高。从社会治理视角看,青客集团最大的问题是住房过度资本化,将外来人口的租金当作融资杠杆。而之前资金链断裂、租客被房东从房中赶出去的蛋壳公寓,同样是长租公寓金融化运作的结果。

从国内外长租公寓经营状况看,长租公寓投资大、回报周期长,企业资本运营压力大,金融化运营的冲动较强。长租公寓大规模、高成本收储房屋,高标准装修、品牌化运营,很难实现短期内盈利。而私人化的二房东之所以能够在租赁市场中获利,是因为他们最小化投入、最大化甚至违规利用空间,挣的是“精打细算的辛苦钱”。目前,国内长租公寓管理体系不健全、融资方案规则不完善,以及金融机构监管不到位,仍然处于发展初期。有学者建议借鉴美国 REITs 模式[20],使长租公寓资本来源多元化,推动长租公寓市场稳健运营。有巢公寓集团隶属于国有企业华润集团,尽管有着强大的资本周转能力,但也要考虑资本收益。2022 年 1 月,上海市人民政府办公厅印发《2022 年上海市扩大有效投资稳定经济发展的若干政策措施》,指出围绕重点产业区和轨道交通沿线增加保障性住房土地供应、优先供应,单列保障性租赁住房供地计划,推进保障性租赁住房的 REITs 试点工作。不同于青客、蛋壳,松江区泗泾镇有巢公寓自持房屋资产,能够保障租客的居住权益。有巢公寓模式的特征可以总结为高成本、高标准、专业化运营、居住治理有序。

二是地方政府的发展目标考量。在日益注重民生的背景下,地方政府更加注重社会治理模式创新。由于社会治理创新具有低风险、高收益、难以实际测量等特征,地方政府在创新过程中更加注重成效,较少考虑经济上的收支平衡。张江镇乡村人才公寓模式属于地方社会治理创新之一,具有高成本、高标准、非专业化运营的特征,居住相对有序,但高成本投入、勉强维持收支平衡的现状,限制了扩大房源提供保障性租赁住房的能力。

三是社会治理的秩序诉求。社会治理的核心目标是秩序。城市边缘空间当前最大的问题是居住无序导致的社会治理成本攀升,居民幸福感下降,城市化质量不高。赵巷村安客模式是自下而上的社会治理创新,要解决的是居民日常生活中面临的棘手问题。赵巷村村委会干部表示:“原本农房的一面墙挂满了插线板,乱七八糟。现在案件少了,垃圾清运费降低了 50%。无证经营、违规网吧、违规餐饮已被取缔。消防安全隐患得以消除。非法行医的也离开了。”通过成立村属物业公司,赵巷村使市场运营职能相对专业化,同时由村组干部交叉任职物业公司负责人,实现了物业管理成本内部化。低成本、相对专业化和熟人化托管的安客模式，更适合追求低租金、稳定有序生活的农民工群体，在地域空间范围上也具有更大的推广适用性。

有巢公寓等市场资本多在中心城区经营长租公寓，而乡村人才公寓和安客模式多在乡村地区收储房源，它们各自的服务人群不同，房间装修配置标准也不同。然而，任何一种模式都必须经过市场稳定性的考验。

4 建立政社协同的租赁性住房治理模式

住房是关涉民生福祉的大事。住房有序是城市健康发展的关键，也是当前困扰大城市社会治理的难题。2013 年以来，中央经济工作会议多次提及发展租赁住房，提出“加大廉租住房、公共租赁住房等保障性住房建设和供给”“发展住房租赁市场”“加快住房租赁市场立法”“大力发展租赁住房”。2020 年年底，中央经济工作会议强调租售同权，提出“要坚持房子是用来住的、不是用来炒的定位，因地制宜、多策并举，促进房地产市场平稳健康发展”。笔者认为，应当将外来人口住房纳入公共服务和公共保障范围，以服务和保障的理念来供给、运营、治理租赁性房屋。

大城市边缘空间居住失序源于高速流动的外来人口与传统产权治理之间的失衡，传统的政府外部监管、房东散租散管治理模式，无法满足流动社会的治理诉求。在上海新城建设中，不同区根据既往经验和新制度条件，创新租赁住房供给和治理模式，形成了政府主导型、市场主导型和社会主导型的模式。

企业主导的租赁住房建设供给和运营模式，能够将监管成本内部化，在提供专业服务的同时，化解房屋空间利用的负外部性。然而，企业经营租赁住房无论是自持资产还是做大型“二房东”经营他人房屋，都面临着投资大、回报周期长等问题，企业资本化运作的冲动较强。

在租赁市场发育较为充分的背景下，大规模投资经营租赁住房想要获得丰厚回报是很难的。因而，坚持租赁住房的保障和公共服务定位，对当前中国城市健康发展和社会秩序稳定尤为重要。目前，政府通过土地出让金、公共服务配套、人才政策补贴等方式支持长租公寓发展，更应凸显长租公寓的保障性功能。

社会群体是住房失序的原因，也是住房失序结果的承受者。中心城区住房的缺失，将住房治理成本转移到城市边缘空间；而房屋出租者监管责任的缺失，将日常生活成本转嫁给留村居住者；违规利用房屋土地资源的人，将成本转移给依规利用者，最终导致“劣币驱逐良币”，社会治理陷入恶性循环。

嘉定区赵巷村村委会采取的房屋托管租赁模式，是社会自主治理居住失序的有益探索。面对村庄外来人口居住失序，以及违规诊所、网吧、餐饮店等场所难以根治等现象，村委会主动承担社会治理责任，回应居民诉求。村干部表示："我们不求从房子上挣钱，只要收支平衡，我们就满足了。"乡村人才公寓模式和安客模式与市场资本模式的根本区别在于，其追求的核心利益不是经济回报，而是社会秩序，在租赁住房运维中有着较为从容的弹性空间，能够回应多方利益诉求，实现公共利益和私人利益的平衡。在社会保障和公共服务的理念下，构建政府社会协同、以市场为工具的租赁性住房供给和治理模式，或许可以化解中国大城市居住失序的难题。

参考文献

[1] 戚颖璞. 除了加快保障性租赁住房筹措供应，上海 2022 年住房建设还重点投资这些领域[EB/OL]. (2022-01-18). https://export.shobserver.com/baijiahao/html/442692.html.

[2] 戴维斯. 布满贫民窟的星球[M]. 潘纯琳，译. 北京：中信出版社，2017.

[3] 郑秉文. 贫民窟：拉丁美洲城市化进程中的一个沉痛教训[J]. 国家行政学院学报，2014(5)：15-122.

[4] 陈宇琳，郝思嘉. 特大城市非正规地下居住空间合法化改造研究：以纽约实践为例[J]. 国际城市规划，2021，36(6)：1-8.

[5] 陈宇琳. 中国大城市非正规住房与社区营造：类型、机制与应对[J]. 国际城市规划，2019，34(2)：40-46.

[6] 赵晔琴. "居住权"与市民待遇：城市改造中的"第四方群体"[J]. 社会学研究，2008(2)：118-132.

[7] 李强，陈宇琳，刘精明. 中国城镇化"推进模式"研究[J]. 中国社会科学，2012(2)：82-100.

[8] 张占录. 我国保障性住房建设存在问题、发展障碍与制度建设[J]. 理论与改革，2011(3)：72-75.

[9] 陆文荣，段瑶. 居住的政治：农民工居住隔离的形成机制与社会后果[J]. 中国农业大学学报(社会科学版)，2019，36(2)：4-58.

[10] 罗诗勇. 基于城中村视角下的青年群体长租公寓改造设计研究[D]. 深圳：深圳大学，2017.

[11] 陈荣浩. 长租公寓第一股青客旗下租房品牌破产清算[N]. 每日经济新闻，2022-01-24(6).

[12] 徐佳兰，黄陈诗. 我国长租公寓市场发展的挑战和对策：以"万科泊寓"为例[J]. 中国市场，2019(35)：59-60.

[13] ALTHORPE C, HORAK M. The End of the Right to the City: A Radical-Cooperative View[J]. Urban Affairs Review, 2021, 59(1): 1-29.

[14] 田莉.从城市更新到城市复兴:外来人口居住权益视角下的城市转型发展[J].城市规划学刊,2019(4):56-62.

[15] HAYDEN T B. Street Food as Infrastructure: Consumer Mobility, Vendor Removability and Food Security in Mexico City[J]. Food, Culture & Society, 2021(24): 98-111.

[16] 史博臻.上海首个集体土地入市建设租赁房投入运营[EB/OL].(2021-03-26)[2025-02-01]. https://wenhui.whb.cn/third/baidu/202103/26/397611.html.

[17] 胡立刚.上海市嘉定区赵巷村:"安客模式"破解都市农房出租乱象[N].农民日报,2020-01-03(4).

[18] 胡蝶飞.用"以房管人"破解乡村社会治理难题 嘉定赵巷村"安客模式"扮靓美丽乡村[N/OL].嘉定报,2020-09-01(4). http://www.jiadingbao.cn/Article/index/aid/3596053.html.

[19] 唐韶葵.青客公寓传来破产声:住房租赁格局正在重塑[EB/OL].(2022-01-26)[2025-02-01]. http://www.21jingji.com/article/20220126/herald/21c50d353be6a22c2d96b8373c4061e4.html.

[20] 谢晟.美国长租公寓融资模式及对我国的启示[J].中国房地产,2018(14):55-58.

上海新城社区生活圈建设的约束与创新

张　俊

上海五个新城将建成为独立综合性节点城市，新城的15分钟社区生活圈建设标准高于主城区。但新城现有的人口、路网、公共设施密度都低于主城区，如何在较短的时间内建成新城的高水平社区生活圈，支撑高品质生活，需要在建设模式上有所创新。本文从密度、距离和生活机会三方面分析了新城15分钟社区生活圈建设面临的约束，对比了新城老旧片区、新建片区、未来片区生活圈建设条件的差异，结合新城发展理论和调研分析，提出了构筑新城的高标准多层次生活圈，吸引多层次的居民安居乐业，推进生活圈规划、建设、治理一体化，以党群服务中心推动新城社区生活圈的综合中心建设。

1　引言

《上海市国民经济和社会发展第十四个五年规划和2035年远景目标纲要》提出，加快形成“中心辐射、两翼齐飞、新城发力、南北转型”的空间新格局，大力实施新城发展战略，把五个新城建设为长三角城市群中具有辐射带动作用的独立综合性节点城市。新城之“新”是目标之新、理念之新、发展方式之新，新城的功能结构、空间结构、社会结构都将转型，构筑起上海都市圈的第一圈层，扩大上海的能级和能效，提升上海服务长三角、服务全国、服务全球的战略地位和作用。为了推动新城的发展，上海已经出台了《关于本市“十四五”加快推进新城规划建设工作的实施意见》《上海市新城规划建设导则》等文件。其中，《上海市新城规划建设导则》对新城的发展提出了一系列高质量标准。例如，“构建优于中心城的蓝绿交织、开放贯通的‘大生态’格局。5分钟步行范围内提供全龄友好的基本生活服务；社区级公共服务设施建筑面积宜在《上海市15分钟社区生活圈规划导则》确定标准的基础上增加15%”。

张俊，同济大学政治与国际关系学院社会学研究所副教授。

原文以《上海新城社区生活圈建设的约束与创新：密度·距离·生活机会》为题发表于《空间与社会评论》，2023年，第2期，第170-184页，收入本书时有修改。

目前，上海新城的公共服务资源配置与中心城区还存在较大差距。根据相关测算，如果把全市平均水平列为1，在社会事业资源配置方面，中心城区为1.33，郊区则为0.79[1]。新城的公共服务资源配置与中心城区的差距不仅体现在数量上，也体现在结构上。以人均商业用地为例，虽然五个新城人均规划商业用地面积普遍远大于主城区，为全市平均水平的1.69，但是新城居民的商业环境并不比中心城区好。“新城社区商业密度明显低于中心城区，网点布局分散，以临街小商铺为主，缺乏集中设置、业态完备、功能健全的邻里中心。[2]”上海新城的15分钟社区生活圈建设目标高于主城区，但其现有基础条件不及主城区，如何在较短的时间内补齐短板，构筑高标准多层次的生活圈，吸引多层次的居民安居乐业，需要在建设模式上有所创新。

2 文献回顾与分析

2.1 上海新城的转型发展与空间异质性

国际经验表明，新城规划建设有着明确的政治意图和社会目标，是在公共政策导向下的公共开发行为[3]。新城就其本质而言是为了实现一定政策目标、由政策驱动的空间发展[4]。新城理论最早由霍华德在现代城市规划的奠基之作《明日：一条通向真正改革的和平道路》中提出，旨在通过建设兼具城市和乡村二者优势的新城来解决既有的城市问题。第二次世界大战后，新城理论开始在西欧等国家大量实践，通过在郊区建设新城，解决大城市过度拥挤、缺乏住房等城市问题。此后，新城建设又成为大城市功能转型、大城市空间结构调整的重要措施。伦敦、巴黎、东京等全球性大都市都建设过新城。巴黎建设新城主要是为了吸纳外来人口，避免人口向巴黎市区的过度集聚[5]。伦敦新城主要容纳来自市区的外迁人口，以保持伦敦地区人口规模的稳定[6]。日本为了解决人口和产业在城市中心区过度集中带来的严重城市问题，以及阻止城市过度膨胀导致的建成区的无序蔓延，在东京都市圈开展了地域整治规划与新城开发活动[7]。

上海五个新城的战略目标是建设成独立的综合性节点城市、长三角新的增长极、上海都市圈第一圈层。上海新城并非平地建新城，中华人民共和国成立以来，上海的城市空间结构一直处于探索中，伴随上海空间结构定位的演变，上海新城的定位也在演变，经历了从卫星城、一城九镇、“1966”城镇规划体系到“中心辐射、两翼齐飞、新城发力、南北转型”等多个阶段的转变。总体来看，上海五个新城有悠久的发展史，近20年来更有大量的建设，原有的新城发展思路定位郊区,发展落后于上海中心城及周边城市。由于五个新城建设是在存量基础上进行,“新城建设应关注新旧共存、增量和存量互补的再生过程”[8]。“新城建设绝不能看成是在白纸上画画,必须对原有的历史文化、原有的生态底板给予足够的尊重。[9]”“嘉青松奉南五个新城,并非在一张白纸上从零开始建设,每个新城基本都有一个已经建设20多年的新城区为基础。[10]”新城的空间既有存量的老旧空间、新增的社区空间,还有建设中的未来空间。对于新城发展中如何处理好存量与增量的关系,如何协调推进老旧片区、新建片区、未来片区的各部分关系,还需要更多前瞻性研究。

2.2　上海新城社区生活圈建设与职住平衡

社区生活圈(Community Life Unit)是指在适宜的日常步行范围内,满足城乡居民全生命周期工作与生活等各类需求的基本单元,融合“宜业、宜居、宜游、宜养、宜学”多元功能,引领面向未来、健康低碳的美好生活方式[11]。上海在全国较早提出了“15分钟社区生活圈”概念,即在步行15分钟范围内,提供必要的生活服务设施和公共活动场所,以形成安全、友善、宜居的社区生活基本单元。上海从2016年开始试点“15分钟社区生活圈”建设,为了协调空间规划和社区治理,城市社区生活圈一般以街道行政边界为范围,规模3～5平方千米,服务常住人口5万～10万人。与传统的居住区规划相比,15分钟社区生活圈是在城市已经相对成熟的情况下提出的,其目的是优化城市的公共服务和治理,提升社区生活的品质。2021年,自然资源部发布了《社区生活圈规划技术指南》,进一步明确了建设15分钟生活圈的方向和路径。在试点基础上,上海正全面推动“15分钟社区生活圈”的建设,通过优化社区配套设施、提升社区服务水平等手段,打造方便、高效、宜居的社区,提高居民的生活质量和舒适度,促进城市可持续发展。

职住平衡(Jobs-Housing Balance)是新城建设的基本理念,可以上溯到霍华德的田园城市理论,“指在某一给定的地域范围内,居民中劳动者的数量和就业岗位的数量大致相等,大部分居民可以就近工作”[12],居民的通勤时间和通勤距离保持在一个合理的范围。职住平衡可以减少通勤时间、减少交通拥堵,提升宜居性。第二次世界大战后,西方新城建设中提出了“新城要与原来的中心城市保持一定距离,实现‘自给自足、职住平衡’,并通过各种交通工具与中心城市连接起来”[13]。后续的新城建设实践,“自给自足,职住平衡”的目标没有能得到很好的实现。许多新城变成了“睡城”,进一步加长了人们的通勤距离,造成了新城和原有中心城市之间的交通拥堵[14]。职住平衡是新城成为独立性节点城市的重要条件,上海既往的新城建设没能超越郊区定位,新城的社区公共服务设施与主城相比也有差距,与昆山、太仓、嘉善、海门等周边城市相比,上海五个新城的职住平衡还有一定的提升潜力。“五个新城 83.0%的就业人口和 87.5%的就业岗位在新城所在的行政区内实现了职住平衡”,但昆山等周边城市“约 91.0%的就业人口和 93.0%的就业岗位在行政区内实现了职住平衡”[15]。

上海对新城的社区生活圈建设提出了较高要求,《上海市新城规划建设导则》提出新城的社区级公共服务设施建筑面积宜在《上海市 15 分钟社区生活圈规划导则》确定标准的基础上增加 15%。高品质的社区生活圈对高层次的青年人才具有吸引力。根据在嘉定的调研,年轻人更看重居住环境的文化氛围。新上海人最看重子女的教育条件,但新上海人对新城中小学教育的评价比上海本地人、外来流动人口和外国人都低[16]。上海新城 15 分钟社区生活圈的建设对高层次人才的安居与职住平衡都有重要作用,需要探索新城高品质社区生活圈的建设途径。

2.3 空间密度、时间距离、社区生活圈与生活机会

新城社区生活圈是基于客观现实的主观建构,鉴于城市空间非均衡的普遍存在,社区生活圈的差异不容忽视。对于人口密度差异较大的两个社区,公共服务的设施配置面临不同的问题。任何一个公共服务设施都有最小、最大、最优服务规模的问题,如果人口太少,达不到最小服务规模,公共服务设施的闲置就是浪费;如果人口太多,远远超过公共服务设施的规模,居民的使用体验就不佳。有研究从人口密度的角度分析北京社区卫生设施的布局,发现人口高密度区域部分设施不堪重负;低密度区域设施服务范围出现盲区、设施利用率低等状况[17]。根据新经济地理学的研究,“新城规划密度高,其人均基础设施投入更低,雇主有更大可能找到满意的员工,雇员则有更大机会找到满意的工作,企业与企业、企业与员工、员工与员工间可以进行更有效的信息交换与技能学习”,“在兼具生产和生活功能的新城建设中,高密度的规划和建设,有利于发展需要面对面进行的服务业,有利于提升城市的活力”[18]。密度是 15 分钟生活圈规划的前提条件,也是形成公共生活的基础。在西方新城建设史上,出现过低密度引起的“新城忧郁症”。英国第一代新城以平地建新城为主,“由于人口少难以支持许多公共设施,所以在新城开发的早期更重视就业和居住发展,而不是购物、娱乐和其他休闲设施,这样低水平的公共设施供应使新城居民对

新城生活的希望破灭”[6]。五个新城虽有旧城区作为依托，但“新城人口密度与中心城相比仍较低，局部人口较为集中的区域人口密度在 1.5 万人/平方千米以上，但大部分地区低于 0.5 万人/平方千米，而中心城部分地区人口密度甚至可以达到 4 万～5 万人/平方千米”[15]。在上海新城人口密度相对较低的情况下，如何布局公共基础设施，缩短步行距离，提升使用效率和支撑高品质生活需要更深入研究。

路网密度是影响社区活力的重要空间因素。2016 年《中共中央 国务院关于进一步加强城市规划建设管理工作的若干意见》指出，“树立‘窄马路、密路网’的城市道路布局理念，建设快速路、主次干路和支路级配合理的道路网系统”。研究表明，“街区路网密度增加会显著提升服务消费的数量、质量和多样性，并且道路等级越低的路网其密度越高越有利于消费活力的提升”“更高的道路连通性通过增加到访人口、游憩人口、途经人口、消费出访频率进而提升消费活力”[19]。2022 年，上海中心城区的道路网密度是 7.30 千米/平方千米，除了宝山区，中心城区的路网密度都比新城高，黄浦、虹口、长宁、静安的路网密度更是高出松江、奉贤 1 倍以上（表 1）[20][21]。路网密度的形成是多种因素作用的结果，路网密度的增加也需要一定的时间，根据中国城市规划设计研究院等单位选取全国 36 个城市进行的调查，36 个城市的道路网密度在 2022 年比 2021 年增加了 1.6%。新城的路网密度要增加到中心城区的平均水平 7.30 千米/平方千米，或者达到 8.00 千米/平方千米还需更多努力①。在新城的旧区增加路网密度会面临拆迁，在新区增加路网密度会增加更多投资，研究表明，虽然人口集聚效应会逐步降低地方政府的负债率，但高密度新城建设会在前期加重地方政府财政负担[18]。

表 1　新城与中心城区路网密度比较

区域	路网密度 （千米/平方千米）	区域	路网密度 （千米/平方千米）
黄浦区	14.40	杨浦区	6.60
虹口区	10.50	宝山区	5.00
长宁区	9.30	上海中心城区	7.30
静安区	8.70	嘉定区	5.19
普陀区	7.30	青浦区	5.28

① 《中共中央 国务院关于进一步加强城市规划建设管理工作的若干意见》中提出，到 2020 年城市建成区平均路网密度提高到 8.00 千米/平方千米。

（续表）

区域	路网密度（千米/平方千米）	区域	路网密度（千米/平方千米）
徐汇区	7.20	松江区	4.21
闵行区	7.00	奉贤区	4.89
浦东新区	7.00	南汇区	3.79

资料来源：根据中规院等调查数据整理

增加路网和公共设施的密度会大大增加居民的选择机会和自由度，也就是增加了居民的生活机会。马克斯·韦伯认为，社会地位“较高的阶层相比较低的阶层，具有更多的生活机遇（Life Chances），处于地方分层体系中较高层次的地方，相比处于较低层次的地方，具有更多的生活机遇”[22]。从生活机会的角度看，不同地方的生活机会差异源于资源分配不均，由此导致机会概率的不同。路网和公共设施都是城市中的公共资源，公共资源的聚集会导致市场资源的聚集，进而产生生活机会和资源在空间配置上的差异。人们向更高层次的地方流动，旨在获得更多的生活机会，包括职业以及教育、交通、医疗等公共服务。社区生活圈的建设在很大程度上是增加地方公共资源的密度，为居民更多样、更自由的生活提供支撑条件。正是由于空间资源分布的不均衡，社区生活圈公共设施密度的差异，产生了不同的生活机会空间，也为人才的流动提供了选择。

综上，社区生活圈建设在上海新城转型发展中具有重要的作用，新城的空间存在异质性，人口密度、路网密度等低于主城区，提高新城的路网密度、公共设施密度可以为居民的生活选择提供更多机会。新城的社区生活圈建设目标高于主城区，但是路网密度的增加、公共设施的投资建设都需要时间，而且高密度的新城建设会在前期加重地方政府的财政负担[18]。新城的社区生活圈建设与主城区相比有更多差异性和约束性，需要更进一步研究，探索与新城发展相适应的社区生活圈建设模式。

3 新城社区生活圈建设的约束

构建 15 分钟社区生活圈是上海五个新城规划和建设重要的目标之一，密度是 15 分钟社区生活圈建设的基础条件。新城在人口密度、路网密度方面与中心城区相比有较大差距，以下分别从人口、路网两方面分析低密度对高品质社区生活圈建设的约束。

3.1 新城的人口密度对社区公共设施建设的约束

15 分钟社区生活圈的核心是在居民步行范围内提供充分的公共设施,满足居民的各类生活需求,其本质是居民共享公共设施。15 分钟的步行空间范围是有限的,在有限的空间内,人口密度越高,人口规模则越大,人均分摊公共设施的成本则越低,从效率的角度看,可以提供更多样更丰富的公共设施。此外,以市场为导向的商业服务设施也更倾向布局在人口密度更高的地区,以获取更丰厚的利润。如果两个社区生活圈的人口密度相差一倍以上,但基础公共设施的配置水平还保持一致水平的话,公共设施的人均成本则要相差一倍。因为商业设施的布局是趋利的,在人口密度和规模没有达到盈利要求的情况下,商业设施的布点很难成功,即使布点也不一定能够持续经营下去。

新城城区人口密度为 0.5 万人/平方千米,上海中心城区的人口密度是 2.3 万人/平方千米。根据《上海市城市总体规划(2017—2035 年)》(以下简称《总体规划》)等相关规划,到 2035 年时新城的预期人口密度与中心城区现状的人口密度相比,仍存在明显的差距。2020 年五个新城的常住人口在 200 万人左右,根据上海"十四五"规划,至 2025 年五个新城常住人口将达到 360 万人左右,2035 年达到 500 万人。在 5 年左右的时间五个新城的人口新增 80%左右,其增长速度已经很快,但由于新城现状的人口密度较低,至 2035 年新城人口密度仍然比中心城区低(表 2)。

表 2　五个新城的人口用地现状与预期人口密度

五个新城	2020 年常住人口(万人)	《总体规划》2035 年预期人口(万人)	"十四五"规划 2035 年预期人口(万人)	《总体规划》建设用地(平方千米)	2035 预期人口密度(万人/平方千米)
嘉定新城	46.50	70.00	100.00	106.50	0.94
青浦新城	51.10	60.00	100.00	64.90	1.54
松江新城	64.14	110.00	100.00	122.10	0.82
奉贤新城	24.87	75.00	100.00	60.50	1.65
南汇新城	20.00	65.00	100.00	176.8	0.57

资料来源:根据相关规划和报告整理

虽然人口密度适度地低,有助于营造较好的空间环境,但前提是达到一定区间,有研究指出,在上海理想的生活圈人口密度是在 2.5 万~3.3 万人/平方千米[23]。由于中心城区和新城城区 15 分钟生活圈覆盖的人口数量有显著差异，即使居民的消费能力和水平一致，二者的消费总量也会有很大差距。新城的商业绩效产出普遍较低，2019 年新城 3 万平方米以上的大型商业网点平均坪效为 0.49 万元/平方米，仅为中心城区的 40%，新城的特色商业街区发展不足，全上海市 67 个特色商业街区，仅有 8 个位于五个新城，青浦新城和南汇新城尚为空白[2]。新城现有大量住宅空置，新建区实际居住人口不到现状住宅可承载人口的 50%[24]。在新城以前的开发中，“建成项目主要集中于房地产等投资回报快的项目。房地产开发以营销和利润为导向，体现新城建设本质属性的‘社区营造’并没有成为市场化开发公司的关注点”[4]。由于没有很好的环境，以及低入住率使宜居的生活设施缺乏支撑，形成了建成环境和人口密度的相互制约。

综上，较低的人口密度对建设高品质社区生活圈带来的约束如下：①人均公共设施建设成本高，从而提高新城公共设施建设总成本。新城的开发虽然受到政策支持，但从长远来看，新城持续的发展必须以效率为前提。如果高投入不可避免，那么公共设施的高投入需要吸引高层次人才作为回报。②低利润高消费频率的商业发展会受人口密度的限制，在人口密度很难大幅提高情况下，商业持续的盈利需要有空间布局和人均消费能力的支撑。③在人口密度较低时，需要在设施集中布局和时间距离上进行适当平衡。通过集中布局公共设施可在一定范围内创造较好的社区生活氛围，提升空间品质和人气，但会增加居民前往公共设施的时间距离。

3.2 新城的路网密度对社区生活圈建设的约束

城市的道路不仅具有交通功能还有经济功能和社会功能。从交通功能来说，城市路网的基本功能是满足最多的人以最少的时间到达最理想(最远或最多)的目的地[25]。从经济功能来说，提供城市道路的最终目的是土地的升值，即如何用最小的道路投入获得最大的土地产出[26]。从社会功能来说，雅各布斯在《美国大城市的死与生》中将人行道的功能概括为安全、交往和孩子的同化。不同的城市路网形式在交通、经济和社会功能方面产生不同的后果。路网密度是地块范围内道路长度总和与该地块面积的比值，是城市路网的关键指标，高路网密度城区具有的优势：①高密度路网的服务水平可靠性更高。对比低路网密度和高路网密度方案，当车流量同时增加，低路网密度方案的平均行程车速下降得越快。高密度路网在交通可靠性方面高于低密度路网[25]。②临街面空间更多。增加路网密度也增加了临街面，临街面是商业活动的基础，人员、货物进出、商业展示等都需要临街面。人们在选择步行道时倾向于选择临街商业多、人气旺的道路。③交往空间更多。路网密度增加，产生了很多小段街道。雅各布斯指出，长街段阻碍了城市能够提供的进行孵化和试验的优势，因为很多小行业依靠从一些经过大街道交叉口的人群中招引顾客或主顾[27]。较长的街道距离减少了与相邻街道居民的碰面机会。小街段有利于提升城市的活力。④地块尺度更小，更具开发和功能转换的弹性，更容易形成街区生活品质。路网密度增加，划分的地块尺度更小，商业开发门槛更低，功能调整也更容易。以密路网形成城市生活次街系统，可以丰富城市街道生活的意义，可以改善社区环境，提升居民生活质量和优化公共服务设施的配置[28]。

抚育后代和赡养老人是家庭的基本功能，家庭选择居住空间基本会考虑小孩和老人的自由出行和活动，但新城道路间距过大、路网不完善，不利于老人和小孩的步行活动。出于对儿童教育、父母养老、生活消费等多方面的考虑，新城本地就业人口，尤其是不少高层次的研发人员并不愿居住在新城。新城的路网密度普遍在 4～5 千米/平方千米，要达到 8 千米/平方千米以上的水平受到以下制约：①新城的新增建设用地余地不大，对既有路网改造难度大。对比新城的规划指标以及现状指标可以发现，“目前五个新城现状建设用地已接近 2035 年规划建设用地规模的 80%”[24]，嘉定、青浦、松江三个新城的现状人口已经达到 2035 年规划人口目标的一半左右或以上，部分新城的存量建设指标已经占到新城的 90%以上。对既有的 80%～90%建设用地增加路网密度，短时间很难实现。图 1 从(a)到(c)，意味着要增加 4 条内部道路，路网密度才能从 4 千米/平方千米增加到 8 千米/平方千米，对于已经建成的城区来说，需要进行大量拆迁，实施难度大。②新建城区的新增路网无法在短时间内提高新城路网的整体密度。新城新建城区的空间相比已建设空间占比较低，即使新城新区的路网密度

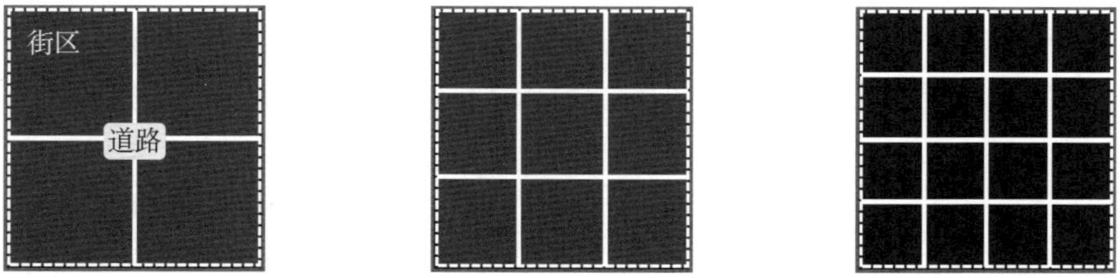

(a) 街区宽度500米，路网密度4千米/平方千米

(b) 街区宽度330米，路网密度6千米/平方千米

(c) 街区宽度250米，路网密度8千米/平方千米（规划目标）

图 1　不同道路网密度比较

有较大提升,对新城路网整体密度的提升也比较有限。

新城的路网密度在较长时间内还是低密度,对新城的社区生活圈构成的约束如下:①以街道为依托的商业氛围培育有难度。街道商业发展需要有足够密度的小尺度街道支撑。在缺乏有密度的街道商业空间时,可以通过集中建设商业综合体,以商业综合体带动商业氛围。商业综合体需布置在公共交通、步行交通可达性良好的区域。以功能综合弥补时间距离较长的不足。②路网密度低,划分的居住区规模偏大、长街段较多,居民在人行道等公共空间中交往的可能性下降,不利于社区共同体的培育。③路网密度低时,公共设施的可达性下降,增加了公共设施使用中的非均衡性,不利于居民公平共享社区的公共设施。

4 新城社区生活圈的多层次

上海的新城多是由原有县城发展而来,因此,新城建设并不是在没有建设和规划历史的地方建设新城,而是根据新的规划定位在既有发展历史和现状基础的城区上建设新城。从新城的空间层次上来看,可以分为老旧片区、新建片区和未来片区。老旧片区是新城中有较长发展历史的片区,特点是建设时间早、老旧建筑多、人口密度较高、路网密度较高。新建片区是新城中近 5 年至 20 年建设的片区,特点是新建设、新建筑、人口在导入中、密度不高、路网密度较低。未来片区是新城中正在建设的片区,特点是建设的起点高、标准高、未来入住人口的层次高。三大片区的人口特征、空间特征均有明显差异,其社区生活圈建设面临的突出问题也不同。以下从新城的三个片区中各选择了一个案例,分析各片区社区生活圈建设面临的约束和探索创新。

4.1 上海新城老旧片区的社区生活圈

奉贤南桥因其悠久的历史和丰富的文化遗存,被称为“奉贤之根”“奉贤之源”。作为奉贤新城内发展历史悠久的老旧片区,人口密度、路网密度都较高,片区内居住、商业、办公、教育、休闲、养老等各种公共设施较齐全,居民生活便利,但建筑和公共设施较老旧,对年轻人缺乏吸引力。因为是老城区,片区内遍布丰富的历史文化建筑遗产。2021 年,奉贤新城将“南桥源”列为重点推进板块之一,推动片区的城市更新,探索城市文化与城市更新相融合的发展。南桥源地处南桥老城区的中心腹地,东起环城东路,西至南桥路,南起解放路,北至浦南运河,面积约 0.6 平方千米。区域内有 4 个文物保护单位、20 多处历史文化遗存,既是原县政府所在地,又是曾经的商业中心[29]。在南桥源的更新改造过程中,对标 15 分钟社区生活圈的相关建设标准,对既有的公共设施、公共空间等进行了拆除、保留、增加等多种空间改造措施,拆除老旧废弃和低效使用的居住和办公面积 8 万平方米,保留改造建筑 4 万平方米,完成城市更新土地面积 20 万平方米,增加公共活动空间 8 万平方米,机动车泊位 2 000 个,公共建筑 16 万平方米[30]。南桥源更新中保存了江南水乡的城市肌理和街巷的步行系统,发挥了文化凝聚价值、提升生活品质的重要作用,修复重建了沈家花园、鼎丰酱园等重要历史建筑。

南桥源社区将历史文化遗产保护、城市更新与 15 分钟社区生活圈结合,既传承了历史文化遗产,又提升了空间的风貌特色,还有效地解决了老城区人居环境和公共配套设施不足等问题,南桥源已拥有 20 条市民健身步道、125 个市民益智健身点、6 个社区公共运动场、2 个市民健身房,还有一条长约 5.5 千米的森林步道[31]。南桥源的城市更新和 15 分钟生活圈建设,提高了片区居民的获得感、幸福感和安全感,大大提升了新城老旧片区的居住吸引力。然而,人才回流老城区面临的问题是新建居住建筑数量较少,无法满足他们对较高居住条件的要求。如何在新城的老旧片区建设社区生活圈,南桥源依托历史文化的城市更新路径具有借鉴意义,由此引发的思考是老旧片区公共设施建设与居住用地的匹配问题,即生活圈建设激活了老旧片区宜居的潜力,如何在老旧片区增加更多居住用地以满足需求。

4.2 上海新城新建片区的社区生活圈

菊园新区位于嘉定新城老城区的北部,承载了嘉定“科技卫星城”的尖端科技产业,区域面积 18.61 平方千米,实有人口 8.64 万人,其中沪籍常住人口 5.30 万人,来沪人员 3.34 万人,人才总数占嘉定区的 1/4[32]。菊园新区地域狭长,分为东、中、西三个部分。东部公共设施较丰富,中部交通便利,西部配套设施较欠缺。2016 年菊园新区提出了“15 分钟社区生活圈”目标,东部居民需求集中在生活品质提升上;中部居民需要公共绿地、休闲广场和健身步道等设施;西部居民需要商业配套设施。2019 年,菊园新区在以各住宅小区为中心的 800 米范围内建立小区模型框架,通过比对各小区资源与标准服务圈的差距,确定各社区的“短板清单”,鼓励居民参与选择建设项目。菊园新区将社区党建、卫生、生活服务和事务受理中心融为一体,形成了“四中心”集聚模式,提高了市民的办事效率。此外,菊园新区的“我嘉餐厅”也备受居民的欢迎。2020 年,菊园新区获评“上海城市治理最佳实践案例”优秀案例,2021 年被列为“上海城市空间艺术季的参展样本社区”[33]。

菊园新区的高科技产业多，人才多，但从人口密度看，菊园新区不足 0.5 万人/平方千米，且地域狭长，不利于公共服务设施服务半径的均匀覆盖。菊园新区在生活圈建设上的创新做法是在步行 5～10 分钟范围内下功夫，以住宅小区为中心供给需求度高且可以供给的公共设施，如社区食堂“我嘉餐厅”，采用了强中心的集中布局和服务模式，在一定程度上减少了人口密度和路网密度对公共设施布局的约束。同时，利用新建片区的空间优势，在公共绿化、体育场地上作出特色，菊园新区人均公共绿化面积达 27.2 平方米，是市人均公共绿化面积的 3.3 倍，人均公共体育场地面积达 3.19 平方米，比上海的平均水平高 0.68 平方米[34]。

作为新城新建片区的社区生活圈建设试点区域，菊园新区处于探索的前沿，在 5～10 分钟社区生活圈等方面形成了一些有特色的经验做法，对新城其他新建片区如何克服人口密度和路网密度的约束建设生活圈有一定借鉴意义。

4.3　上海新城未来片区的社区生活圈

南汇顶尖科学家社区是正在建设的未来片区，位于南汇新城临港新片区的国际创新协同区，占地面积 2.5 平方千米。顶尖科学家社区是南汇新城沿海发展集聚带上的重要功能节点，作为全国首个“科学家社区”城市单元，依托“世界顶尖科学家论坛”平台，利用临港新片区制度创新优势，打造全球极具特色的前沿科学策源地。根据规划，未来将入驻 26 个世界顶尖科学家，20 个顶尖科学家的实验室，覆盖宇宙、地球、信息、物质和生命科学五大领域，吸引科学相关人员 3 万余人，形成以科学家为本，拥有全景式生态系统、低碳智慧发展的社区。顶尖科学家社区以“推动基础科学、倡导国际合作、扶持青年成长”为使命。在社区建设方面，积极响应“碳达峰、碳中和”战略总目标，在片区内打造绿色健康建筑和零碳示范工程项目，使社区核心的绿色公共空间保持开敞，形成景观共享、互动友好的生态形象，并构建完善的科学生态系统。此外，社区计划整合科普教育、互动体验和园林景观资源，充分利用各类科学展馆和室外场地，打造以智能机器人、智能健身设施和智能艺术互动为特色的活动。社区将基于智慧市政、智慧物业和智慧生活等进行住区智慧系统设计，并选取住宅项目作为智慧社区和数字家庭试点，优化居住品质[35]。

作为高层次的未来社区，顶尖科学家社区在规划和建设的协同上作了探索，2021 年 3 月，正式成立了顶尖科学家社区建设项目规划实施区域平台，推动项目建设向城区开发转变，并进行一体化设计管理协调。顶尖科学家社区的定位是高品质、国际化、人才聚集的新社区，虽然规划的人口密度大于1万人/平方千米，但是作为建设中的新城区，人员的入住总是渐进的，公共服务设施的建设和投入使用也需要时间。在初期入住居民较少、公共设施较少的情况下，如何建设社区生活圈、提升居民的居住满意度，尤其是如何提升顶尖科学家和高层次人才的社区归属感和认同感？未来社区的社区生活圈存在一个边建设边形成、边形成边扩大的过程，这对规划、建设和治理的协同提出了更高要求。顶尖科学家社区是一种全新的高层次社区生活圈建设形式，其探索对新城未来的新建社区生活圈具有借鉴意义。

5 新城社区生活圈建设模式创新

5.1 新城社区生活圈的高标准与多层次生活机会

独立的综合性节点城市不仅要吸引高层次人才，还要为其他各层次人才提供发展空间。根据上海市规划和自然资源局测算，新城吸纳的人口49%来自本区城镇化人口，35%来自外地来沪人口，10%左右来自中心城区人口[36]。根据新城的定位，新城未来吸引的人才主要是外地来沪人口和新毕业就业的大学生，高水平的生活环境和宜居设施是吸引人才的关键。由于历史原因，新城在较小空间范围内集中了老旧、新建、未来片区，各片区在人口、路网、设施等方面都存在一定差异，各片区可以充分利用自身特点建设高标准的社区生活圈，形成各具特色的生活场景，为各层次人才的发展提供更多生活机会。

老旧片区在新城中的优势在于其拥有较长的发展历程，基本生活设施较为齐全，路网和人口密度在新城中相对较高，生活较为便利，生活氛围较好。然而，除了受到人口和路网密度的约束外，老旧片区社区生活圈建设还存在一些突出问题，如部分公共设施老旧和建设标准低，部分高品质公共设施缺乏，片区内新建居住小区少，既有居住小区环境老旧等。针对现状公共服务的薄弱领域与服务盲点地区，应加快公共设施建设，对一些老旧公共设施进行更新，推进美丽家园建设，提高既有居住小区的社区环境。优化片区居住用地结构，推出新居住用地，建设新标准的居住小区。

新建片区虽然居住小区较新，但受限于人口和路网密度，到公共设施的时间距离较长，片区的生活氛围培育受到较大约束。借鉴嘉定菊园新区的经验，可在以各住宅小区为中心的适宜范围内，建好居民需求呼声高、使用频率高的设施，集中力量培育家门口的社区氛围。

未来片区的定位高端，各方面起点很高，但社区建设缺少既有老城区的依托。鉴于未来片区初期人口密度较低但层次高的特征，需要在社区集中布置高标准的公共服务中心，通过先集中再扩散的社区生活圈建设方式，防止新城建设史上的“新城忧郁症”。

新城社区生活圈的高标准建设受到人口和路网密度的约束，所以高标准是在某些方面的高标准，即利用自身特色和差异性提升品质，而不是在所有方面都追求高标准。而各片区的差异性可为不同人才的选择提供多层次的生活机会，通过新城社区生活圈的多层次包容各类人才的需求，进而推动新城的综合性发展。

5.2 新城社区生活圈规划、建设、治理一体化

新城各片区社区生活圈建设面临的问题和侧重点各异，老旧片区重治理，新建片区重建设，未来片区重规划。然而，无论哪个片区，都应积极探索推进社区生活圈的规划、建设、治理一体化。社区生活圈规划主要由规划部门提出并牵头推进，但社区生活圈的形成和有效运转需要规划、教育、体育、文化、绿化、生态、街道、居委等多个条块、多个部门的协调和配合。生活圈的形成虽然依靠空间，但不完全取决于空间，还要依靠规划、建设和治理的配合。尽管新城在人口、路网等空间因素方面有所约束，但其可在整体制度、政策、治理等方面发挥优势，通过规划、建设、治理一体化来提升社区生活圈的活力。

对于老旧片区的社区生活圈，应通过社区参与等多种形式，将社会治理中存在的突出问题纳入美丽家园、社区生活圈建设等议题，探索自下而上的社区生活圈规划、建设、治理一体化。新建片区的社区生活圈，各条线部门拟在社区建设的体育、教育、文化、养老、儿童友好、绿化等设施需要与规划、街道、居委等部门和机构沟通，探索各部门协同的社区生活圈规划、建设、治理一体化。未来片区的社区生活圈，规划与建设的协同较好，建立了规划项目实施平台，对未来的特色设施应用场景有所展望。应以规划为引领，对未来低密度高层次人才构成的社区生活圈的治理方式、成本等方面问题进行前瞻性分析，探索自上而下的社区生活圈规划、建设、治理一体化。

尽管新城的社区生活圈建设在空间方面相较中心城有更多约束，但新城完全可以在制度和政策等方面进行创新，利用各类政策优势，探索各片区社区生活圈规划、建设、治理一体化路径，提升新城社区生活圈的品质。

5.3 新城社区生活圈综合中心建设

新城的低路网密度将制约以街道为特色的商业空间和社会交往的发展。在路网密度较低时,公共设施的可达性下降,如果分散布局公共设施,公共设施的使用效率将较低。在新城可达性较好的区位建设综合公共服务中心将较好地减弱低路网密度的影响,同时以综合服务中心的氛围弥补街道商业氛围的不足。为了更好地提升投资效率、创造生活氛围,新城可以在各片区建设以党群服务中心为载体的社区生活圈综合中心。"党群服务中心是面向党员、基层干部、入党积极分子和周边群众开展党务政策咨询、办理党内业务、传播党建理论知识、提供党员政治生活的场所。2019 年,中共中央办公厅印发的《关于加强和改进城市基层党的建设工作的意见》明确提出,要综合各地区位特点、人群特征、服务半径等因素,整合党建、政务和社会服务等各种资源,统筹建设布局合理、功能完备、互联互通的党群服务中心[37]。在基层实践中,党群服务中心不仅是办事的场所,更是交流、沟通和活动的场所。党群服务中心把群众的需求放在首位,为群众提供最贴心的服务,如社区食堂、图书馆、长者照护之家等。作为党联系群众的重要阵地,党群服务中心是 15 分钟社区生活圈建设的基本要素。

新城的社区生活圈需要高品质的综合中心,受限于路网和人口密度,通过市场和社会来建设综合中心需要较长的周期。党群服务中心已经有较好的基础,以党建引领,整合各方的资源,可以在较短的时间内针对群众日常生活中的急难盼愁问题作出回应。当然,这对新城的党群服务中心提出了更高要求,需要党群服务中心整合更多功能,对党群服务中心需要有更多投入。因此,在新城建设更高标准的党群服务中心,发挥党群服务中心在社区生活圈中的核心作用,是新城社区生活圈建设创新探索的方向。

参考文献

[1] 王振. 五大新城发力构建上海城乡融合发展新格局[J]. 上海农村经济,2021(4):4-6.

[2] 俞玮. 上海"五大新城"新一轮商业发展的思考[J]. 上海商学院学报,2021,22(2):91-99.

[3] 赵民,雷诚. 论城市规划的公共政策导向与依法行政[J]. 城市规划,2007,31(6):21-27.

[4] 顾竹屹,赵民,张捷. 探索"新城"的中国化之路:上海市郊新城规划建设的回溯与展望[J]. 城市规划学刊,2014(3):28-36.

[5] 刘健. 马恩拉瓦莱:从新城到欧洲中心,巴黎地区新城建设回顾[J]. 国外城市规划,2002(1):27-31.

[6] 布鲁顿，于立，胡伶倩. 英国新城发展与建设[J]. 城市规划，2003，27(12)：78-81.
[7] 周晓华. 新城模式：国际大都市发展实证案例[M]. 北京：机械工业出版社，2007.
[8] 常青. 创新城市更新模式，探索城乡一体化发展的上海经验[M]//彭震伟. 新城济语：同济新城建设研究集. 上海：同济大学出版社，2022：11-12.
[9] 伍江. 新城建设，以人为本，文化赋能[M]//彭震伟. 新城济语：同济新城建设研究集. 上海：同济大学出版社，2022：15-16.
[10] 周俭. 同步建设差异化发展，新城建设必须直面的“大考”[M]//彭震伟. 新城济语：同济新城建设研究集. 上海：同济大学出版社，2022：19-20.
[11] 中华人民共和国自然资源部. 社区生活圈规划技术指南：TD/T 1062—2021[S]. 北京：中国标准出版社，2021.
[12] 孟晓晨，吴静，沈凡卜. 职住平衡的研究回顾及观点综述[J]. 城市发展研究，2009，16(6)：23-28.
[13] 陶希东. 国外新城建设的经验与教训[J]. 城市问题，2005(6)：97-100.
[14] 肖亦卓. 规划与现实：国外新城运动经验研究[J]. 北京规划建设，2005(2)：135-138.
[15] 张天然，王波，訾海波，等. 上海五个新城职住空间特征对比研究[J]. 上海城市规划，2021，4(4)：44-52.
[16] 张俊. 系统推进上海五个新城城市更新[M]//彭震伟. 新城济语：同济新城建设研究集. 上海：同济大学出版社，2022：108-120.
[17] 赵立志，高思琪. 基于人口密度的社区卫生服务设施布局优化研究：以北京市中心城区为例[J]. 城市发展研究，2020，27(4)：26-32.
[18] 常晨，陆铭. 新城之殇：密度、距离与债务[J]. 经济学(季刊)，2017，16(4)：1621-1642.
[19] 彭冲，金培振. 消费型街道：道路密度与消费活力的微观证据[J]. 经济学(季刊)，2022，22(4)：1361-1382.
[20] 住房和城乡建设部城市交通基础设施监测与治理实验室，中国城市规划设计研究院，北京四维图新科技股份有限公司，等. 2022 年度中国城市道路网密度与运行状态监测报告[R/OL]. (2022-08-04)[2023-06-30]. https://m.163.com/dy/article/HDURI2QJ0511B3FV.html.
[21] 任婕. 上海五大新城的道路网络特征解析与韧性测度[J]. 城市规划，2022，46(9)：82-92.
[22] 孙九霞，周尚意，王宁，等. 跨学科聚焦的新领域：流动的时间、空间与社会[J]. 地理研究，2016，35(10)：1801-1818.
[23] 程蓉. 15 分钟社区生活圈的空间治理对策[J]. 规划师，2018，34(5)：115-121.
[24] 林华，范宇，王世营. 建设面向未来的综合性节点城市：上海新一轮新城发展战略研究[J]. 上海城市规划，2021，4(4)：1-6.
[25] 叶彭姚，陈小鸿. 基于交通效率的城市最佳路网密度研究[J]. 中国公路学报，2008，21(4)：94-98.
[26] 赵燕菁. 从计划到市场：城市微观道路—用地模式的转变[J]. 城市规划，2002，26(10)：24-31.

[27] 雅各布斯. 美国大城市的死与生[M]. 金衡山,译. 南京:译林出版社,2005.
[28] 周俭,蒋丹鸿,刘煜. 住宅区用地规模及规划设计问题探讨[J]. 城市规划,1999(1):38-40+64.
[29] 南桥源公司,奉发集团. 什么是南桥源,南桥九景又是什么? 答案在这里! [EB/OL]. (2018-05-14)[2023-06-30]. https://www.sohu.com/a/231580564_391458.
[30] 张宝珍. 建筑可阅读、街区可漫步、生活有向往,奉贤"南桥源"城市更新五周年记[EB/OL]. (2023-03-23)[2023-06-30]. https://j.021east.com/p/1679534075031255.
[31] 周燕萍,薛伟,徐平浩,等. 刷新老城印象! 到5.5公里森林步道慢跑,在乡村艺术馆里喝咖啡[EB/OL]. (2021-11-09)[2023-06-30]. https://sghexport.shobserver.com/html/baijiahao/2021/11/09/581466.html.
[32] 上海市嘉定区菊园新区管理委员会. 菊园概况[EB/OL]. (2022-10-20)[2023-06-30]. http://juyuan.jiading.cn/jymp/jygk.
[33] 薄小波. 嘉定菊园新区为何能成为城市治理优秀案例? 来看这儿的"15分钟社区生活圈"试点[EB/OL]. (2022-07-30)[2023-06-30]. https://baijiahao.baidu.com/s?id=1739741495719238957&wfr=spider&for=pc.
[34] 朱敏敏. 菊园新区:"圈"出幸福,享受"乐活"[EB/OL]. (2021-01-05)[2023-06-30]. https://m.thepaper.cn/baijiahao_10665198.
[35] 周渊. 世界顶尖科学家论坛永久会场启用,临港打造全国首个"科学家社区"城市单元[EB/OL]. (2022-11-04)[2023-06-30]. https://baijiahao.baidu.com/s?id=1748564791021822821&wfr=spider&for=pc.
[36] 夏骥. 上海郊区新城的历史演变与未来发展[J]. 科学发展,2020(11):47-56.
[37] 乌桓. "党群服务中心"的定位与作用[EB/OL]. (2020-07-14)[2023-06-30]. http://dangjian.people.com.cn/n1/2020/0714/c117092-31783315.html.

上海五个新城基层党建工作探析

钟晓华 蒋 蕴

“新城发力”是上海“十四五”规划构建市域空间发展新格局的重大战略部署。在建设独立的综合性节点城市的过程中，基层治理面临着快速开发、功能转型、产业发展和人口导入带来的诸多挑战。本文通过理论及实证研究，提出加强新城基层党建的必要性，并结合上海新城的实践，分析基层党建通过政治引领、组织设置、干部任职、阵地建设等方式实现组织动员、多元合作、资源整合的机制和路径；继而探讨融合型基层党建如何创新社会治理方式，将政治优势转化为新城建设所需的生产力和统合力，从而提升发展效能和治理能力。

1 引言

在“十四五”开局之年，上海明确提出把嘉定、青浦、松江、奉贤、南汇五个新城打造成独立的综合性节点城市，努力把五个新城建设成为上海承担国家战略、服务国内循环、参与国际竞争的重要载体和令人向往的未来之城。本文聚焦五个新城的基层党建工作，通过“市—区—新城”三级政策文件、规划文本及基层党建实证资料的搜集，在五个新城范围内选择在党组织建设、党员干部培养、党群阵地建设等方面有代表性的基层党建案例，将理论研究及实证研究相结合，分析基层党建在促进城乡融合、产城融合、新旧融合等方面的作用，进而提出新城建设目标导向的基层党建优化策略。

2 加强新城基层党建的必要性分析

本轮新城建设强调独立性、综合性和节点性，这就意味着新城内空间结构、人口结构、产业结构短期内会发生快速变化，打破了原有的城乡格局和分配机制，为避免制度阻滞、城乡割裂和社会极化等深层次矛盾和问题，需要建立灵敏

钟晓华，同济大学政治与国际关系学院社会学研究所所长，副教授。
蒋蕴，同济大学马克思主义学院硕士研究生。
原文发表于《上海党史与党建》，2023 年，第 1 期，第 72-76 页，收入本书时有修改。

度高、包容性强、富有韧性的社会治理机制。基层党建恰能在其中发挥资源整合、多元协同和社会建构等积极作用,从而推进新城的高水平建设和高质量发展。

2.1 应对新城社会变迁的调适力和组织力

本轮新城建设旨在实现区域一体化、融合城乡关系、创新驱动产业发展,这些目标对治理主体的资源统合力和要素配置力提出了很高要求,需要打破区域、条块等制度边界,实现纵横部门间的高效协同,这往往是区域治理的难点。作为高度嵌入社会变迁和发展的"使命型政党"[1],基层党建通过变革新的机制调整组织社会的方式,以适应新的执政环境和经济发展目标;通过改善党的领导体制和自我调节等方式,将政党的制度优势转化为连接组织社会的资源和能力[2]。

2.2 引领新城经济建设的生产力和创新力

本轮新城以提升产业能级、辐射区域经济为目标,旨在建设上海的新发展引擎。这就需要将国内外的各类资源导入新城,推动企业总部、研发中心、要素平台和创新人才的集聚。"包容性政治制度"是产生"包容性经济制度"和实现长期经济增长的基础,从计划经济时期的单位统筹,到改革开放后组织化供给营商环境和劳动力资源,党建在经济发展中一直发挥着组织化的整体力量[3]。尤其是改革开放以来,针对新经济、新业态和产业园区的发展需求,通过"两新组织党建""非公企业党建""楼宇党建""商圈党建""服务型党建"等基层党建的创新方式,巩固了党的执政基础,以嵌入组织治理、控制合法性、政治吸纳等方式获得并助推生产力发展[4]。在创新驱动的新发展时期,基层党建也发挥了积极作用,科研院所、企业、园区的等产学研机构的党建实践,以及产业集群党建、科创链党建等探索性实践都体现了基层党建的创新力[5]。"毗邻党建""区域大党建"则强调在跨域治理中以党组织为纽带,以党建为引领,突破区域和行政壁垒,依托多地资源互补优势,通过党建联建促进多地从单边发展向融合发展转变,实现区域一体化发展[6]。

2.3 推进新型城镇化的补位力和建构力

在推进新型城镇化的过程中,郊区新城多位于城乡接合部,大多由村庄转设,原有的社会结构、治理体制和公共性与城市社区有明显差异。同时,随着高素质人才、产业人口等新市民、青年人的导入,新型社区中居民组成多元、社区黏性不足，流动而高密度的人口结构、复杂而多元的社会关系，都需要新的社会整合方式和社会组织方式，解决新生问题、维持社会秩序，探索推动产城融合、职住平衡、城乡共融的基层治理创新路径。面对碎片化的资源和多样性的需求，城市基层党建通过嵌入各类组织来连接和配置资源，在新型社区、新型组织中发挥组织动员作用，协调各方利益，构建社区的公共性。基层党建或直接补位式提供服务，组织新老党员共同参与社区的公共事务管理；或通过合作方式连接公共服务资源，向社会组织、市场主体、民办社工机构购买服务，动员多方社会力量参与社区建设。

3　上海五个新城基层党建的具体实践

当前，上海五个新城发展正处于规划建设、功能导入、人口迁入和“三生”（生产、生活、生态）融合同步推进的关键时期，以下对标新城建设目标和建设导则，选取功能优化、公共服务、城市建设和产业发展四个方面，分析新城基层党建实践中的典型案例。

3.1　功能优化：党建突破边界、发挥组织优势

当前，新城正处于新旧制度转换衔接、城市功能拓展提升的快速变化阶段，原有的体制机制不能有效发挥组织优势。为更有效地应对创新要素的流动性和外溢性特征，基层党建通过网络扩散、组织创新和机制统合有效地提升了区域治理合力。例如，嘉定新城对标新城功能建设新格局，积极推进建立“融合型党建”新模式。基于“未来智慧之城”的新城建设目标，围绕科创驱动、产业升级、生活圈建设等目标，突出党建引领规划先行和建管并举，推进“党建＋产业”“党建＋专业”“党建＋行业”行动，突破行政制度束缚，构建行政区、功能区、城乡社区“三区协同”的行动格局，形成属地街镇党组织统筹资源、区级部门党组织调度资源、区域单位党组织融通资源的工作体系，对内搭建共商共议共享的融合平台，对外打造“融享湾”等公共服务共享空间[7]。随着长三角一体化发展的推进实施，青浦新城朱家角镇与相邻五镇共同建立“长三角一体化示范区六镇党建联盟”，打造党建联建“城镇圈”，通过建立召集定期工作例会、专题协商会议等工作协调机制，深化毗邻地区党建共建，着力形成了区域联动的示范效应[8]。

3.2　公共服务：党建搭建平台、服务多元需求

《上海市新城规划建设导则》提出“使更多的优秀人才将新城作为入沪就业、生活的首选地”。如何更好地服务与治理外来人口，成为提升新城活力和生产力

的关键。作为凝聚动员社会的重要力量,新城基层党建在解决这一问题中发挥了重要作用。上海市松江区人才服务中心党支部将党建与业务深度融合,切实形成了党建工作合力。首先,以"G60人才直达车"党建品牌为载体,聚焦区内重点企业,将各类人才服务资源加以整合,形成了职能部门的条线联动。其次,"党员服务车"品牌引领党员当好服务人才、留住人才的"店小二",为企业人才答疑解惑。此外,充分调动区域内高校资源,深入探索校地企共建,搭建一体化合作平台。通过党建工作与人才服务的有效结合,松江新城实现了人才服务向优质供给与精准配送的跨越式转变[9]。除了党建引领的人才服务平台建设,新城基层党建也在回应在其他多元主体需求方面作出积极尝试:奉贤新城号召全区党团员化身"萤火虫",充分发挥党的组织优势,高效推进各类民生项目实施建设。以"识民情、知民意"为宗旨,结合村居网格化管理工作,全区党员干部、党代表、人大代表等下沉到基层,走入群众家中,切实解决群众的需求和期盼[10]。

3.3 城市建设:党建灵活补位、凝聚多方合力

目前,各个新城建设处于项目多、时间紧的重要阶段,为推动各类重大项目的高质高效落地,创新的党建组织设置和工作机制有效突破了行政边界和条块壁垒,建立起联合攻关机制。一方面,为多元建设主体搭建沟通协作平台,建立起上下畅通的联络机制,推动跨部门、跨区域合作,并为长效化区域一体化治理打下了基础;另一方面,充分发挥了党组织的战斗堡垒和党员的先锋模范作用,在项目建设、招商引资、疫情防控、乡村振兴等重大任务一线锻炼队伍、培养干部。南汇新城所在的临港新片区城市建设交通运输事务中心党支部创新形成"项目化党建",组织党员干部积极探索建设工地基层治理新模式,将党建与业务有机融合。通过创新工作制度、签署党建联建协议、结成红色党建联盟等方式,党支部运用集中行使事权深入基层听取企业需求,解决企业的实际问题,弥补了原有行政体系效率低的问题,有效提升工作效能,大大加速了项目进程[11]。青浦新城将"支部建在工地上",组建西岑社区社会管理专班临时党支部,以党建为抓手统筹协调项目推进中各类问题,保障区域内华为青浦研发中心、西岑科创中心、沪苏湖铁路等多个重大项目的顺利建设。除了推动工程进度,党支部还在项目建设过程中统筹做好重点人群的服务保障,有针对性地满足建设工人、社区居民和动迁群众个性化需求[12]。

3.4 产业升级:党建连接资源、助力企业发展

新城产业发展需要通过边界重构、网络连接和资源配置,实现要素的自由流

动和高效生产。基层党建具有高组织覆盖率和动员力的组织优势，以及高灵活度和学习力的组织弹性，通过园区党建、产业链党建等创新形式，可以在新城产业发展中能够起到政治引领、强链补链、供需对接等多重引领统合作用。近年来，奉贤新城不断加强东方美谷产业党建服务体系建设，形成了以党建引领健康产业发展的工作格局。积极打造党建联盟、党建驿站等开放共享平台，开展形式多样的资源共享活动促进企业、人才间的横向沟通交流，不断扩大党建"朋友圈"；同时，向企业精准配送名校、名师、名企、名媒等优质资源，为企业创新发展提供智力支持，服务产业园区内各企业创新发展[13]。嘉定新城以世界级汽车产业中心核心承载区为依托成立特色产业园区党建联盟，不断做大"产业生态圈"，聚力打造出完善协同的产业链和精准对接的创新链，切实以产业集群党建提升园区发展效能，实现产业的快速发展[14]。松江新城立足长三角G60科创走廊建设，把党组织建在经济最前沿、最活跃的产业集群上，推动科技创新、党建创新的"双服双创"工作机制。产业链党建串联了各类服务资源，引导其向产业集群有效集聚。此外，通过与高校科研院所、银行金融机构的党建联建，有力助推了产学研转化和产业集群的金融服务能力，走出了高质量党建引领高质量发展的新路[6]。

4　关于基层党建助力新城建设的进一步思考

通过对典型案例的分析，不难看出，新城基层党建通过突破边界、整合资源、灵活补位、创新形式，较为有效地将政治优势、制度优势转化为新城发展的资源，但也存在机制不健全、组织松散、个体能力不足、阵地流于形式等问题。具有灵活性、补位性的基层党建容易成为行政工作的无条件补充，承担过多琐碎事务，从而偏离引领统合的定位；党建创新易浮于组织形式，与实务工作和基层治理的融合度仍有待加强；项目化的临时党组织在协调和动员多元主体时仍面临着合法性和长效性不足的挑战。从新型城乡社区协同治理，到跨域跨级跨部门统筹，再到创新产业的要素聚集，无不体现出新时期新城建设对基层党建组织力和融合力的更高要求。

4.1　加强干部选育和政治吸纳的制度建设

上海本轮新城发力，全面贯彻党的二十大和历次全会精神，牢固树立和贯彻新发展理念，以《上海市城市总体规划（2017—2035年）》为引领，按照独立的综合性节点城市为定位。新城党建通过街道社区、单位、行业党建联建的方式，探索以块为主、条块融合的属地化融合党建,将党建组织力嵌入新的空间结构、经济结构和社会结构,吸引大量创新人才、企业组织、研发要素及公共服务在新城聚集,起到了应对新形势、新变化的调适作用和补位作用。虽然新城基层党建覆盖率较高,组织创新形式也较多,但党建引领的组织力仍显不足,其中的一大原因就是党员干部应对新常态和新发展目标的能力不足。党员干部的综合素养是党员发挥先锋作用的人力资源保障,各新城组织部门要深化街道社区、单位、园区、行业党建联建,建立跨域跨界联动的党员干部“蓄水池”,强化完善党员干部的选育和交叉任职制度。探索以块为主、条块融合、双向用力的具体做法,建立健全双向压实责任、双向沟通协商、双向考核激励、双向评价干部的工作机制,推动新产业、新经济、新领域等行业系统部门融入驻地中心任务和党建工作,并形成长效机制,从而将党建引领新城转型的组织力落到实处。

此外,对新型产业人口和高素质人才的政治吸纳也是新城党建的重要任务。目前,新城党建作用主要体现在社区党建方面,对于新城重点项目建设和产业人才招引等方面的领导作用发挥不充分。针对新城在人才招引方面的软肋,新城基层党建要加强政治引领和体制吸纳,牵头政策制定和人才引育,建立考评机制,将吸引人才入党工作纳入年度考核和基层党建工作述职的内容。

4.2 提升以片区为单位的统筹协调能力

目前,新城发展正处于规划建设的关键阶段,综合规划和大型项目的推进往往受到条块划分及既有制度的束缚。街镇党(工)委作为党建主体统筹联动行政区、功能区和城乡社区,在夯实传统党建基础的同时,有效推动跨行政区一体化治理、条块部门的合作,以及政社企主体的协同治理。围绕城市建设、基层治理、创新发展的重点难点,以党建的融合力有效整合行政、市场及社会资源,嵌入产业园区、科技创新、特色小镇、市政建设、商圈市场、基层治理、乡村振兴等新城场景。然而,由于既有体制机制不适应新城发展需求,部分顶层设计无法得到系统推进,各部门、各主体仍在制度惯性中各自为政,资源碎片化问题仍然较为突出。

虽然通过基层党建的组织创新,如产业链党建、跨域党建、项目化党建联建等形式,党组织在重大项目建设、产业转型升级、社会治理创新、乡村产业振兴、健康韧性社区、提升公共服务等方面强化了战斗堡垒作用,但是属地化管理仍是发展长效化的基本保障。需要加强街镇党员干部的政治素养和综合能力,整合街道党政机构和力量,统筹设置基层党建、营商服务、公共管理、公共服务、公共安全等综合性机构,明确各部门权责边界,同时发挥党的组织力推进各部门协同合作、整合资源，系统推进落实新城各项发展规划。拓展片区类型和边界，创新性地划分和融合功能区与生活区，整合政企社资源助推新要素融入、产城融合和城乡融合等新城建设目标的实现。

4.3 提升供需匹配的制度及服务供给能力

新城党建通过基层党组织和党员干部“包干”等方式，强化党组织的战斗堡垒作用和党员的先锋模范作用，推进“一核多元”、党群融合的社区治理体系；在城市地标、街区、园区和社区等地探索公共空间党建，建立健全党群服务网络，塑造新城软实力；延伸职能部门和社会资源的服务阵地，推动医教文卫等公共资源的均衡配置，在“一老一小”、人才服务等方面构建多元供给的高品质公共服务。不过，基层党建的资源动员和整合能力尚显薄弱，共建共治共享未能形成常态，发动市场资本参与社会建设缺乏资金，引导群团、社会组织参与治理的机制也未得到有效梳理，致使公共服务依然呈现托底型、生活型特征，对新出现的提升型和生产型需求供给不足。

新一轮新城建设要求精准的制度创新和供需匹配的服务供给。基层党建要基于全覆盖的组织网络，前置性地评估和挖掘需求，并将政治优势转化成资源整合的组织力，推动制度创新和服务优化。重点依托街道、社区综合服务设施，建好街道、社区党群服务中心（站点），区级层面有关部门应把服务窗口下移到街道、社区，推行“一站式”服务和“最多跑一次”改革，让党员群众在家门口就能找到组织，享受便捷服务。依托楼宇、园区、商圈、市场或较大的企业，建设特色鲜明、功能聚焦的区域性党群服务中心（站点）。定期开展党员培训、党建活动，提升基层党员干部的服务意识与服务能力。区域化党建引领和支持市场、社会力量参与治理，借助专业力量满足居民的提升型公共服务需求。加强规范化建设，配备专职工作人员，完善工作保障和运行机制，真正把各类党群服务中心建设成党领导城市治理的坚强阵地和服务党员群众的温馨家园。

面向未来，上海正在加快建设具有世界影响力的社会主义现代化国际大都市。新城建设是上海践行“人民城市”理念、推动高质量发展、创造高品质生活、实现高效能治理的重大战略。新城基层党建必须强化政治引领，坚持问题导向，统一系统观念，创新工作方法，在政治、经济、社会、文化和生态等领域发挥主体补位、资源整合、制度弥合等作用，为新城建设目标的实现提供坚强的组织保证和系统韧性。

参考文献

[1] 唐亚林.使命—责任体制:中国共产党新型政治形态建构论纲[J].南京社会科学,2017(7):1-7.

[2] 张明军,杨帆.把中国特色社会主义制度优势转化为治理效能的实现逻辑[J].思想理论教育,2020(7):4-10.

[3] 蒯正明.马克思恩格斯关于政党经济资源建设的思想与现实启示[J].天津行政学院学报,2009(6):22-28.

[4] 何轩,马骏.党建也是生产力:民营企业党组织建设的机制与效果研究[J].社会学研究,2018,33(3):1-24.

[5] 中共上海市松江区委党校课题组.产业集群党建的组织设置和活动方式创新研究:基于党建引领长三角G60科创走廊的实证分析[J].东华大学学报(社会科学版),2020,20(1):10-16.

[6] 丁晓强.党建推动长三角一体化发展的实践与思考[J].上海党史与党建,2020(1):9-13.

[7] 薄小波.嘉定"融合型党建"助力"人民城市"功能全面提升[EB/OL].(2022-08-04)[2025-03-01].https://baijiahao.baidu.com/s?id=1740193505193001482&wfr=spider&for=pc.

[8] 绿色青浦.朱家角镇:"毗邻党建"激活区域发展潜能[EB/OL].(2021-02-01).https://www.shqp.gov.cn/shqp/qpyw/20210201/818361.html.

[9] 1号先锋.基层动态|区人社局人才服务中心党支部:深化党建品牌 精做人才服务[EB/OL].(2022-08-19)[2025-03-01].https://mp.weixin.qq.com/s/jH9683S4MISbgG8WlFyGlQ.

[10] 上海市奉贤区人民政府·四团镇."萤火虫"工程:民有所求我有行动 党群服务践承诺[EB/OL].(2021-09-28)[2025-03-01].https://www.fengxian.gov.cn/stz/bmfw/djdq/zgzx/20210928/3084-c1f7ac0b-9dc2-4ebc-9ffa-f90e079e105e.html.

[11] 市委组织部,组织人事报社."全国先进基层党组织"临港新片区城市建设交通运输事务中心党支部:把初心书写在临港新片区建设发展热土上[EB/OL].(2021-09-28)[2025-03-01].https://www.shjcdj.cn/djWeb/djweb/web/djweb/newestindex/newestindex!info.action?articleid=ff8080817bf6d43b017c2777c4350a55.

[12] 青浦区委组织部.青浦区金泽镇:坚持党建领航凝聚"科创中心"建设红色力量[EB/OL].(2022-10-17)[2025-03-01].https://www.shjcdj.cn/djWeb/djweb/web/djweb/newestindex/newinfo.action?articleid=ff80808183d212a00183e12517a6006d.

[13] 中共上海市奉贤区委组织部.探索"红色+美丽"的产业党建新路径:奉贤区加强党建引领东方美谷产业发展[EB/OL].(2021-07-05)[2025-03-01].http://zzb.fengxian.gov.cn/jcdjnew/041003/20210705/6f4837f6-376d-4a99-9760-1696a696d6fb.html.

[14] 梅红英.基层党建引领产业工人队伍发展的调研及思考:以上海市嘉定区为例[J].上海党史与党建,2020(9):56-60.

党建引领上海农村公共文化建设的现实依据与实现机制

文　君

在当代中国，基层公共文化建设作为满足人民群众精神文化需求、夯实社会治理基础的重要工程，始终坚持以党建引领为根本政治保证。在此背景下，基层公共文化建设的现实依据涵盖了始终坚持正确的政治性原则、人民性原则、公共文化的社会治理性原则三个方面。上海莲湖村的实践充分展示了党建引领基层公共文化建设实现机制的应用场景和操作过程。通过党的组织力量和政策支持，将组织嵌入机制、阵地建设机制、平台协商机制与公共文化建设有机融合，使之成为居民日常生活的一部分，形成了日常生活党建的新模式。这种实践不仅是对基层公共文化建设实现路径的有效运用，也是对党建引领理念的生动诠释。

1　引言

中国共产党第二十次全国代表大会报告强调了坚持中国特色社会主义文化发展道路的重要性。报告指出，推动中国特色社会主义文化的发展，需要以马克思主义为指导，紧密围绕中华文化立场，立足当前中国的实际情况，结合时代条件，培育具有现代化、民族性、科学性、大众性的社会主义文化，促进社会主义精神文明和物质文明的协调发展。这一论断为当代中国文化建设工作提供了总体方向和发展思路，强调了文化建设对社会主义现代化建设的重要支撑作用，也体现了对中华优秀传统文化的传承和发展。

中国共产党在基层肩负领导先进文化实践的责任，传承和推广优秀传统文化也是其首要目标。为了达成这一目标，需要采用多种策略和手段，以及广泛多样的途径。一是开展教育和培训，通过加强基层党员和干部的文化素养培训，使其具备传承和弘扬优秀传统文化的意识和能力。二是开展文化活动和宣传，通过组织各类文化活动，如传统文化展览、演出、讲座等，宣传和普及优秀传统文化

文君，上海视觉艺术学院讲师。

来增强群众的文化认同感和自豪感。三是挖掘和保护文化资源,积极挖掘和保护基层的传统文化资源,如民间艺术、非物质文化遗产等,使其得到传承和发展。四是创作和推广文化产品,鼓励和支持基层文化工作者创作具有时代特色和民族特色的文化产品,如书籍、影视作品、艺术品等,推广传统文化的价值观和精神内涵。五是建设基层党组织,加强基层党组织在文化建设中的领导作用,建立健全基层文化工作机制,促进文化建设与基层组织建设相互促进、相互支持。可见,基层党组织作为党在社会基层的战斗堡垒和群众组织的重要纽带,凭借自身优势,组织动员群众参与文化建设,从而引导和推动公共文化活动的建设与发展。

2 农村公共文化服务的理论视角与反思

近年来,随着乡村振兴战略的推进,农村公共文化服务建设取得了长足的进步,与此同时,很多学者对此进行了大量研究,为农村公共文化服务的进一步发展奠定了良好的基础。主要集中于公共产品的视角、公民文化福利(权利)的视角、文化治理的视角。

2.1 研究视角

一是公共产品的视角。将基层公共文化建设视为政府提供文化型公共物品或服务的过程,其关注点在于寻找最为高效的文化物品提供途径。这个观点强调了选择适当的提供主体和路径的重要性,旨在通过对比研究来确定最佳的文化物品供给策略。在这一视角下,相关文献强调了多元化的供给模式:①政府主导的权威型供给,即政府在基层公共文化建设中发挥主导作用,通过制定政策、投入资金和资源,组织文化活动和项目,为公众提供必要的文化服务和设施。②商业型供给,即引入市场机制,通过商业模式提供文化产品和服务,以满足公众的多样化需求。这可能涉及商业化的文化活动、文化产品的销售、文化旅游等。③志愿型供给,即鼓励社会各界自发参与基层公共文化建设,包括非政府组织、社区组织、志愿者等,通过自愿行动提供文化服务、组织文化活动,为基层文化建设注入新的活力和创意。这种多元化的供给模式强调了政府、市场和社会各界的共同参与和合作,体现了一种"交互理性"的制度框架。在这个框架下,政府扮演着主导和协调的角色,市场机制提供了灵活性和效率,社会各界的参与则丰富了文化建设的内容和形式,使其更加符合公众的需求和利益。这种供给模式的建立需要政府、企业、非政府组织、社区等各方的共同努力和合作。建立灵活多样的供给体系，能够更好地满足基层公众的文化需求，促进基层公共文化建设的健康发展。

二是公民文化福利（权利）的视角。该视角源于近半个多世纪以来兴起的“文化权利”理论。深圳市在全国较早推行公共文化服务，“文化福利”一词最早见于深圳市的新闻报道，之后被全国其他媒体与政府官员所采用，并成为该领域的研究热点。一些学者认为：“现代公民只有在政治、经济和文化权利都得到保障时，才能真正实现人的全面发展。”我国艺衡等学者与挪威著名学者艾德的研究结论相似，认为公民的文化权利包括：享受文化成果、参与文化活动、开展文化创造，以及对个人进行文化艺术创造所产生的精神上和物质上的利益享受保护的权利[1]。还有学者认为：“政府公共文化权利应以尊重公民权利为前提，其本质应体现的是政府与社会公众之间的政治契约和政府为社会公众服务的承诺”[2]。同时，也有学者认为，如果没有精神文化上的充实和丰盈，便不能称其有真正幸福的生活和美好的人生[3]。总的来看，大家基本形成了共识，公民的“文化权益”是公民在社会文化生活中应该享受的不容侵犯的权利[4]。此外，有些学者认为，在推动公民文化权利实践的过程中，应该依法保护宪法和其他法律法规，以确保文化权利得到充分实现，真正实现依法行事[5]。

三是文化治理的视角。文化治理是国家、社会和市场三种力量交替参与治理的过程[6][7]，近年来已成为现代治理的一部分，文化治理是在反思文化福利视角的基础上形成的。吴理财等学者认为：无论是“权利”还是“福利”，其实质是一种个体化的事物，对公共性有消解作用[8]。乡村文化治理的公共性建构主要依靠情感、关系和行动的构建，以培养公共精神、拓展公共空间和明确公共规范，进而重塑乡村的公共性[9]。学者胡惠林指出，文化具有社会治理的功能与特征，文化产业也具有治理性[10]。为此，必须把治理引向公共文化服务。还有学者强调应赋予地方文化行政部门更多文化自主权，充分发挥社会组织的作用，以实现从“文化管理”到“文化治理”的转变[11]。目前，越来越多的学者已经把公共文化服务体系纳入文化治理视角进行研究，认为文化治理是一种集理念、制度、机制和技术于一体的治理形式与治理领域，需要政府、企业、社会之间的互动与对话。总体而言，文化治理视角的出现丰富了对公共文化建设的研究视野，使研究者更加重视政府和社会之间的互动关系，以及政府如何更好地引导和促进公共文化的发展。这种视角不仅有助于深入理解文化治理的本质和机制，也为推动公共文化建设提供了新的思路和途径。

2.2 理论反思

三种研究视角有助于我们理解农村公共文化服务主客体之间的关系,以及乡村治理的逻辑与工作方式。理论诚然可以指导实践,但我们仍然需要深入调研,才能理解乡村振兴背景下,党建引领农村公共文化服务建设的行动策略及其背后的实践逻辑。

由于公共文化服务具有积极的外部效应,例如对政治、经济、社会发展的推动作用。王列生等学者专门论述了公共文化服务“意识形态前置的问题”[4]。研究发现,在实践中由于行政压力与政绩考核等作用力的影响,使公共文化服务在具体实施过程中,其社会效益会出现各种偏差。总体而言,基层文化部门的党政领导为了更好地开展工作,采取了多种策略来提升本部门的地位和影响力。在这一过程中,使原本的文化管理转向文化治理,主动引入上述三个研究视角,进一步论证农村公共文化服务的正当性与合理性,并将党建工作与公共文化服务建设相结合[12]。通过“党建引领”视角,可以更好地理解基层公共文化建设的理论内涵和实践机制,凸显出党在其中的核心作用和引领地位,有助于深入探讨新时代中国基层公共文化建设的发展路径和实践逻辑。

3 党建引领农村公共文化建设的现实依据与实现机制

3.1 党建引领农村公共文化建设的现实依据

党建引领农村公共文化建设是由中国共产党的使命宗旨决定的,中国共产党始终坚持全心全意为人民服务的宗旨,为农村提供公共文化产品、满足村民日益增长的文化需求,是党践行初心使命、兑现对人民承诺的重要体现。此外,中国共产党代表先进文化的前进方向,带领中国人民走向文化自信也是其使命所在。

3.1.1 始终坚持正确的政治性

当代中国基层公共文化建设始终坚持正确的政治方向,充分发挥党的领导核心作用。主要体现在以下方面:①政治使命,中国当前的基层公共文化建设的首要任务是满足日益增长的人民群众文化需求,实现党“以人为本、为民服务”的承诺,从而为基层治理现代化和社会主义文化强国建设注入强劲动力。②文化自信,党带领中国人民发展自己的文化传统、历史文化以及当代文化,使人民对其持有自信和自豪感。这种自信源于中国悠久的文化传统和丰富的历史积淀,也体现在中国在当今世界文化舞台上的积极表现和影响力。通过坚持和发展中国特色社会主义文化，党建增强了对文化发展的引领力，使人民内化为对中国文化的认同和自觉，表现为对中国价值观、文化标识和文化软实力的肯定和自信心，也体现在跨文化交流中能够自信地展示和传播中国文化。③党建引领，作为基层公共文化建设的政治逻辑，体现了党建对文化建设的领导和引导作用。它不仅仅是简单干预或建设，更是通过加强基层党建，确保文化建设方向正确、动力充足。④保证方向与提升动力，党建引领的功能包括保证文化建设方向正确、防止偏离正道，以及为相关主体提供充足动力，提高文化建设的整体水平。这需要党的组织力量和政策措施的有机结合，以确保文化建设朝着正确的方向前进。总体而言，基层公共文化建设的政治属性和党的领导作用，在理论和实践中都具有重要意义。基层公共文化建设不仅是文化满足需求的问题，更是政治目标的体现和实践过程的展现。

3.1.2 始终坚持人民性原则

人民性是马克思主义政党最鲜明的品格，人民立场是党的根本政治立场。党的十九大指出，现阶段我国的主要矛盾是人民日益增长的美好生活需要和不平衡不充分的发展之间的矛盾，而文化民生是通往美好生活的要义之一。为此，党建引领农村公共文化服务建设是党现阶段的任务之一。

长期以来，我国城乡发展的“二元结构”，造成了文化建设普遍存在“重城市、轻农村”的现象，农村文化基础设施投入不足、文化活动少，特别是农村的公共文化建设至今仍然是短板。由于公共文化的特殊作用，对农村个体而言，保障其文化权益，不仅可以维护其基本的尊严，更有助于提升他们的生活幸福指数，走出生存困境，获取更多发展空间。公平公正、均等满足城乡人民的基本公共需求，推动经济与文化协调发展，也是解决现阶段社会主要矛盾的重要抓手。此外，随着我国公共财政持续增长，人们闲暇时间的增多，对公共文化需求愈发凸显，由过去的数量型向质量型、单一结构向多元结构转变。为此，发挥党建的引领作用，深入了解农村公共文化需求，是破解农村公共文化服务建设难题的关键。

3.1.3 始终坚持公共文化的社会治理性原则

文化治理日益成为现代治理体系的重要组成部分。党建引领农村公共文化建设不仅是乡村振兴的铸魂工程，而且在推动乡村治理体系创新方面也具有重要的价值与意义。

在马克思经典作家看来，文化治理往往具有政治面孔[8]。文化学者葛兰西认为，意识形态是一种统治性观念，具有“社会黏合剂”的作用。随着当今国家治理的不断精细化，文化治理的技艺也需要不断发展。为此，党建引领农村公共文化服务建设，一方面，要与时俱进，激发党组织的创新活力，提升党领导农村公共文化建设的效能；另一方面，由于乡村治理的持续深化，也需要党建引领为农村文化建设提供政治保障，引导乡村规则秩序的建立，使传统文化、乡村习俗与现代文明价值理念深度融合，确保社会主义核心价值观深入人心。

坚持公共文化的社会治理性，调动社会各方的积极性，激发社会文化的活力与创造力，推动多元主体为农村村民提供多元化的公共文化服务，这些都需要党建引领，以深化农村公共文化服务体系改革。

3.2 党建引领农村公共文化服务建设的实现机制

中国共产党第十九届中央委员会第三次全体会议审议通过的《中共中央关于深化党和国家机构改革的决定》指出，深化党和国家机构改革，要以加强党的全面领导为统领。在实践的过程中，党建引领要通过组织嵌入机制、阵地建设机制、平台协商机制等载体来实现。

组织嵌入机制。通常是指将党的组织和党的领导机构融入各级政府和各类社会组织中，以确保党的政治领导地位得以有效贯彻和落实。这种机制的建立，旨在加强党对各级政府和社会组织的领导，确保党的路线方针政策得到贯彻执行，同时推动各级政府和社会组织的正常运转。在中国共产党的领导下，组织嵌入机制是一种重要的管理和治理模式，可以有效地实现党的集中统一领导。在要求党政干部深入基层调研和指导农村公共文化建设方面，上海有良好的举措。自乡村振兴政策提出以来，各区县选派优秀的党政干部深入基层、扎根基层一线。

阵地建设机制。通常是指在党的建设中，特定领域或单位内部建立党组织，以加强党组织在各个工作阵地的领导和服务。这种机制旨在深化党的群众基础，确保党组织在不同领域和单位中的全覆盖和全面贯彻。在实践中，阵地建设机制涉及以下方面：①组织设置，根据工作需要，在各个领域或单位内部设立党组织，如企业、学校、街道社区等，确保党组织网覆盖每个工作阵地。②队伍建设，加强党员队伍建设，提高党员素质和业务能力，确保党员在各自阵地上发挥模范带头作用。③指导服务，党组织在各个阵地中发挥指导服务作用，帮助各单位做好党的建设工作，推动党的方针政策贯彻落实。④监督检查，加强对各个阵地党组织建设的监督检查，确保党的建设工作不断向纵深发展，防止出现形式主义、官僚主义等问题。通过阵地建设机制，可以加强党的组织在各个领域和单位中的领导地位，推动各项工作不断向党的方针政策要求靠拢，实现党的集中统一领导。

平台协商机制。通常是指在特定平台或者组织内部建立起来的一种协商、沟通和决策机制。这种机制旨在促进平等、民主、开放的意见交流，协调各方利益，解决问题，达成共识，并最终推动相关工作的顺利进行。平台协商机制通常包括以下要素：①参与主体，涉及各方利益相关者，可能包括政府部门、企业、非政府组织、专家学者、社会团体等。这些主体共同参与平台的运作和决策。②会议机制，平台通常通过定期或不定期召开会议的方式，让各方在会上就共同关心的问题进行意见交流、协商磋商，并最终达成共识或决策。③信息共享，各方在平台上进行信息共享，共同了解相关情况和问题，以便更好地进行协商和决策。④决策机制，平台通常会有一定的决策机制，可以是共识原则、多数决定原则等，用于最终确定行动方案或决策。⑤执行机制，确定了决策之后，平台需要有相应的执行机制，确保决策能够得到有效贯彻与落实。平台协商机制在社会治理、企业管理、政府决策等方面都有广泛应用。通过建立这样的机制，可以更好地调动各方的积极性和创造性，推动问题的解决和工作的开展，促进社会和谐稳定。

根据目前的研究，一些学者认为，实现党政引领需要重新整合乡土社会在组织、宣传等方面的角色。通过引导核心价值理念，增强党的影响力，推动形成共同的价值共识，进而促进社会的整体融合[13]。贾昕珊、潘云龙和傅承哲[14]认为，党建引领的核心在于以社工机构的党组织为核心，通过支部共建和资源联动等方式，拓展社工机构的横向网络和纵向联系。在组织合作和服务开展中，重点建设群众联系平台，提升政策执行力，推动规范化发展。由此，加强组织内部协同和外部信任，实现社工机构的党建协同效应。结合新时代党建要求以及社会经济人民需求的变化，党建引领要不断增强“四个意识”、坚定“四个自信”、做到“两个维护”。在此前提下，加强党组织与各类机构的结合机制、阵地建设机制、平台协商机制。

4 党建引领农村公共文化服务建设的生动实践

莲湖村位于上海市青浦区金泽镇，靠近美丽的大莲湖，是青西郊野公园内唯一的行政村。它由西谢庄、东谢庄和朱舍村三个自然村组成，总面积为 4.25 平方千米。村庄环境优美，为居民提供了良好的居住环境。莲湖村党支部下设 9 个党小组，现有党员 90 余名，其中，在职党员 30 余名，离退休党员 60 名[15]。

近年来，在党的领导下，莲湖村通过美丽乡村建设，不仅改善了当地的生产和生活环境，而且为乡村振兴示范村的发展奠定了坚实基础（图 1）。

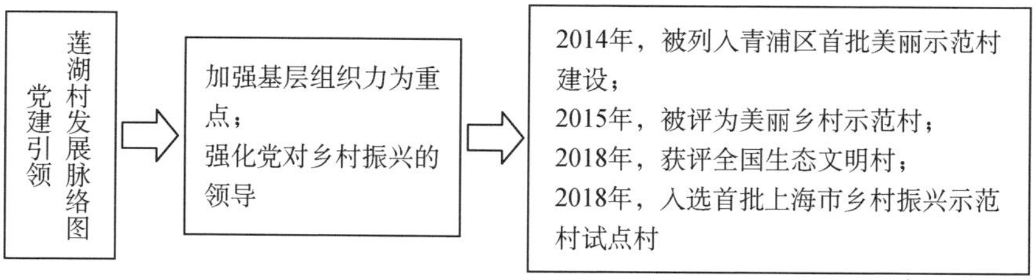

图 1　党建引领莲湖村发展脉络图

在上海市乡村振兴示范村创建过程中，莲湖村加强基层党组织建设，构建“1＋3＋X”的工作模式，助力乡村振兴示范村的创建工作。莲湖村近年来推行“党建引领”的文化发展路径，使村庄文化氛围良好、百姓安居乐业。

4.1　依托党组织嵌入机制，助推农村公共文化建设

制度、治理与生活三个概念以及它们之间的相互关系，是思考国家治理、社会治理与美好生活需要现实问题的理论基础[16]。

莲湖村党支部依托组织嵌入机制，建立网格化的治理模式（即基层党建网与城市管理网、综合治理网），形成“1＋3＋X”的工作模式（“1”是莲湖村党群服务站，“3”是西谢庄、东谢庄和朱舍村的 3 个党群服务点，“X”是村庄内，以睦邻点、党员的家中等新型公共空间中的若干个党群服务点）。在此基础上，莲湖村建立“心莲心”党员联系群众机制，构建四级党建管理模式（党支部—自然村—党小组—党员）。此外，莲湖村划分了 7 个党建网格，涵盖了村两委干部、党员网格长、村民监理、施工方，以及妇女、青年等各类志愿队伍。莲湖村社区治理体系中，党建引领一条心，网格组成员主动深入走访群众，宣传党的政策，倾听民意，深入细致地做好群众工作，加强对群众的教育和引导。例如，新建孝文化墙、村训墙、家风展示区，通过“贤”文化引领乡风文明风尚。

4.2　搭建区域化平台协商机制，发挥各类主体优势

莲湖村党支部联合驻村单位共建区域化党建体系，开展“村企结对”助力莲湖村的经济发展与文化建设。安排各类市场主体的负责人兼任莲湖村党政干部，协助开展相关工作。落实好上海市人民政府“结对百镇千村，助推乡村振兴”的要求，发挥企业主体的资源优势。

此外,莲湖村党支部在上级党建服务中心、妇联和团委的支持下,成立了多支志愿服务队伍,共同推动莲湖村的文化建设。一是成立莲湖红马甲党员先锋队。莲湖村党支部将村落里面经验丰富、威望较高、党性较强的30余名党员联合在一起,成立莲湖红马甲党员先锋队,其工作任务主要是配合村党支部到群众家里进行政策宣讲,建立良好的党群关系。二是组建七支公益服务队伍。队伍中包含巾帼志愿者、青年突击队、环境治理、护绿护水、治安巡逻、助残扶老以及矛盾调解等,志愿者人数超过200人,合力营造良好的村落文化氛围。三是积极挖掘当地人才参与乡村治理。发布"我们在莲湖等你"乡贤召集令后,吸引了20余名乡贤响应,包括教师、医务人员和年轻学生。随后,举办了一系列专题座谈活动,如"我为莲湖"献计等。为青年人才搭建创业平台、为农村妇女开展技能培训等,引领社会各界人士携手推动莲湖村的文化建设。

4.3 力推阵地建设机制,拓展党建引领下的公共文化阵地方阵

"乡村建设的重点是文化建设"[17],党建引领的公共文化服务建设要求每个村落都具备文化阵地和文化团队。莲湖村除了农家书屋、文化广场、阅报栏等常规的文体设施外,每个自然村至少设置1处室外村民益智健身苑点,有条件的村落还利用存量建筑进行改造,设置综合文化活动室。公共文化空间的建设对农民的生产生活、度过有意义的闲暇时光、文化的传承与传播、弘扬时代文明新风等方面都具有重要意义[18]。村民在观赏文艺演出时,不仅能够丰富精神生活,还能促进情感交流,有益于村民保持身心健康。

第一,莲湖村通过改造村民中心和增设儿童乐园等公共空间,形成公共文化活动中心,并定期开展文化活动,提升居民的生活品质。在广场中心配置一些儿童娱乐设施,为儿童提供游戏娱乐的空间。同时,在广场周围规划一些可供成年村民休息聊天的座椅设施。一方面,儿童需要成年人的监护;另一方面,成年人在监护儿童的过程中,可以在这个区域休息、聊天。通过这些举措,促进了人与人之间的交往频次。第二,加强景观营造。莲湖村在双桥广场打造民俗文化广场,使其成为村落中的特色文化空间,村落中增加编结工坊,采用公共艺术营造的方法设置农作文化雕塑小品、文化壁雕等。为了使游客能够买到特色文创产品,还开设乡村特产展销商店等。第三,弘扬时代新风是促进乡风文明建设的有效举措,莲湖村通过开展各类主题教育活动,使家风家训深入人心;同时,通过整合资源,在村庄的外立面墙上增添具有莲湖主题特色的彩绘和文明主题的景观小品,这些举措极大地丰富了党建文化主题的宣传与传播。第四,戏台在乡村社

区中扮演着至关重要的角色。除了提供娱乐和社交功能外，还是重要的文化传承平台。莲湖村拥有丰富的传统文化资源，如打莲湘、荡船湖、田山歌等，需要一个公共文化场所来展示和传承这些宝贵文化遗产[18]。

综上所述，莲湖村以村民需求为导向，通过一系列文化建设和环境提升措施，构建了更加宜居、宜游的乡村环境，增强了村民的归属感和幸福感，也展现了乡村文化的独特魅力。

5 结语

上海莲湖村的党建引领基层公共文化建设的生动实践为我们提供了宝贵的经验，其中一个重要的鲜活经验是：将基层党建与公共文化建设有机融合，使之成为居民日常生活的一部分，形成了日常生活党建新模式。这种方式全面拓展了党建引领基层公共文化建设的新路径，取得实效并获得了居民认可。具体而言，莲湖村党建工作体现在以下方面：第一，莲湖村的党建工作紧密结合居民的日常生活需求和习惯，将党建活动和文化建设融入居民的日常生活中。例如，组织丰富多彩的文化活动、文艺演出、书法比赛等，使居民在家门口就能享受到丰富的文化生活。第二，打造文化活动品牌，增加吸引力。莲湖村通过打造具有特色的文化活动品牌（如传统文化节、民俗文化展示等），吸引更多居民参与，使文化建设更具吸引力和影响力。第三，强化党组织在文化建设中的领导作用。党组织在莲湖村的文化建设中发挥着重要的领导作用，组织动员居民参与各项文化活动，同时积极引导居民树立正确的文化价值观念，增强文化自信。第四，注重基层公共服务与文化建设的融合。莲湖村将基层公共服务与文化建设有机结合，在文化活动中加入健康讲座、法律咨询等服务内容，使居民不仅能享受到丰富的文化生活，还能获得实用的服务。第五，加强与居民的沟通和互动。在党组织与居民之间建立密切的联系和互动机制，定期召开座谈会、民主评议会等活动，听取居民的意见和建议，积极响应居民的需求，增强了党组织的凝聚力和号召力。这种日常生活党建模式有效地将党建工作和基层公共文化建设紧密结合，使文化建设更贴近居民的生活和需求，提高了党建工作的实效性和影响力，为推动基层公共文化建设注入了新的活力。

由此可见，日常生活党建不仅是一种工作方法，更是一种战略理念，旨在通过将党建工作融入日常生活，实现党的领导下的社会主义现代化建设的目标。它不仅是党建的重要内容，更涉及社会治理、公共服务等诸多方面。在实践中，日常生活党建是党建引领基层公共文化建设、提升基层社会治理水平的根本支撑，是中国共产党领导社会主义现代化建设事业的重要方法和发展战略。

党的二十大报告明确指出基层组织在贯彻党的路线方针政策和决策部署中的至关重要作用。报告强调了提升组织力和突出政治功能，致力于将基层党组织打造成为坚实的战斗堡垒。在这一背景下，日常生活党建被视为一种有效的突破口，具有多重意义和作用，有助于推动基层组织的建设，提升基层公共文化建设质量。这种模式是全面推进以提升组织力为核心的党的基层组织建设的有效手段。

随着社会主要矛盾的变化和人民生活水平的提升，公共文化已成为人民幸福生活的重要组成部分。日常生活党建模式为提升基层公共文化建设质量提供了制度性保障，使文化建设更贴近人民的生活需求，更好地满足人民群众对美好生活的向往。通过日常生活党建模式的推进，形成"党建带文化、文化促党建"的良性互动格局。因此，日常生活党建模式在当前新时代的背景下具有重要的战略意义和实践价值，对推动党的基层组织建设、提升基层公共文化建设质量以及增强党组织的凝聚力和向心力具有重要作用。

参考文献

[1] 艺衡，任珺，杨立青. 文化权利：回溯与解读[M]. 北京：社会科学文献出版社，2005.

[2] 范思凯. 公共权力转型期的政府公共服务[J]. 理论探索，2009(1)：103-105.

[3] 云杉. 文化自觉 文化自信 文化自强[J]. 红旗文稿，2010(17)：4-9.

[4] 王列生，郭全中，肖庆. 国家公共文化服务体系论[M]. 北京，文化艺术出版社，2009.

[5] 唐亚林，刘伟. 党建引领：新时代基层公共文化建设的政治逻辑、实现机制与新型空间[J]. 毛泽东邓小平理论研究，2018(6)：21-27+107.

[6] 谢延龙. "乡村文化"治理与乡村"文化治理"：当代演进与展望[J]. 学习与实践，2021(4)：116-122.

[7] 李建军，段忠贤. 乡村文化治理的主体特征与模式选择：以农村移风易俗为例[J]. 云南社会科学，2023(1)：170-176.

[8] 吴理财，等. 文化治理视域中的公共文化服务体系建设[M]. 北京：高等教育出版社，2016.

[9] 丁波. 乡村文化治理的公共性建构：一个分析框架[J]. 暨南学报(哲学社会科学版)，2023，45(7)：69-78.

[10] 胡惠林. 国家文化治理：发展文化产业的新维度[J]. 学术月刊，2012，44(5)：28-32.

[11] 祁述裕. 国家文化治理建设的三大核心任务[J]. 探索与争鸣，2014(5)：7-9.

[12] 何俊志. 制度等待利益：中国县级人大制度模式研究[M]. 重庆：重庆出版社，2005.

[13] 孙柏瑛，邓顺平. 以执政党为核心的基层社会治理机制研究[J]. 教学与研究，2015(1)：16-25.

[14] 贾昕珊，潘云龙，傅承哲. 党建合力 党建引领何以提升社会组织胜任力：基于 2019 年中国社工动态调查数据的混合研究[J]. 中共福建省委党校（福建行政学院）学报，2023(1)：34-44.

[15] 金璐. 基层党建引领乡村振兴的实践探索：以上海市青浦区金泽镇莲湖村为例[J]. 上海农村经济，2020(6)：18-20.

[16] 杨威威，徐选国. 嵌入生活的项目制 党建引领基层社会治理的制度基础：基于海市塘村"美丽乡村"建设经验的个案研究[J]. 河南社会科学，2020，28(4)：100-109.

[17] 贺雪峰. 乡村建设的重点是文化建设[J]. 广西大学学报（哲学社会科学版），2017，39(4)：87-95.

[18] 张耀. 美丽乡村建设背景下的传统村落人居环境改造设计研究：以上海青浦区莲湖村为例[D]. 上海：上海师范大学，2020.

可持续发展篇

上海五个新城的战略定位，已从服务于中心城区的卫星城转变为独立的综合性节点城市。新城发展目标是提升、打造高品质的综合性城市，同时避免内城区已经出现的城市病，实现可持续、绿色发展的增长机制。本篇聚焦上海新城可持续发展的战略设计和现状分析，从理论层面讨论五个新城系统更新的目标体系和具体举措，其中的调查报告系统展现了上海五个新城的建设情况以及新城居民的居住、就业、期待和公共服务满意度等信息。

系统推进上海五个新城城市更新

张　俊

上海五个新城有悠久的发展史，近 20 多年更有大量建设。新城之“新”是目标之新、理念之新，是在既有空间结构基础上建设增量，更新存量，城市更新在新城战略中具有重要意义。新城的存量更新和传统更新的不同之处在于它的战略导向，它服务于将上海建设成为卓越的全球城市的战略目标。新城的存量更新要从新城的战略定位出发，分层次、分类别推进，构建起底线更新、关键更新、战略更新的目标体系，促进独立的综合性节点城市形成。推进新城的城市更新，需要在制度政策、更新指引、备选项目库、投融资体制、社会治理机制等方面采取措施。

1　推进上海五个新城更新的背景

上海五个新城有悠久的发展历程，近 20 多年更是开展了诸多建设，新城建设是在上海总体城市发展战略下对城市空间结构的优化和调整，上海的新城经历了从卫星城到独立的综合性节点城市等多个定位的发展阶段，新城的存量建设已达到目标建设量的 50%～80%。新城之“新”是目标之新、理念之新，是在既有空间结构基础上建设增量，更新存量。

1.1　新城发力——建设独立的综合性节点城市

《上海市国民经济和社会发展第十四个五年规划和二〇三五年远景目标纲要》提出，加快构建“中心辐射、两翼齐飞、新城发力、南北转型”的城市空间发展新格局。大力实施新城发展战略，把嘉定、青浦、松江、奉贤、南汇五个新城打造成独立的综合性节点城市。上海五个新城的未来目标是：独立的综合性节点城市、长三角新的增长极、上海都市圈第一圈层。对标上海在长三角、全国、全球发

张俊，同济大学政治与国际关系学院社会学研究所副教授。

本文为中央高校基本科研基金项目“系统推进上海新城城市更新的机制与路径研究”阶段性成果。原文发表于彭震伟主编《新城济语：同济新城建设研究集》，上海：同济大学出版社，2022 年，第 108-120 页，收入本书时有修改。

展中的战略目标,上海新城的功能结构、空间结构、社会结构都将转型,以实现从郊区新城到独立的综合性节点城市的转变,进而构筑起上海都市圈的第一圈层,增强上海的能级和能效,提高上海服务长三角、服务全国、服务全球的战略地位和作用。为了实现这些目标,上海已经出台了《关于本市"十四五"加快推进新城规划建设工作的实施意见》《上海市新城规划建设导则》等文件。这些文件全面且系统,既提出了指导思想和原则,又明确了具体政策和措施。五个新城所在的区政府也对新城的发展进行相应部署和安排。在上海的大学和科研机构积极响应新城建设,如成立"同济大学新城建设研究中心"等机构,对新城的规划建设提出前瞻性思考,郑时龄、常青、伍江、诸大建等专家们肯定了新城建设的战略作用,认为目前五个新城的定位,有望真正打破上海中心城的单中心状态。

1.2 新城理论——服务战略目标的城市空间结构优化

霍华德在现代城市规划的奠基之作《明日:一条通向真正改革的和平道路》一书中提出了新城理论,通过建设兼具城市和乡村二者优势的新城来解决既有的城市问题。第二次世界大战后,新城理论开始在西欧各国大量实践,通过在郊区建设新城解决大城市过度拥挤、缺乏住房等城市问题。此后,新城建设又成为大城市功能转型、大城市空间结构调整的重要措施。伦敦、巴黎、东京等全球性大都市都建设过新城,1947—1950 年,伦敦周围建设的第一代新城里,8 个主要目标都是从拥挤和堵塞的伦敦地区疏散人口,4 个是为了促进区域发展[1]。1964 年《巴黎地区国土开发与城市规划指导纲要 1965—2000》在塞纳、马恩和卢瓦兹河谷划定了 2 条几乎平行的城市优先发展轴线,并在其上设立了 8 座人口规模介于 30 万～100 万人的新城,作为重点开发的新的地区城市中心,以吸纳外来的人口,促进区域的整体均衡发展。巴黎建设新城主要是吸纳外来人口,避免人口向巴黎市区的过度集聚;伦敦新城主要容纳来自市区的外迁人口,以保持伦敦地区人口规模的稳定[2]。为了解决东京人口和产业在城市中心区过度集中带来的严重城市问题,以及阻止城市过度膨胀导致的建成区的无序蔓延,日本政府于 1956 年制定了《首都圈第一次基本规划》,之后又分别于 1963 年和 1966 年制定了《近畿圈整备法》和《中部城市圈整备法》,并以此为依据在东京都市圈开展了地域整治规划与新城开发活动[3]。

新城建设既有平地建新城模式,也有依托老城建新城模式。英国第一代新城以平地建新城为主,面临的主要问题是"新城忧郁症",因人口较少,难以支撑许多公共设施,所以在新城开发早期,更重视就业和居住发展,而非购物、娱乐和其他休闲设施。公共设施供应水平低，导致新城居民对新城的生活期望破灭。第三代新城主要依托老城，在公共设施充足的地方进行开发，未经历过“新城忧郁症”[1]。

国际经验表明，新城就其本质而言是为了实现一定政策目标，以及由政策驱动的空间发展。第二次世界大战后，西方的新城规划建设有着明确的政治意图和社会目标，是在公共政策导向下的公共开发行为。上海五个新城战略具有明确的战略目标，新城建设需要处理好新城与中心城、新城与周边城市、新城与周边乡村、新城增量建设与存量更新等关系，通过一系列政策推动上海都市圈第一圈层独立的综合性节点城市建设，扩大上海的能级和能效，提高上海服务长三角、服务全国、服务全球的战略地位和作用。

1.3 新城历史——新城定位从卫星城到独立综合性节点城市的变迁

上海是长三角的龙头城市，1949 年以来，上海城市空间结构始终处于探索之中。随着上海空间结构定位的演变，上海新城的定位也在演变，经历了从卫星城、一城九镇、“1966”城镇规划体系到“中心辐射、两翼齐飞、新城发力、南北转型”等多个阶段的转变。原有的新城发展思路定位郊区，发展落后于上海中心城及周边城市。伍江认为，“虽然上海多轮城市总体规划都强调多中心和新城发展，但效果不明显。长期以来，在中心城发展的大背景下，上海各郊区的自身定位更接近乡村而非城市，郊区的城市化发展水平远低于上海周边地区”。彭震伟认为，“上海郊区新城在短短的 20 年的时间里取得了长足发展，但从实际看，这些郊区新城的经济社会发展活力仍显著弱于长三角近沪地区的节点城市，其经济功能与新城的战略地位不相匹配，区域交通地位也不突出”。

新城之“新”在于新城定位之新，而非城市之新。大多数新城都是由原有县城发展而来，因此，新城建设并不是在没有建设和规划历史的地方建设新城，而是根据新的规划定位在既有发展历史和现状基础的城区上进行建设(表 1)。

表 1　上海新城定位变迁

阶段	时间	主要依据	规划新城	空间结构	新城功能定位	推进措施
卫星城	1959—2000 年	《上海区域规划示意草图》《上海城市总体规划草图》《关于上海城市总体规划的初步意见》《上海市城市总体规划方案(修改稿)》	闵行、吴泾、安亭、嘉定、松江	中心城—卫星城—乡村	卫星城	特色产业导入为抓手

（续表）

阶段	时间	主要依据	规划新城	空间结构	新城功能定位	推进措施
一城九镇	2001—2005 年	《上海市城市总体规划（1999—2020 年）》	一城：松江；九镇：朱家角、安亭、高桥、浦江、罗店、枫泾、周浦、奉城、堡镇	中心城—新城—中心镇—一般镇—中心村	郊区新城：具有城市综合功能的中等规模城市，以及功能完善、布局合理、设施先进、环境优良的现代化城市	完善发展政策，依托产业基础，发展特色经济，明确城镇功能，形成特色风貌，吸引人口集聚
“1966”城镇规划体系	2006—2015 年	上海“十一五”规划	在宝山、嘉定、青浦、松江、闵行、奉贤南桥、金山、临港新城、崇明城桥建 9 个新城，“十二五”时期新城从 9 个减少到 7 个，闵行、宝山划为中心城区	中心城—新城—新市镇—中心村	长三角地区综合性节点城市，新增人口居住和就业的主要空间载体	强化枢纽和交通支撑能力，完善公共服务配套，加快人口和产业集聚，加强与周边地区联动发展
五个新城	2016 年至今	《上海市城市总体规划（2017—2035 年）》	嘉定、青浦、松江、奉贤、南汇	主城区—新城—新市镇—乡村	独立的综合性节点城市	聚焦产业、交通、公共服务、环境品质等关键领域集中发力、综合赋能，全面落实独立的综合性节点城市新定位、新要求，体现新城之“新”

1.4　新城存量——占新城总量的 50%～80%

上海五个新城具有悠久的发展历史，近 20 多年来开展了大量建设工作，五个新城建设立足于存量基础之上。常青认为，“新城建设应关注新旧共存、增量和存量互补的再生过程”。伍江认为，“新城建设绝不能看成是在白纸上画画，必须对原有的历史文化、原有的生态底板给予足够的尊重”。周俭认为，“嘉青松奉南五个新城，并非在一张白纸上从零开始建设，每个新城基本都有一个已经建设 20 多年的新城区为基础”。对比新城的规划指标以及现状指标可以发现，目前五个新城现状建设用地已接近 2035 年规划建设用地规模的 80%[4]，嘉定、青浦、松江三个新城的现状人口已经达到 2035 年规划人口目标的一半左右或以上，部分新城的存量建设指标在新城中所占比例已超过 90%（表 2）。以松江新城为例，2016 年的人口为 76.5 万人，建设用地为 114 平方千米，2035 年规划指标为人口 110 万人，建设用地 122.1 平方千米。松江新城的建设用地指标已经接近上限，因此，松江新城的建设，更需要对现有空间进行更新，提高土地利用效率，提高生活的品质（表 3）。

表 2　五个新城的人口用地现状与规划

五个新城	2020 年常住人口（万人）	《上海市城市总体规划（2017—2035 年）》2035 年预期人口（万人）	“十四五”规划 2035 年预期人口（万人）	《上海市城市总体规划（2017—2035 年）》建设用地（平方千米）
嘉定新城	46.50	70.00	100.00	106.50
青浦新城	51.10	60.00	100.00	64.90
松江新城	64.14	110.00	100.00	122.10
奉贤新城	24.87	75.00	100.00	60.50
南汇新城	20.00	65.00	100.00	176.80

表 3　松江新城历年人口和用地

年份	现状人口（万人）	现状用地面积（平方千米）
2001 年	15.00	23.00
2006 年	19.50	45.00
2010 年	54.40	90.00
2016 年	76.50	114.00

2　推进上海五个新城更新的目标体系

从新城建设背景分析可知，新城之“新”在定位之新、理念之新，并非平地建新城，五个新城不仅要建设增量，也要更新存量，以增量建设带动存量更新，以存量更新促进增量建设，实现增量与存量的协同发挥作用。西方的城市更新虽然有文化导向、产业导向、复兴导向等多种模式，但多是被动的，是在城市发展到一定阶段，并出现建筑老旧、市中心衰败、贫困集中等现象后，针对城市局部提出的城市更新模式。上海新城的城市更新是基于城市的战略目标，为了城市整体功能结构完善、空间结构完善、人口结构完善而进行的系统性的城市更新。因此，战略性、前瞻性、系统性应是上海新城城市更新的特色。

新城旧区更新与传统城市更新的不同之处在于它的战略导向,服务于新城的发展目标转型。通过新城的旧区更新,实现补短板、升能级、提能效的发展目标。新城的旧区更新不仅要从现状的改造需求出发,更要从新城的战略定位出发,分层次、分类别系统推进,实现功能、空间、社会的结构转型。

2020 年 8 月 20 日,习近平总书记在合肥主持召开“扎实推进长三角一体化发展座谈会”时指出,长三角区域城市开发建设早、旧城区多,改造任务很重,这件事涉及群众切身利益和城市长远发展,再难也要想办法解决。在上海出台的五个新城相关文件中,对于城市更新的表述有:①积极推进老城区更新,鼓励新城实施“城中村”改造,加快推进已有“城中村”改造项目,优先将涉及历史文化名镇名村保护、撤制镇改造等的“城中村”列入改造计划。支持新城旧住房综合改造,优先把新城范围内的旧住房列入更新改造范围,享受市级补助计划;先行启动不成套旧住房的拆除重建改造。探索在老城风貌保护过程中,试行容积率转移政策。②强化政策创新,积极引入市场机制,分类细化不同类型的城市更新政策。推进新城老旧社区微更新,注重服务配套和基础设施完善,加快旧住房更新改造和多层住房加装电梯,推进各类附属绿地开放以及口袋公园、林荫道建设提升。

上海近年在城市更新和老旧小区改造等方面都有系列的政策文件,相关研究也不少,但多集中在中心城区的里弄保护更新、老旧小区美丽家园建设和加装电梯、公共空间社区花园的建设等。对于郊区城市更新的研究相对较少,五个新城涉及的城中村改造研究更为少见。

已有研究肯定了新城城市更新具有重要作用和意义,提出新城更新在“城中村”改造、配套设施完善、旧住房改造、公共空间改造、历史文化保护等领域可以深入研究和实践,其中的旧住房改造、公共空间改造等在上海中心城区城市更新研究中已经积累了一些经验,新城城市更新可以借鉴,但一些新领域还需深入研究。鉴于新城建设的战略性和紧迫性,新城的城市更新要从新城的总体战略定位出发,建立起分层次、分类别的更新目标体系,以下分别从底线更新、关键更新、战略更新展开。

2.1 底线更新——完善独立城市的基本配置

底线更新,指的是使新城更新后达到独立城市需要具备的最基本服务水平,包括中心辐射功能、交通枢纽功能、服务流通功能、文化教育健康功能等。例如,城市公共服务中心要达到一定的能级和水平。如果公共服务中心选择在新城的新区,则需要在新区与旧城之间构建良好的交通联系,使新公共中心能够服务旧城,此时更新的重点在于新区和旧城的联系。如果公共服务中心选择在旧区,公共服务中心的能级要提升,需要改扩建,更新的重点是旧城中心的功能整体更新。五个新城的原有条件各不相同,但作为独立城市中心功能的内涵基本一致,根据独立中心城市的基本要求,各个城市都需要对基本设施进行更新。

2.1.1 完善基本的生活配套设施

基本的生活配套设施包括教育、医疗、商业等设施,基本生活服务设施的完善是居民安居的条件。五个新城 2020 年的常住人口在 200 万人左右,根据上海"十四五"规划,至 2025 年五个新城常住人口将达到约 360 万人,至 2035 年达到 500 万人。这意味着大约在 5 年的时间里,五个新城的人口要新增 80%左右,而新增人口对各类生活配套服务设施有着巨大的需求。新城现有建设用地占规划建设用地的比例较高,松江的建设用地已接近目标值。这些设施需求难以在短时间内全部通过新建城区和新建设施来满足,对既有城区生活服务设施进行挖潜、更新改造升级是主要路径。根据相关测算,如果把全市平均水平列为 1,在社会事业资源配置方面,中心城区为 1.33,郊区为 0.79[5],新城的公共服务资源配置与中心城区存在较大差距,这种差距不仅体现在数量上,也体现在结构上。以人均商业用地为例,尽管五个新城人均商业建筑面积是全市平均水平的 1.69 倍,人均规划商业用地面积也普遍远超主城区,但是新城居民的商业环境并不优于中心城区。新城社区商业密度明显低于中心城区,网点布局分散,多以临街小商铺为主,缺乏集中设置、业态完备、功能健全的邻里中心[6]。新城商业设施布局既要扩大密度,也要提高集中度,更要提高品质。在新城既有设施水平一般的情况下,短期内新城人口将增加约 80%,更新完善新城基本配套设施是一项迫切的任务。

2.1.2 完善基本的道路交通设施

独立城市需要具备完善的市内外交通联系网络,《上海市新城规划建设导则》提出新城"30 分钟联系周边中心镇,45 分钟到达近沪城市、中心城和相邻新城,60 分钟衔接国际枢纽"的出行目标。新城的道路交通普遍存在如下问题:①轨道交通(包括局域线)站点 600 米覆盖率普遍较低,比例最高的松江新城也仅为 19.4%[4]。②公交换乘轨道站点的距离普遍较远,站点周边的路网密度较低。③路网间距较大,平均全路网密度仅为 3.7 千米/平方千米,浦西外滩地区道路间距约 120 米×150 米,五个新城大规模住宅区的街坊尺度多为 400 米×400 米乃至更大。④新城慢行出行比例基本维持在 65%左右,远超中心城 40%的慢行分担比例,但公共通道、绿道等慢行空间严重不足[7]。⑤五个新城对外联系主要以国道公路干线为主,连接长三角的对外交通,尤其是轨道交通较为薄弱,目前尚无一条城际快线,区域交通枢纽地位尚未形成,对外联系的广度、密度和便捷度存在明显短板[8]。⑥五个新城到上海火车站、上海虹桥交通枢纽的平均时间,高于周边的昆山、太仓、苏州、嘉兴、杭州等城市。

路网结构是一个城市发挥功能的基础,路网结构一旦形成,进行改造和更新将面临巨大的成本。五个新城路网间距较大等问题可谓是先天不足,在更新方面也困难重重。然而,从满足居民日常生活需要、完善道路交通设施功能的角度来看,可以对公交站点的布局、公共通道、绿道等方面进行更新,通过城市更新弥补新城发展中交通基础设施的不足,缩短公交、轨道交通的换乘时间,提升居民步行出行的安全性。

2.2 关键更新——达到综合性城市的生活品质

关键更新,指的是使新城更新后达到高质量城市需要的宜居、宜业、宜养服务水平。《上海市新城规划建设导则》针对新城的发展提出了一系列高质量标准。例如,按照优于中心城的建设标准和品质要求,推进新城社区级公共服务设施建设,每个新城打造1处地标性且24小时运营的公共活动集聚区,引导分时段的多功能复合。公共交通占机动化出行比重达50%以上,在5分钟步行范围内提供全龄友好的基本生活服务;社区级公共服务设施建筑面积宜在《上海市15分钟社区生活圈规划导则》确定标准的基础上增加15%。骨干河道两侧公共空间需100%贯通;步行5分钟进公园、20分钟进林带、1小时进森林。对标新城的高质量建设标准,需要有相应的城市更新目标。例如,要实现骨干河道两侧公共空间100%贯通,步行5分钟进公园等指标,需要对现有城区进行更新,增加公园数量、提高路网密度、拆除河道两侧的建筑。综合性城市应具备高品质城市生活,城市生活品质是吸引人才、留住人才的关键因素。

2.2.1 高水平宜居设施建设和更新

上海新城要在短时间内吸引更多人才,人才从哪里来?根据上海市规划和自然资源局测算,新城吸纳的人口中,49%为本区城镇化人口,35%为外地来沪人口,10%左右为中心城区人口[9]。根据新城的定位和上海郊区的发展态势,新城未来吸引的人才主要是外地来沪人口和新毕业就业的大学生,高水平的生活环境和宜居设施是吸引人才的关键。

新城现有的社区需要更新,以建设高水平的社区生活圈,从而为居民提供更高品质生活。目前,新城存在大量住宅空置的情况,新建区实际居住人口不到现状住宅可承载人口的50%[4]。在新城以前的开发中,大部分建成项目主要集中在房地产等投资回报快的项目上。房地产开发以营销和利润为导向，体现新城建设本质属性的“社区营造”并未成为市场化开发公司的关注点[10]。因环境欠佳，入住率低，低入住率使宜居的生活设施缺乏支撑，进而形成了建成环境和人口密度的相互制约。新城城区人口密度为0.5万人/平方千米，上海中心城区的人口密度是2.3万人/平方千米，中心城区和新城城区15分钟生活圈覆盖的人口数量存在显著差异，即使居民的消费能力和水平一致，二者的消费总量也会有很大的差距。新城的商业绩效产出普遍较低，2019年新城3万平方米以上的大型商业网点平均坪效为0.49万元/平方米，仅为中心城区的40%；特色商业街区发展不足，全上海市67个特色商业街区，仅有8个位于五个新城，青浦新城和南汇新城尚处于空白状态。

从新城战略角度出发，规划已经对新城生活圈设施水平提出了高于中心城区的指标。虽然公共服务设施的投入会有成本，且回报周期长，但是高水平公共服务设施的建设和更新能够推动新城社区环境的改善和人才吸引，形成正向循环，这是推进新城建设的关键目标。

2.2.2　高水平宜养设施建设和更新

出于对儿童教育、父母养老、生活消费等多方面的考量，新城本地就业人口，尤其是不少高层次的研发人员并不愿居住在新城。在嘉定的调研显示，年轻人更为看重居住环境的文化氛围。新上海人最为看重子女的教育条件，然而新上海人对新城中小学教育的评价，比上海本地人、外来流动人口和外国人都低。新城吸引的人才将以年轻人居多，年轻人成立家庭后，就会考虑生育、养育、教育等现实的生活需要。

抚育后代和赡养老人是家庭的基本功能，家庭在选择居住空间时，基本会考虑小孩和老人的自由出行和活动情况，但新城道路间距过大、路网不健全的问题，不利于老人和小孩的步行活动。《上海市新城规划建设导则》中提出，要在5分钟步行范围内提供全龄友好的基本生活服务，以民生优先为导向，加快社区级公共服务设施项目落地。对于既有社区，针对现状公共服务薄弱的领域以及服务盲点地区，加快设施建设。落实步行5分钟进公园的规划，推进高品质的慢行交通系统建设和更新，为老人、儿童提供步行活动空间，营造以人的步行为尺度的生活氛围，吸引就业者安居。

2.2.3　高水平产业用地建设和更新

新城的产业发展与中心城区和周边城市相比存在较大差距。据估算，2019年松江新城的GDP分别为昆山的20.3%、太仓的61.9%；青浦新城的GDP分别为昆山的10.8%、太仓的32.8%[8]。新城所在的区中，除了嘉定“十五”以来占全市 GDP 的比重逐步上升至 7%外,松江、青浦、奉贤的占比变化不大甚至有所下降,均在 4%以下。2019 年,嘉定、松江、青浦、奉贤的财政收入在全市所占比低于 2005 年的水平,均在 4%以下[9]。

新城的产业用地规模大,但效率欠佳。以嘉定新城为例,2020 年嘉定新城建设用地占全区建设用地近 40%,但实现的税收仅占全区的 23%,新城的工业用地规模较大,但低效用地占比高,研发用地占比较低[11]。新城本应是所在区产业发展的高地,对产业用地的效率起示范作用。以综合性城市为导向的新城发展,产业用地需要从低效使用向高效使用转变,新城产业用地的置换和更新是新城转型发展的关键。

2.3 战略更新——承担节点城市的重点功能

战略更新,指的是通过更新达到上海都市圈第一圈层需要达到的全球城市服务水平。五个新城将构成上海都市圈第一圈层,既是独立的节点城市,也是大上海的组成部分,应达到全球城市的服务水平。《上海市新城规划建设导则》提出的整体指标包括以下方面:新城人口密度不低于 1.2 万人/平方千米,新城中心商业商办就业密度 8 万人/平方千米;地均工业总产值 100 亿元/平方千米。新城要达到节点城市的功能,需要有一些不可替代、不可移动的战略资源,如文化、生态、枢纽等,新城需在这些方面进行建设和更新,发挥自身优势,增强自身吸引力。

2.3.1 文化地标的建设和更新

新城有悠久的历史人文底蕴,如松江的仓城、府城,嘉定老城,青浦老城,都保留了良好的历史空间格局[4]。五个新城现有嘉定的上海保利大剧院、奉贤的九棵树(上海)艺术中心、松江的广富林文化遗址等城市级文化地标,也有嘉定的我嘉书房、松江的钟书阁、南汇的大隐湖畔书局等社区级文化地标。然而,总体而言,新城的标志性文化设施与青年的需求仍存在很大差距。部分关键公共服务设施在某些新城有所缺失,如青浦新城尚无一家大型剧院、美术馆和音乐厅。年轻的新上海人认为新城文化氛围不够浓厚,迁居意愿较强,在被调研的 30 岁及以下的年轻人中,选择几年内要离开嘉定的达 48.15%。

五个新城均有各自的文化主题,如“嘉定教化城”“青浦江南风”“松江上海根”“奉贤贤者地”“临港海湖韵”等[12]。文化主题需要在空间中有相应呈现,在新城空间的改造更新过程中,应结合文化主题建设多层次文化地标。有了文化地标,地方的价值和不可替代性才能得以凸显。

2.3.2 生态地标的建设和更新

生态性地标是市民建立地方感的重要参照物。城市居民通常依靠公园、绿地、生态走廊、滨江、滨河来确立自己社区的地域和范围。新城虽然比市中心更接近自然,但还是缺乏满足社区日常生活需要的生态性地标。在各新城"十四五"规划建设行动方案中,松江提出到 2025 年,松江新城生态生活水岸占比达 80%,建成区美丽街区覆盖率达到 50%。嘉定新城提出到 2025 年,新增骨干绿道 50 千米以上,基本实现步行 5～10 分钟有绿地、骑行 15 分钟有景观、车行 30 分钟有公园。南汇新城提出到 2025 年美丽街区覆盖率不低于 45%,建设绿道总长度不低于 200 千米。虽然这些生态建设和更新指标对新城的生态环境有良好支撑作用,但新城还需生态性的战略标识。作为五个新城特色的水资源、水环境、水生态如何打造地方特色、文化特色、生态特色并成为生态地标,对于新城来说具有战略作用。嘉定新城有远香湖、青浦新城有淀山湖、松江新城有华亭湖、奉贤新城有金海湖、南汇新城有滴水湖。如果各新城的湖景生态景观完全新建,很容易产生雷同,缺乏特色,具有设计的痕迹感。生态地标应在原有生态环境的基础上作有机更新,叠加地方的历史和文化塑造,使各新城的生态资源成为有地方特色的景观。

2.3.3 枢纽设施的建设和更新

目前,新城的轨道交通覆盖率低,中心城区 800 米轨道交通覆盖率已达到 58.79%,是发展最好的奉贤新城的近 3.8 倍,南汇新城的轨道交通覆盖率尚不足 2.00%[11]。在五个新城中,仅有松江新城设有高铁站,其余四城均无高铁或城际轨道站点,且新城与新城之间缺乏能将其串联起来的环状轨道交通线路,乘坐轨道交通的平均通勤时间需 2 小时[8]。观察经济发达国家超大城市的轨道交通,其市郊铁路长度都远大于市中心区的地铁长度。纽约的中心城区地铁运营里程仅有 385 千米,而其郊区铁路(在美国称"Commuter Rail",即"通勤铁路")达 1 715 千米;东京中心城区仅有地铁 327 千米,而东京圈的公交化铁路高达 2 000 千米[13]。《关于培育发展现代化都市圈的指导意见》明确提出"打造轨道上的都市圈"的总体要求。《上海市城市总体规划(2017—2035 年)》中,规划了城际线、市区线、局域线三个各 1 000 千米的轨道交通网络,欲将新城与中心城区轨道交通的时间控制在 30～40 分钟。五个新城应优先建设实施新城与中心城、新城与周边城市之间的快速交通通道,提升外向度和连通性,在新城汇聚高速铁路、城际铁路、市域(市郊)轨道交通快速线路、地铁轻轨、现代有轨电车等系统,加快构建支撑 30 分钟、45 分钟、60 分钟出行目标的综合交通体系,确立新城的交通枢纽地位。新城交通枢纽的建设应与新城内部的道路交通网络改造相互配合，做好轨道交通站点与周边道路和公交站点的布局衔接工作。

3 推进上海五个新城更新的具体措施

新城的城市更新在新城战略中具有重要意义，它对应于建设独立的综合性节点城市。新城的城市更新是一个多层次的目标体系，推进新城的城市更新是五个新城建设的重要组成部分。推进新城的城市更新，需要有制度政策保障、规划指导、项目示范以及市场、社会的参与机制。在战略引领、制度保障、规划指导、项目示范、市场社会广泛参与支持的情况下，新城的城市更新将会有序推进，助力新城发展，推动上海城市空间结构和功能的完善。

3.1 建立新城更新的制度和政策保障

新城建设周期长且涉及重大利益，为了保障新城建设的顺利推进，国外新城建设多有法律和相关配套政策。例如，英国、法国都制定过《新城法》，日本政府制定了《城市改建法》，其中对东京的改建规划有明确的原则，即“一心（东京）变多心（新宿、池袋和涉谷三个副中心）”“一极（东京）变两极（东京、多摩新城）”，依法构建“多心的开敞式城市空间结构”[14]。五个新城的建设和更新涉及市—区—新城等层级关系，对于涉及战略更新的目标，应在市级层面进行总体设计和统筹；对于涉及完善城市的基本配置的底线更新，可在新城开发建设机构层面予以安排。各层次责任主体的事权需要有制度政策的规定，一方面，确保作为新城战略的城市更新能够在全市层面得到全面统一的把控；另一方面，要有足够的灵活性，使区政府、新城开发机构具备积极性、主动性，得以创造性、开拓性地完成任务。

在全市层面，2021 年 9 月 1 日，《上海市城市更新条例》开始施行，该条例规定在市层面设立市更新中心，各区人民政府是辖区内城市更新的主体。虽然条例中提到，市规划资源部门会同有关部门负责编制城市更新指引，新城是编制城市更新指引的关注重点；但是鉴于新城更新的重要性，新城更新的相关政策应在新城推进政策中有所体现，给予更新行动主体更为明确的预期。

3.2 做好新城更新的指引和备选项目库

鉴于新城城市更新的重要性，各新城所在区政府应与市规划资源管理部门共同做好新城城市更新的指引工作，明确新城城市更新的行动计划，并建立更新备选项目库。新城更新备选项目库的建立将坚持以人民为中心，落实人民城市理念，回应人民群众对良好人居环境的向往和需求，重点关注人居品质提升。通过社会调查，了解居民对公共空间、公共服务设施、交通和市政基础设施、生态环境、历史文化风貌、城市特色空间等方面的需求。将居民诉求集中、实施更新容易、实施更新效果显示度高的项目，推荐为优选更新项目。将居民需求强烈、实施更新难度适中、实施更新效果显示度中等的项目，推荐为次选更新项目。将居民诉求集中、实施更新难度大的项目，推荐为条件更新项目，在有条件或者可以创造条件的情况下，推进此类项目的更新。项目库的建立要坚持实事求是的精神，以实践为导向，凡是人民群众所关切的问题都尽力而为，量力而行。

3.3 做好新城更新的投融资机制

城市更新具有投资大、投资周期长、投资和收益的主体不匹配等特征，这导致城市更新要么动力不足，要么被资本左右，进而服务于资本的扩张，在西方城市更新中，此类现象非常普遍。上海新城的城市更新是以战略为导向，服务于城市转型的大目标，因此，城市更新的动力更多的是自上而下。尽管政府有强大的号召力，却无法为更新提供全部资金，因此引入市场的资金实属必要。在市场经济条件下，资本有逐利的特征，政府需要制定相关政策，合理引导市场资金的进入，既要确保新城更新有持续的资金推动，又要避免资本过度逐利，防止城市更新偏离城市转型的大目标以及以人民为中心的宗旨。新城的投融资体制应当能够激发市场、社会的参与热情，使政府的投入起到"四两拨千斤"的作用，吸引更多的社会投入，促使更多的人、财、物流向新城，激活新城发展的动力，让新城成为人才高地、资本高地和创新高地。

2021 年 6 月及 12 月，上海先后成立了规模约 800 亿元、100 亿元的城市更新引导基金，这些引导基金主要投放于上海中心城区的旧改和城市更新项目。由于新城建设的战略目标清晰、时间紧、任务重，新城城市更新目标体系具有公益性、社会性、长期性的特征，对更新的投融资提出了更高的要求。新城的城市更新应成立相应的城市更新引导资金，鼓励金融机构依法开展多样化金融产品和服务创新，以满足城市更新融资需求。

3.4 健全新城更新的社会治理机制

城市更新不仅涉及物质空间，还包括社会关系。政府的意愿和目标需要转化成市场、社会和居民的目标，这涉及规划、街道、居委、居民等多个部门和主体的参与，因此，需要多主体就资金、技术、情感等多方面的内容进行沟通、分享与合作。国内外实践表明,地方政府在促进公民参与治理网络方面存在广泛空间,有能力影响这一城市政策领域并发挥决定性作用。《上海市国民经济和社会发展第十四个五年规划和二〇三五年远景目标纲要》《上海市城市更新条例》都强调了社会参与的重要性,且由于城市更新与居民的切身利益相关,因此,城市更新中居民的参与积极性相对较高。可以预见,在新城城市更新中居民积极参与的情况下,居民间的矛盾会更为凸显。居民间利益分化、意见多元将成为常态。在多元利益和分歧下,建立公平公正的参与规则尤为重要。公平公正的规则需要居民在参与中不断构建和完善。社区居民间参与规则的建立既需要居民自身的参与,也需要党和政府的指引。因此,需要在党建引领下,借鉴中心城区更新的社会治理机制,引入经验丰富的社会组织,引导社区各类社会组织参与,搭建社区协商议事平台,逐步建立社区更新治理规则,完善社会治理机制,保障新城更新的稳步顺利推进。

参考文献

[1] 布鲁顿,于立,胡伶倩.英国新城发展与建设[J].城市规划,2003,27(12):78-81.
[2] 刘健.马恩拉瓦莱:从新城到欧洲中心,巴黎地区新城建设回顾[J].国外城市规划,2002(1):27-32.
[3] 周晓华.新城模式:国际大都市发展实证案例[M].北京:机械工业出版社,2007.
[4] 林华,范宇,王世营.建设面向未来的综合性节点城市:上海新一轮新城发展战略研究[J].上海城市规划,2021,4(4):1-6.
[5] 王振.五大新城发力构建上海城乡融合发展新格局[J].上海农村经济,2021(4):4-6.
[6] 俞玮.上海"五大新城"新一轮商业发展的思考[J].上海商学院学报,2021,22(2):91-99.
[7] 訾海波.上海空间新格局下的综合性节点城市交通功能提升策略研究:以五个新城为例[J].上海城市规划,2021,4(4):37-43.
[8] 王丹,彭颖,柴慧,等.上海五大新城打造独立综合性节点城市研究[J].科学发展,2021(4):59-64.
[9] 夏骥.上海郊区新城的历史演变与未来发展[J].科学发展,2020(11):47-56.
[10] 顾竹屹,赵民,张捷.探索"新城"的中国化之路:上海市郊新城规划建设的回溯与展望[J].城市规划学刊,2014(3):28-36.
[11] 张捷,肖宏伟,赵民.国土空间规划背景下上海新城建设的若干分析与思考[J].上海城市规划,2021(4):22-29.
[12] 常晨,陆铭.新城之殇:密度、距离与债务[J].经济学(季刊),2017,1(4):1621-1642.
[13] 孙章.努力打造快速轨道上的上海"五大新城"[J].城市轨道交通研究,2021,24(3):14+214.
[14] 陶希东.国外新城建设的经验与教训[J].城市问题,2005(6):97-100.

上海五个新城社会综合调查报告(2022年)

课题组成员

1 调查简介

本次问卷调查旨在更好地了解公众对“上海五个新城”的主要关注要点、态度和期望,配合新城指数采集相关数据,为五个新城的建设和可持续发展提供决策参考。问卷的内容包括个人基本信息、职业、生活状况、社区公共服务与评价、对新城建设的态度等方面。问卷的执行借助问卷星平台,以网络调查的形式开展。第一阶段(2022年7月23日—8月23日)主要通过融媒体中心发布,回收有效问卷1 291份;第二阶段(2022年9月22日—10月28日),在五个新城所在区各挑选两个重点街镇进行问卷的投放(表1—表3)。两个阶段回收的有效问卷共计3 486份(图1—图3),其中工作点样本2 269份,居住点样本2 879份。

表1 第二轮重点调查街镇名单

五个新城	街镇
嘉定新城	嘉定镇街道、嘉定新城(马陆)
青浦新城	夏阳街道、盈浦街道
松江新城	永丰街道、车墩镇
奉贤新城	南桥镇、金海街道
南汇新城	书院镇、南汇新城镇

表2 受访者工作地点分布

区域	数量
浦东新区	465
嘉定区	721
青浦区	278

同济大学上海新城研究课题组成员:钟晓华、张俊、孙明、魏程琳,课题组成员皆为同济大学社会学系教师,另有几位同学对此文亦有贡献,他们是周瑛、蒋蕴、郑天一、董秋吟、李佳妮、胡翱洋。

(续表)

区域	数量
松江区	552
奉贤区	253
总计	2 269

表 3　受访者居住地点分布

区域	数量
浦东新区	455
嘉定区	907
青浦区	429
松江区	632
奉贤区	456
总计	2 879

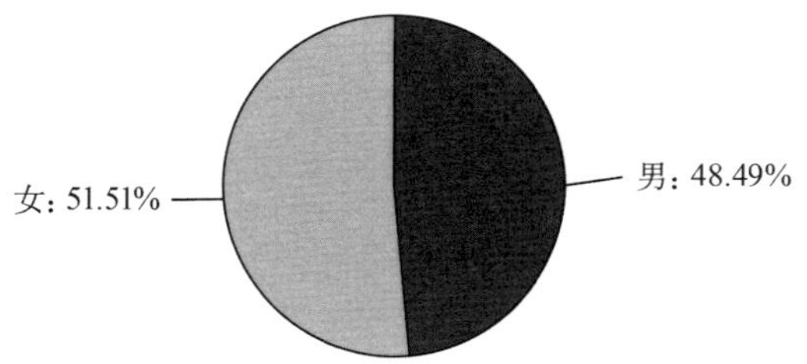

图 1　性别比例

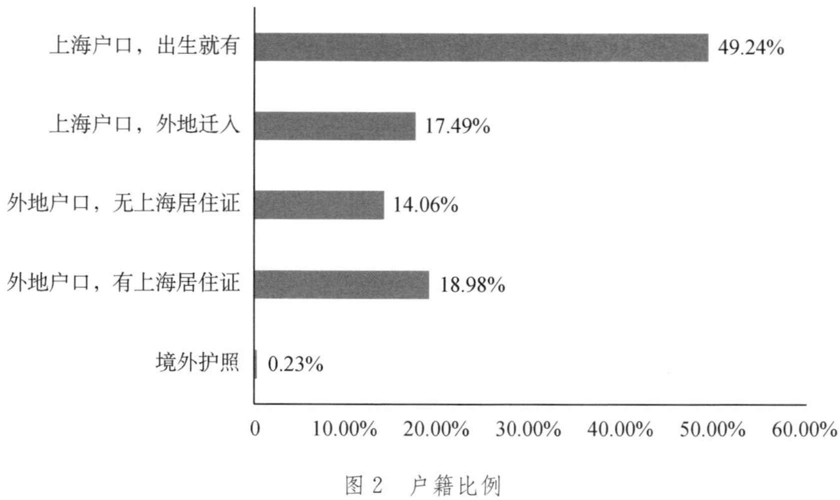

图 2　户籍比例

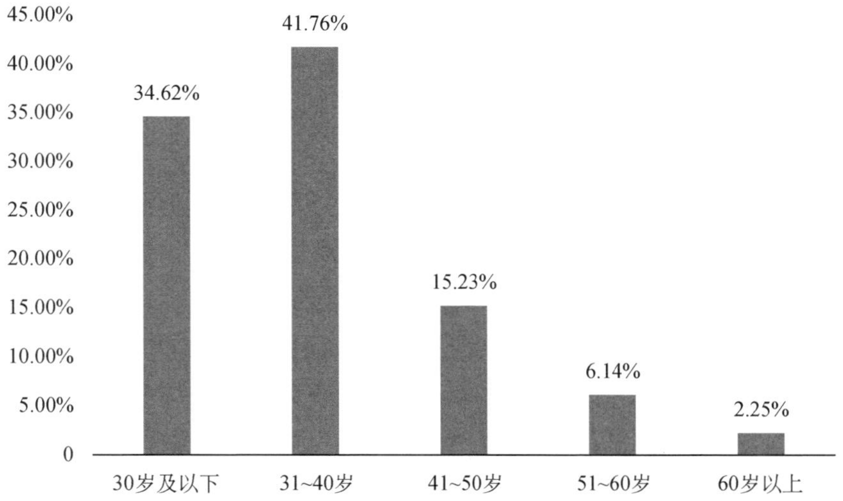

图 3　年龄比例

本次问卷调查主要研究发现如下:①受访者对新城有积极的评价和美好的期待,尤其是新城的居民。根据开放性题目所生成的词云,出现频次最高的词是"很好""越来越好""加快建设",以及关切新城公共服务的相关词语。可以说,民众期待的新城是一座宜业宜居、产城融合的综合性城市。②受访者认为新城建设面临的最大挑战是人才吸引力、与市中心的距离以及产业发展。通过田野调查发现,受访者眼中新城的主要挑战在于"区位偏远"。受访者对重点项目的偏好集中在轨道交通、公共医院、公办学校。这三个方面与居民的工作、生活密切相关,也反映了新城存在的短板。③影响工作地选择的关键因素是工资收入、宜居环境、住房成本。30 岁及以下的受访者选择工作地点时,对收入和职业发展的关注优先于宜居环境。受访者去新城工作的意愿较为强烈,高达 75.89%的受访者表示愿意到新城工作,并且教育程度越高的受访者到新城工作的意愿越强烈。受访者选择去哪个新城工作,看重的是产业发展、就业机会、公共服务。④若有购房计划,受访者表示愿意在新城购房。在新城购房时,受访者主要关注的是房屋价格、教育质量和升值前景。居住在新城却没有"自由住房"的受访者表示,主要原因是"房价高,没有购房能力"(67.7%),而非政策限购。⑤根据居住地和工作地点的组合,职住均在新城的受访者通勤时间是最少的,有 58.76%的受访者通勤时间在半小时以内。⑥在新城 15 分钟生活圈的建设中,公交站点的覆盖率较高,而成熟的商业配套、文化活动场所等方面仍有提升的空间,新能源公共充电桩在各个新城的覆盖率存在差异。⑦受访者对新城的生态环境、公园绿地、治安状况、垃圾分类、智慧城市、慢行交通网等公共服务的满意度较高,而对基础教育资源、优质医疗资源、休闲娱乐等方面的评分略低;青年人才对公共服务满意度评分整体较高,认为新城的生态环境以及社会治安方面良好,医疗、教育和交通方面稍显不足。

2 受访者对新城的认知

2.1 对新城的了解和期待

受访者对新城建设期待度高,新城的规划和重大建设项目仍需加大宣传力度。五个新城的边界是地理边界,而非行政区域边界,在田野调查中,受访者时常将新城等同于所在区,但本次问卷调查的受访者对新城边界的了解程度得分为 7.53 分(总分 10 分),高于对新城规划的了解程度(7.32 分),以及对五个新城 2022 年重大项目的了解程度(7.19 分)。这一统计结果表明,作为具有战略性、长期性、指导性的新城规划,应该扩大民众的知晓度;2022 年一系列开工建设的重大项目具有较高显示度,应该加大宣传力度,展示新城建设的阶段性成果,以增强人们对新城规划落地、实现远景蓝图的信心,进而在区域间激烈竞争的形势下,助力新城的招商引资和招才引智(表 4)。

新城建设广受期待,新城居民的期待度更高。受访者对新城的期待度得分高达 8.19 分,高于满意度得分 7.18 分。根据受访者的居住地进行分组,统计结果显示居住在新城的受访者期待程度达到 8.40 分,满意度提升至 7.32 分。期待度高于满意度,说明新城建设仍在路上,存在提升的空间;展望未来,受访者对新城的建设充满期待。对于居住在新城的受访者而言,新城的发展将实现产业的转型升级、就业机会的增加、基础设施的完善、公共服务品质的提升、生态环境的改善。可见,一座产城融合、宜业宜居的新城与当地居民的切身利益息息相关。同时,新城以外的居民对新城建设的满意度相对较低(6.86 分),结合前期调研,我们推测原因是对新城区位偏远的刻板印象,以及"自选择效应"——部分新城以外的居民有可能是对新城不太满意而离开的人(表 5)。

表 4 对新城了解程度和满意度评分(1～10 分)

问题	平均分
您对新城边界的了解程度	7.53
您对新城规划的了解程度	7.32

(续表)

问题	平均分
您对五个新城2022年重大项目的了解程度	7.19
您对当前新城建设的满意程度	7.18
您对未来新城建设的期待程度	8.19

表5　居住地与新城满意度/期待度评分(1～10分)

问题	平均分（居住在新城）	平均分（不居住在新城）
您对当前新城建设的满意程度	7.32	6.86
您对未来新城建设的期待程度	8.40	7.76

2.2　新城建设的挑战

新城建设挑战是人才吸引力、距离市中心的距离以及产业发展。本次调查询问受访者心目中新城建设的挑战,统计结果显示,40.48%的受访者选择了“人才吸引力”,38.88%的受访者选择了“距离上海市中心的距离”,随后是“产业发展”和“公共交通”(图4)。

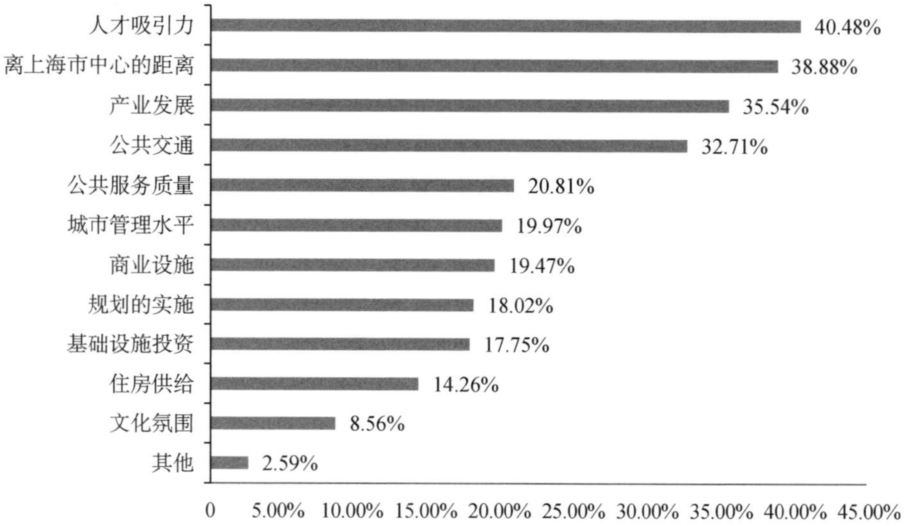

图4　新城建设的挑战(多选题)

这几个挑战存在内在关联,核心是受访者对新城区位的担忧。在五个新城中,距离人民广场最近的是嘉定新城,为35.2千米,其他新城距离均超过40千米,南汇新城甚至达到71.1千米(表6)。课题组挑选了居住在浦东新区的受访者,统计结果显示,排名第一的挑战是“距离上海市中心的距离”(51.21%)(图5)。结合前期的田野调查,课题组认为,上海的中心城区在民众眼中凝聚着优质的资源和历史文化,城市的发展从中心向外围如涟漪般扩散,呈现出明显的圈层模式。受访者思考新城发展时,习惯于以市中心作为坐标原点。新城相对偏远的区位,从工作方面看,超过了平均1小时通勤的时间,导致较高的时间和心理成本。从生活方面看,建设中的新城相较于市中心,教育、医疗、文化等公共资源的品质不高。受访者认为新城偏远的区位对受过高等教育、收入较高的人才而言,缺乏足够的吸引力。而招才引智已经成为区域之间重点竞争的领域,人才匮乏将无法为战略性新兴产业的落地、传统产业的转型升级提供持续的支撑力,且难以在当地形成强劲的消费力。新城的区位与产业发展也密切相关,一些企业负责人在访谈中表示,城市的发展应该是溢出式的——由市中心向外围逐渐扩张、产业梯度转移,城市的副中心、新城建设应该有效利用市中心的溢出效应,距离过远会增加发展的难度;同时,他对新城布局的战略性新兴产业表现出一定程度的信心缺失。

表6 五个新城与上海重要区域的距离

五个新城	与上海重要区域的距离			
	人民广场(千米)	虹桥机场(千米)	陆家嘴(千米)	浦东机场(千米)
嘉定新城	35.2	23.8	39.2	69.4
青浦新城	40.6	28.2	43.0	77.7
奉贤新城	44.2	41.2	47.1	58.9
南汇新城	71.1	85.8	69.2	33.1
松江新城	42.1	29.5	44.5	77.8

课题组认为上海五个新城的定位和规划体现了全新的城市建设理念,需要通过创造性的宣传方式改变民众对区位的认知。五个新城的建设强调产城融合、职住平衡,新城不是疏解中心城区人口的“睡城”,也不是承接落后产业梯度转移的区域,而是独立的综合性节点城市,关键在于民众如何准确理解“独立的”“综合性”这些全新定位。课题组认为若以上海市中心为坐标原点,在民众的观念中新城存在区位劣势,而放眼长三角乃至全国,在区域一体化、都市圈建设的背景下,上海五个新城具有明显的“区位优势”。以嘉定新城为例,其作为上海西

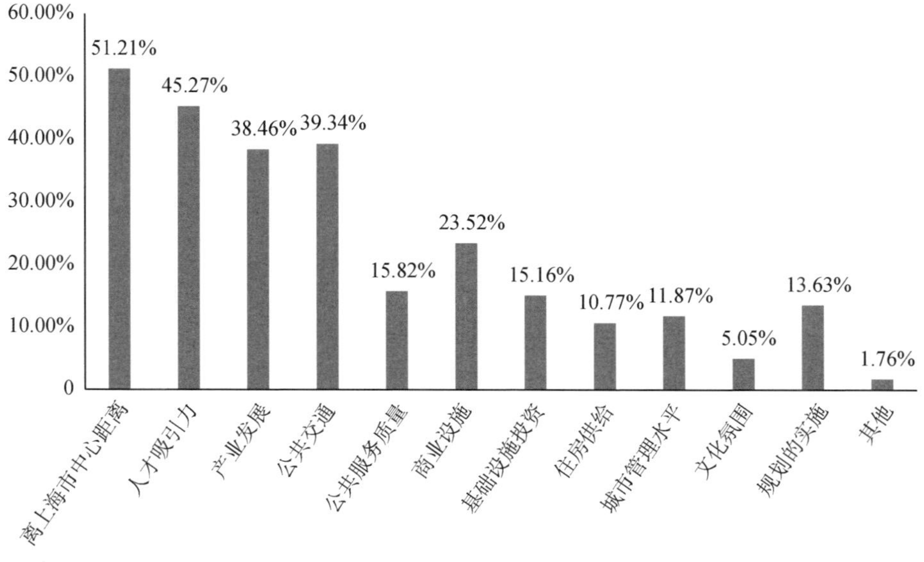

图 5　新城未来发展的挑战(多选题,受访者居住在浦东新区)

北方向的门户,是上海连通长三角的前沿和重要枢纽。有嘉定的企业家在访谈中表示,相比长三角其他区域,新城更加靠近上海的城市中心,能够更好地利用上海优越的制度红利、高品质公共服务以及顶级的生产性服务业;同时,嘉定更靠近苏州、常州、无锡等城市,发达的高铁和高速公路方便企业利用长三角的要素资源,并且可以灵活地将制造环节转移到周边城市。因此,将视野放到更大的空间尺度,新城的区位劣势将转化为区位优势。

2.3　重点项目的支持度

重点项目的支持度集中在轨道交通、公共医院、公办学校。本次调查询问了受访者如果给重点项目投票会投给哪三项。统计结果显示,高达 64.84%的受访者选择"轨道交通",选择公共医院的受访者占 46.36%,选择公办学校的占 43.48%。这三个选项与居民的工作和生活密切相关,也反映出新城存在的短板(图 6)。

轨道交通不仅能够加强新城与中心城区的连接,还能为新城之间的人员流动提供便利。一些受访者在访谈中表示,当前郊区之间的交通需要在中心城区换乘,时间成本高,急需大环线的建设。部分郊区的轨道交通为了降低建设成本,避开人口密集的区域,导致当地居民和企业的"最后一公里"问题突出。例

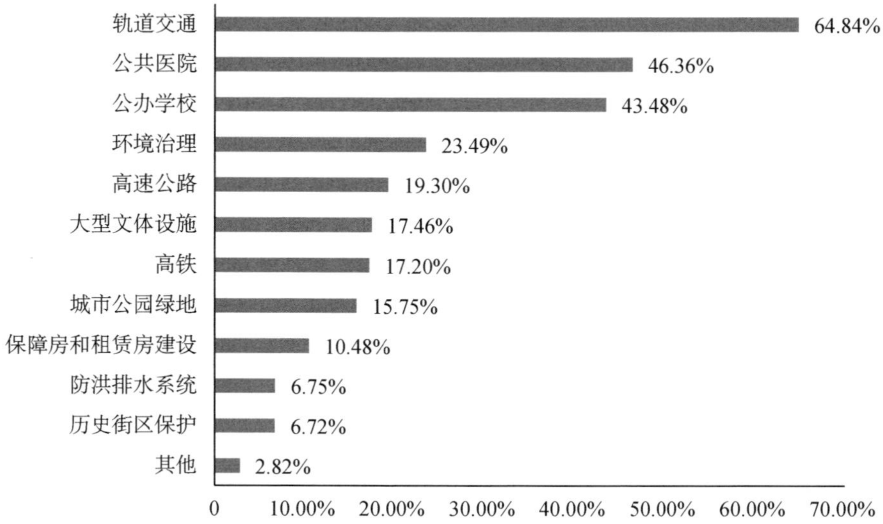

图 6 重点项目的选择(多选题)

如，嘉定新城的远香湖中央活动区，距离地铁 11 号线以及未来的嘉闵线站均有一定距离，需要其他公共交通进行衔接。以打造密度更高的公共交通网络，方便居民出行。

公共医院和公办学校的质量也是新城居民的核心关注点。有学龄子女的受访者非常重视所在区域的基础教育质量，各新城也将基础教育的品质作为吸引人才的重要手段。新城逐渐引入三甲医院的分院，基本能够满足当地的医疗需求，但是医疗服务的质量与中心城区相比仍然存在差距。医院与学校的质量除了硬件条件外，关键是相关人才的支撑，因此新城在招才引智的过程中，不仅将高端产业人才作为竞争目标，对医疗、教育、行政管理类人才的引进同样急迫。

青年人才对重点项目的选择同样集中在轨道交通、公共医院和公办学校，但田野调查有不同发现。因为受过高等教育的年轻人是各地人才竞争的重点目标，所以课题组筛选了 30 岁及以下且拥有大专及以上学历的受访者。结果显示，这个群体对重点项目的选择与总体的情况一致，未表现出对重点项目独特的偏好。不过，课题组通过访谈有不同发现，青年人才对城市公园绿地和大众体育运动场所存在明显需求，这是由该群体的生活方式所决定。新城建设初期投入大量资金兴建的大型文化和体育场馆，虽具有高显著度，能够迅速提升当地文体设施的规格，但不少受访者表示，居住社区和工作场所周边的小型运动场所更接地气，使用率更高。此外，选择“历史街区保护”的受访者仅占 7.78％，较低的选择比例不能说明它无足轻重，而是受访者将轨道交通、公共医院和公办学校视作通勤和生活的迫切需要；另一个原因是各新城乃至长三角地区的古镇古街，存在低端商业化、特征高度雷同的问题，受访者的评价不高。实际上，“历史街区保护”对延续城市文脉、保留历史文化具有重要意义，能够在新城的建设中营造出现代与传统交织的独特景观。各个新城独具特色的历史街区，还能够带来创意阶层所追求的丰富体验(图 7)。

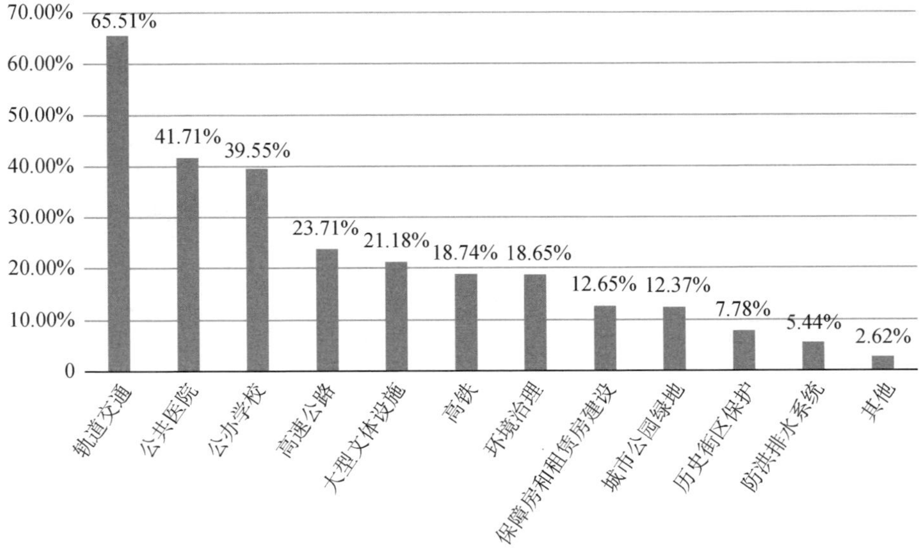

图 7　重点项目选择(多选题，受访者为 30 岁及以下、大专及以上学历)

2.4　新城凝聚着市民的美好期待

词云显示，受访者对新城有积极的评价和美好的期待。例如，出现频次最高的词是“很好”“越来越好”，期待新城“加快建设”。其他出现频次比较高的词，体现了受访者对新城民生的关切，包括交通、教育、环境、医疗等方面。此外，还出现了“均衡发展”“增加就业机会”等词。可以说，民众对新城的期待不是单纯的工业区、经济开发区，而是一座宜业宜居、产城融合的综合性城市(图 8、图 9)。

值得关注的是，有不少受访者在表达对新城的建议时提及了“降低房价”。课题组认为，随着新城产业的转型升级，将聚集越来越多收入较高的专业技术人才和管理者。出于节约通勤时间成本的考量，这类人群的居住地会倾向于靠近工作地点。同时，新城的建设极大提升了住宅品质、社区环境、商业配套、公共服务质量、交通条件等,供给端和需求侧的多种因素叠加都会助推新城的房价,而房价也是新城发展的一个风向标。然而,住宅价格和产业用地用房成本的增加会引发“挤出效应”,不利于招商引资和招才引智。课题组建议,需要采取土地分类经营的策略,加强保障房建设,帮助青年人才在职场起步阶段能够安稳生活,培育更为成熟健全的租房市场,使房源更加多元化。

图 8　新城建议的词云

排行	观点	频次
1	很好	78
2	越来越好	45
3	交通	42
4	降低房价	32
5	加快建设	30
6	吸引人才	21
7	教育	20
8	环境	20
9	医疗	14
10	出行方便	11

图 9　新城建议的词频排序

3 工作地的选择

3.1 选择工作地点的影响因素

影响工作地选择的关键因素是工资收入、宜居环境、住房成本。本次调查询问了受访者选择工作地点的影响因素,统计结果显示,48.05%的受访者选择了"工资收入",44.88%的受访者选择了"宜居环境",44.00%选择了"住房成本",其后是"子女教育"和"职业发展"。这些选项可以进一步合并为两类,"工资收入"和"职业发展"属于"工作"的范畴,而"宜居环境""住房成本""子女教育"则属于"生活"的范畴。可以说,受访者在选择工作地点时,会兼顾工作与生活的需要,追求的是宜业且宜居的区域。而新城建设的产城融合、宜业宜居,恰好精准契合了工作者的需求(图 10)。

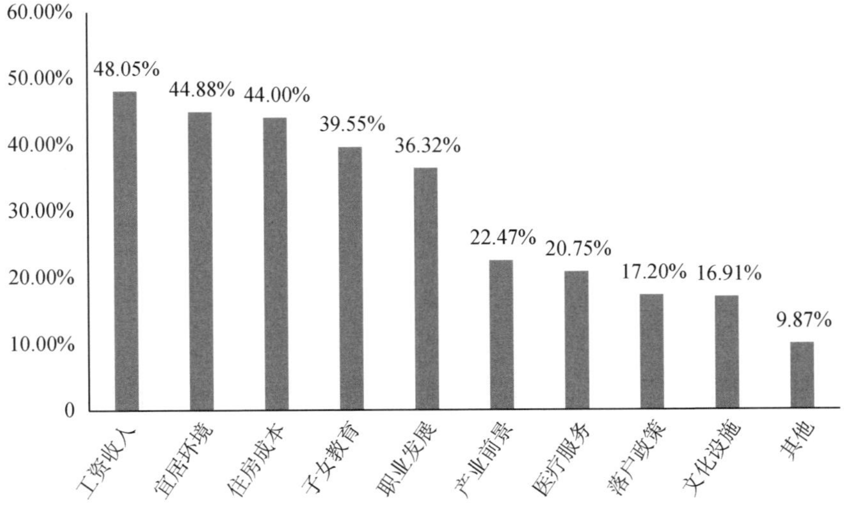

图 10 选择工作地点的影响因素(多选题)

30 岁及以下的年轻人选择工作地点时,收入和职业发展优先于宜居环境。高达 55.15%的受访者选择了"工作收入",45.86%的受访者选择了"职业发展"。年轻人初入职场正处于打拼的上升阶段,更加注重工资收入和未来职业发展的空间。"宜居环境"因素位列第 4,"住房成本"的排位则在其之前。这一统计结果与田野调查的发现相符,初入职场的年轻人由于收入还未达到峰值,对住房成本更加敏感,因而适当降低了对居住环境和居住条件的要求。不少年轻人在结婚之前会选择合租、租住在老旧小区,以此降低住房成本(图 11)。

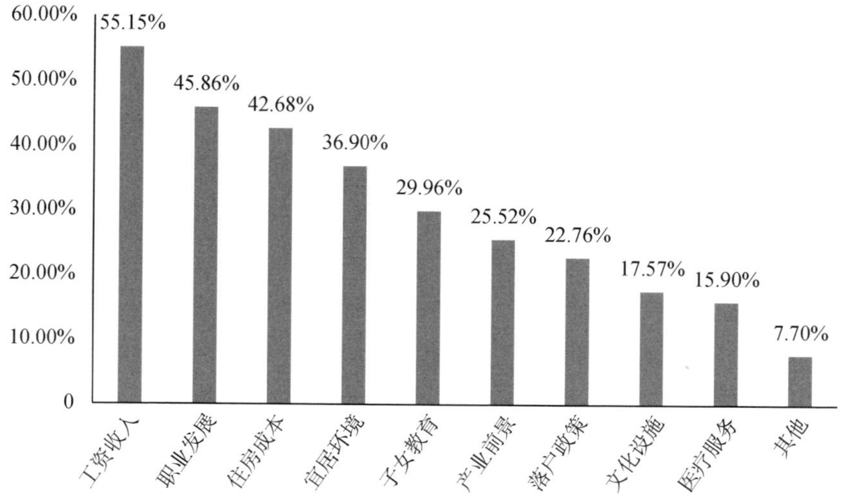

图 11　30 岁及以下受访者选择工作地点的影响因素(多选题)

高学历的受访者关注住房成本和宜居环境。课题组挑选了本科及以上学历的受访者，46.87％的受访者选择了“住房成本”，46.18％的受访者选择了“宜居环境”，这两个因素都与居住相关。高学历群体对房价比较敏感，而且注重居住的品质。这与已有研究发现基本一致，受过高等教育、从事的工作技术含量高或富有创意的群体，不会单纯从工作的角度来选择地点，而是对生活品质有更高的要求。他们需要有宜人的居住环境、同质性更高的邻里，以及更加丰富多元、充满活力的生活体验来激发创意和灵感。当前这些要素基本集聚在上海的中心城区，而相应的高房价又构成了经济排斥。所以，针对高学历人群的这一需求，新城需要不断提升基础设施、公共服务、文化氛围、生态环境的品质，同时需要维持一个相对中心城区有吸引力的房价，这将有助于新城的招才引智。例如，南汇新城持续增加人才公寓的数量，通过增加住宅用地的供给来平抑房价，有利于吸引人才，提升新城的人气。此外，高端人才选择在新城工作和生活，会带动服务业的就业机会，产生乘数效应，助力新城人口总量的增长(图 12)。

外省市来沪的受访者，选择工作地点的关键因素是工资收入、住房成本、职业发展。54.71％的受访者选择了“工资收入”，“住房成本”和“职业发展”分别位于第二位、第三位，占比分别为 43.96％和 41.41％。根据《关于本市“十四五”加快推进新城规划建设工作的实施意见》，到 2035 年 5 个新城要各集聚约 100 万人常住人口。要完成上述目标，新城需要在更大的空间范围内，参与区域间日趋激烈的人口和人才竞争。根据课题组的前期调研，当前和未来新城新增常住人

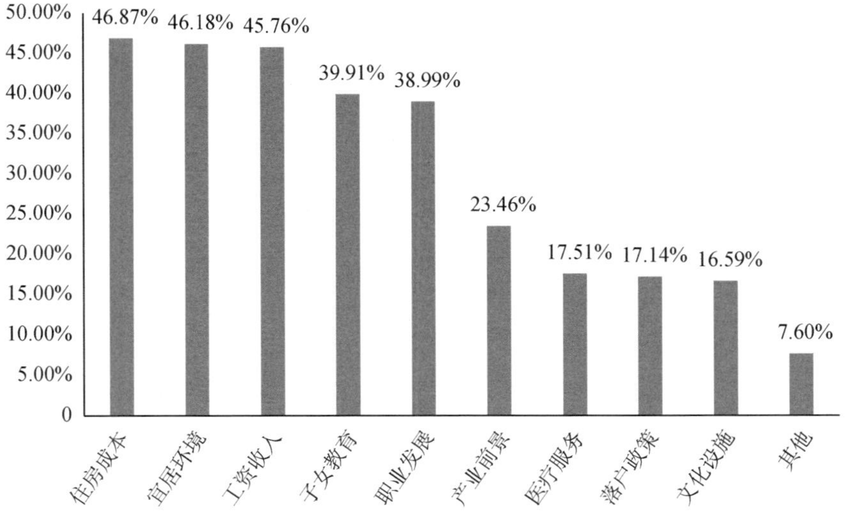

图12　本科及以上学历受访者选择工作地点的影响因素(多选题)

口的主要来源均为外省市。由于交通技术的发展,空间被折叠,人口流动更加平滑、频繁。一些新城的企业负责人在访谈中表示,校招和社招的新进员工的来源地不仅限于长三角,已拓展至西北、东北、西南的省份。随着新城产业规划的落地,战略性新兴产业集群的形成,生产性服务业和消费服务业的发展,会提供更具吸引力的工作机会和工资水平。若能将居住成本控制在可接受范围内,将有助于把新城打造为持续吸引人口和人才的磁石(图13)。

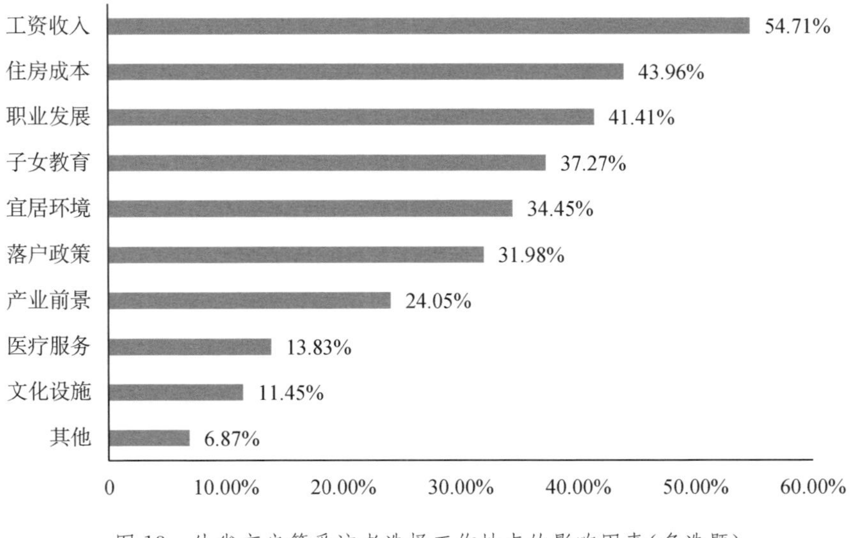

图13　外省市户籍受访者选择工作地点的影响因素(多选题)

3.2 去新城工作的意愿

受访者去新城工作的意愿比较强烈。本次调查询问了工作点不在新城的受访者是否愿意到五个新城工作。表示"非常愿意"的受访者比例是 43.56%,表示"愿意"的受访者比例是 32.33%,合计达到 75.89%。虽然现实工作地点的变更会受到多种因素的阻碍,但仅就"意愿"而言,如此高比例的受访者表示若有可能愿意到新城工作,说明新城目前的建设成效及远景规划是具有吸引力的(图 14)。

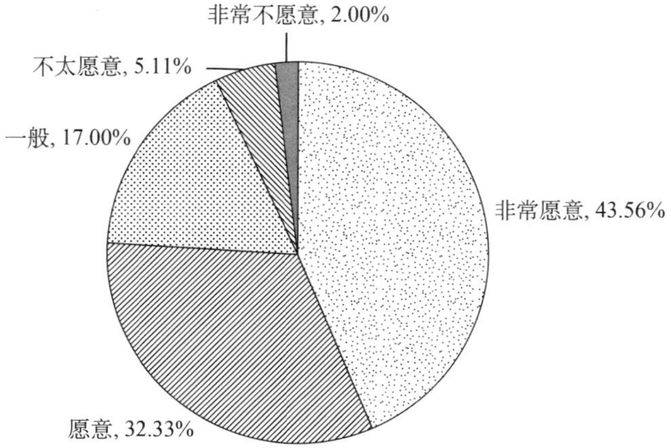

图 14 去新城工作的意愿

教育程度越高的受访者,到新城工作的意愿越强烈。学历是初中及以下、普通高中、本科的受访者表示"非常愿意"到新城工作的比例分别是 38.46%、39.62%、47.46%,呈现上升的趋势。拥有硕士研究生学历的受访者该比例是 43.58%,而博士研究生选择"非常愿意"去新城工作的比例最高,达到 50.00%。虽然已有研究表明,受教育程度高意味着具有更高的人力资本和工作能力,职业流动的机会更多、流动的能力更强,而受教育程度越高的受访者到新城工作的意愿越强烈,也从侧面反映出新城对人才的吸引力(图 15)。

受访者选择去新城工作,看重的是产业发展、就业机会、公共服务。产业发展与就业机会涉及"宜业",公共服务关乎"宜居"。受访者是否选择去新城工作,首要考虑的是产业发展与就业机会,这与已有研究及日常经验相符,但工作地点的选择也要兼顾公共服务的质量。为了节约通勤成本,身在职场的受访者会尽量在靠近工作地的区域居住。尤其是新城距上海中心城区较远,依靠公共交通

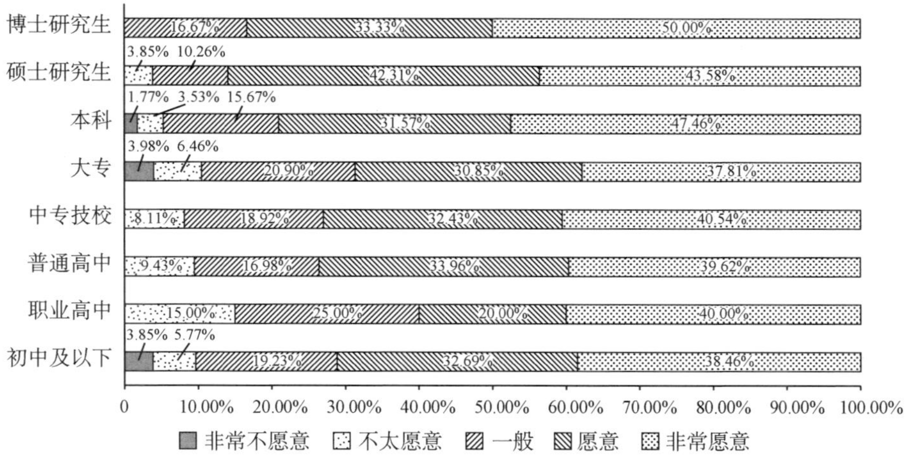

图15 学历与去新城工作的意愿

通勤时间长,自驾则会遇到交通拥堵问题,因此选择在新城工作的受访者大概率会选择在新城居住。为实现人口增长、招才引智的目标,各新城从产业发展和公共服务品质提升两方面同时发力,可以说有效回应了社会需求(图16)。

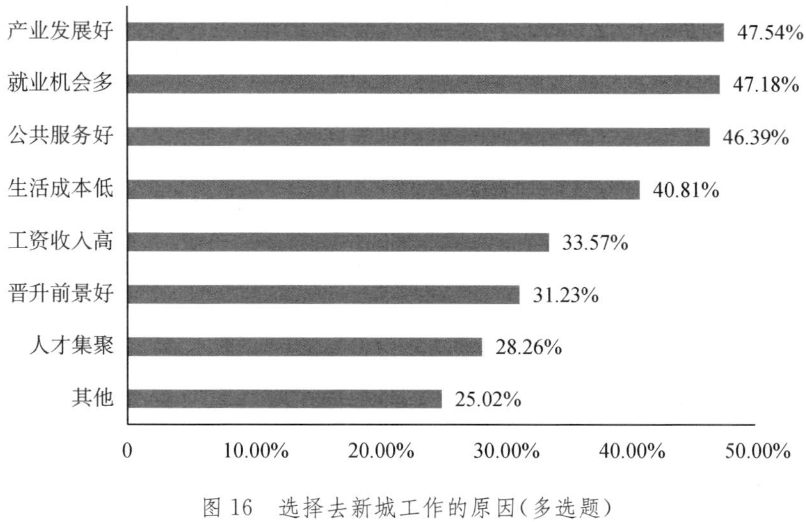

图16 选择去新城工作的原因(多选题)

4 住房状况及居住地选择

4.1 住房状况

本次问卷调查中,居住在新城的受访者多数拥有住房。47.03%的受访者选择“自有房屋（有房贷）”，34.14%居住在新城的受访者选择“自有房屋（无房贷）”，二者合计达到了81.17%。选择“社会租赁住房”的受访者比例是11.76%，选择“公租房/人才公寓”的受访者比例是3.84%（图17）。

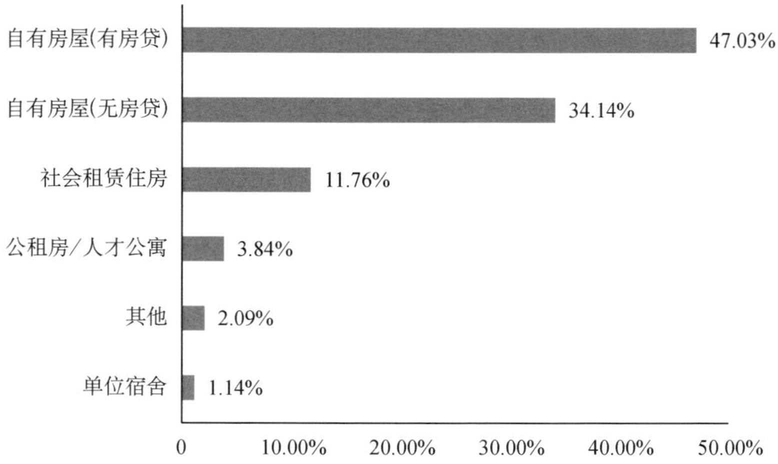

图17　五个新城受访者的住房状况

对居住在新城的受访者按照年龄段统计住房情况，统计结果显示如下。

年龄越大的受访者自有房屋的比例越高，越年轻的受访者租赁住房的比例越高。30岁及以下的受访者通过社会租赁解决住房的比例最高，为17.43%；住在公租房/人才公寓的比例也最高，达到6.94%。31～40岁的受访者，社会租赁住房和住在公租房/人才公寓的比例位居第2；值得注意的是，该年龄段的受访者自有房屋（有房贷）的比例最高（58.32%），该年龄段后自有房屋（有房贷）的比例下降，自有房屋（无房贷）的比例上升。课题组推测，31～40岁年龄段贷款购房比例高、还贷压力大。上述研究发现符合不同生命周期中人们租房、购房、贷款的实际情况——随着年龄的增长，人们自有房屋的比例以及无房贷的比例均会增加。此外，住房与婚姻状况息息相关，住在新城的已婚受访者自有房屋的比例高于未婚的受访者（表7、图18）。

表7　年龄与住房状况

年龄段	住房状况						总计
	自有房屋（无房贷）	自有房屋（有房贷）	社会租赁住房	公租房/人才公寓	位宿舍	其他	
30岁及以下	31.16%	39.00%	17.43%	6.94%	2.07%	3.40%	100.00%
31～40岁	25.16%	58.32%	11.27%	3.06%	0.88%	1.31%	100.00%

(续表)

年龄段	住房状况						总计
	自有房屋(无房贷)	自有房屋(有房贷)	社会租赁住房	公租房/人才公寓	位宿舍	其他	
41～50岁	48.62%	42.20%	6.12%	1.22%	0.31%	1.53%	100.00%
51～60岁	62.00%	31.78%	3.88%	0.78%	0.78%	0.78%	100.00%
60岁以上	64.91%	26.32%	3.51%	0	0	5.26%	100.00%

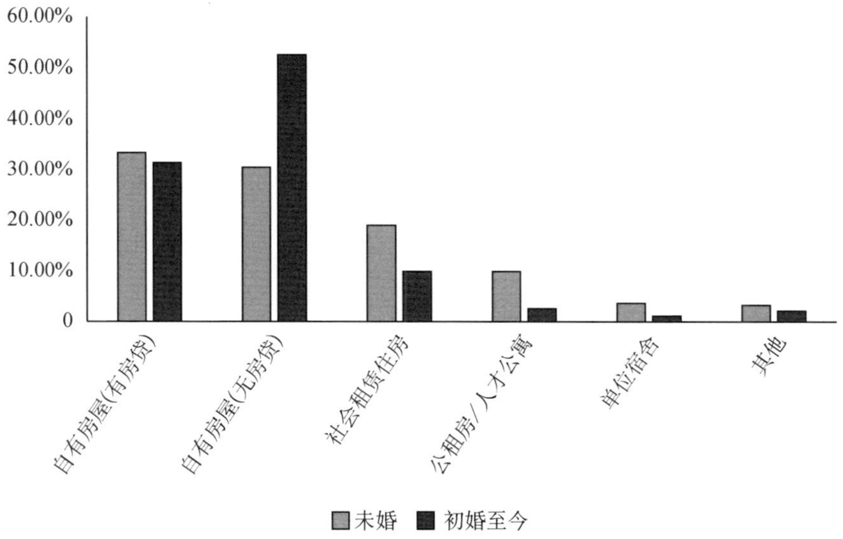

图18　婚姻状况与住房状况

上海本地人(出生即拥有上海户口)自有房屋比例最高,而外省市户籍的常住人口自有房屋比例最低、租房的比例最高。在居住在五个新城的上海本地人中,55.79%的受访者表示自有房屋(无房贷),新上海人和外省市户籍常住人口自有房屋(无房贷)的受访者比例分别是15.02%和9.15%,差异非常明显。新上海人自有房屋(有房贷)的受访者比例是最高的,达到了69.46%。外省市户籍的常住人口中,超过1/3的人租住房屋,其中选择社会租赁住房的受访者比例是31.78%,远远高于拥有上海户籍的本地人和新上海人。外省市户籍常住人口住在公租房/人才公寓的受访者比例为8.35%(表8)。

表 8　户籍与住房状况

户籍	住房状况						总计
	自有房屋(无房贷)	自有房屋(有房贷)	社会租赁住房	公租房/人才公寓	宿舍	其他	
上海本地人	55.79%	40.78%	1.48%	0.65%	0.28%	1.02%	100%
新上海人	15.02%	69.46%	8.37%	5.42%	0.25%	1.48%	100%
外省市户籍常住人口	9.15%	43.18%	31.78%	8.35%	3.21%	4.33%	100%

没有自有住房的原因主要是"房价高,没有购房能力"。本次调查询问了受访者没有自有房屋的原因,课题组挑选了居住在新城的样本。统计结果显示,高达 67.76%的受访者表示"房价高,没有购房能力",而选择"政策限购,没有购房资格"的受访者比例是 18.89%,二者差异明显。由此可见,没有"自有住房"原因主要是高房价而不是政策限购(图 19)。

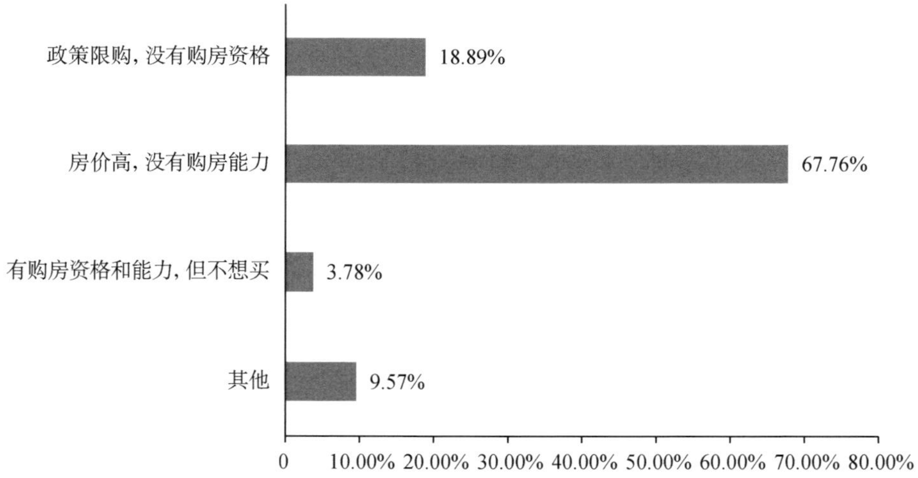

图 19　无"自有住房"的原因

年轻人受政策限购的影响更大。课题组进一步考察了 50 岁以下的受访者没有自有房屋的原因。统计结果显示,30 岁及以下的受访者受政策限购的影响最大,有 21.78%的受访者表示"政策限购,没有购房资格",31～40 岁的受访者该比例下降至 17.88%,41～50 岁的受访者该比例仅为 6.67%。随着年龄的增长,因为"房价高,没有购房能力"的受访者比例从 66.83%提升至 76.67%(表 9、表 10)。

表9 不同年龄段无“自有房屋”原因

年龄段	原因				总计
	政策限购，没有购房资格	房价高，没有购房能力	有购房资格和能力，但不想买	其他	
30岁及以下	21.78%	66.83%	3.96%	7.43%	100.00%
31～40岁	17.88%	67.55%	3.97%	10.60%	100.00%
41～50岁	6.67%	76.67%	3.33%	13.33%	100.00%

表10 户籍与无“自有房屋”原因

户籍	原因				总计
	政策限购，没有购房资格	房价高，没有购房能力	有购房资格和能力，但不想买	其他	
上海本地人	13.51%	54.05%	16.22%	16.22%	100%
新上海人	17.46%	66.67%	1.59%	14.28%	100%
外省市户籍常住人口	19.87%	69.70%	2.69%	7.74%	100%

4.2 新城购房意愿

若有购房计划，大部分受访者表示愿意在新城购房。超半数受访者(51.37%)表示非常愿意在新城购房，表示愿意的受访者比例是28.11%，二者合计达79.48%，表明新城对购房者颇具有吸引力。30岁及以下的受访者，具有本科及以上学历的受访者，被问及是否愿意在新城购房时，超半数受访者均表示“非常愿意”，这与总体趋势一致(图20—图22)。

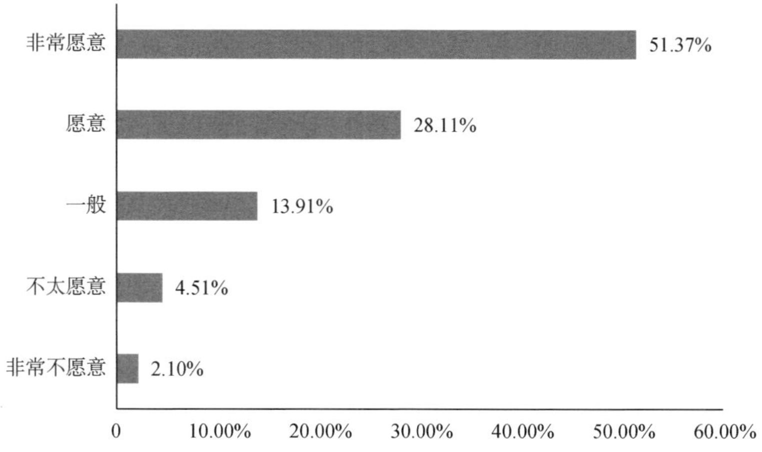

图20 新城购房意愿

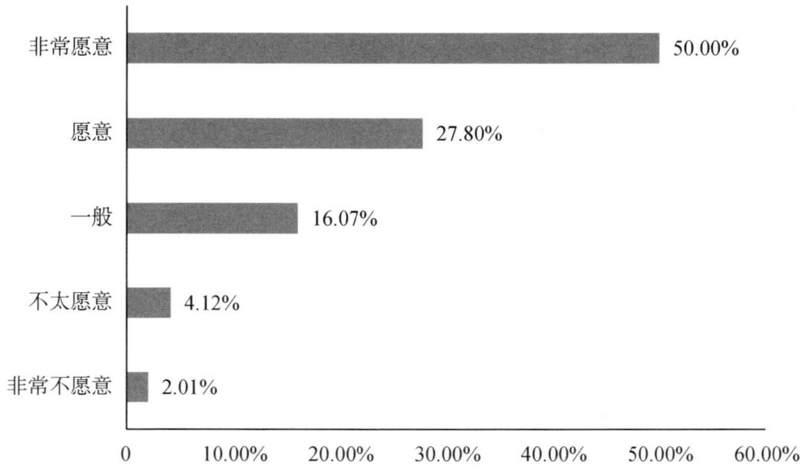

图 21　30 岁及以下受访者在新城购房的意愿

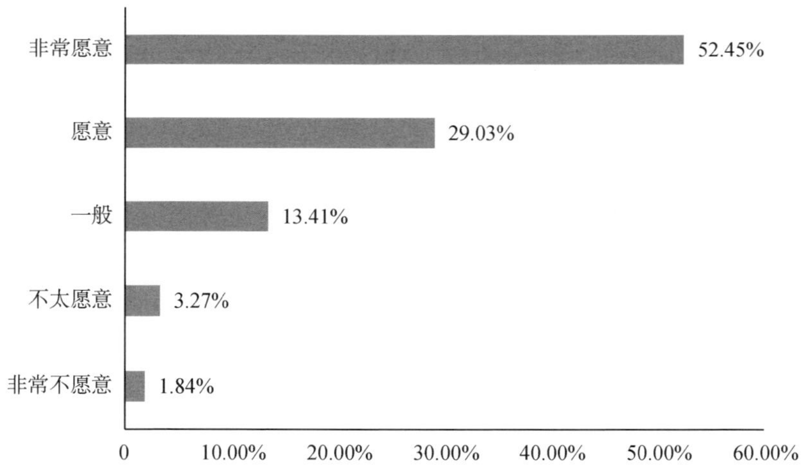

图 22　本科及以上学历受访者在新城购房的意愿

受访者在新城购房时，主要关注的是房屋价格、教育质量和升值前景。本次调查询问了受访者如果在新城购房，会考虑哪些方面，要求选择三个最重要的因素并排序。统计结果显示，89.96%的受访者首要考虑的因素是“房屋价格”，31.67%的受访者首要考虑的因素是“升值前景”，19.13%的受访者首要考虑的是“教育质量”。若综合各个选项的排序并计算综合得分，最重要的三个考虑因素依次是“房屋价格”“教育质量”“升值前景”。这一统计结果与课题组在访谈中的发现相符，住房不仅具有居住功能，还是家庭重要的固定资产。许多计划在新城购房的受访者除了考虑低于中心城区的价格外,也重视新城的建设会带来房产的保值和增值。受访者对教育质量的关注超过了医疗条件、就业机会、生态环境、公共交通等因素,由此可见受访者对所在学区教育质量的关切,而且即便在教育资源均等化的背景下,所在学区的基础教育质量依然与房产的价值紧密相关(表11)。

表11 新城购房的考虑因素

选项	综合得分	排名		
		第1位	第2位	第3位
房屋价格	6.71	89.96%	5.68%	4.36%
教育质量	4.20	19.13%	43.40%	37.47%
升值前景	3.61	31.67%	58.96%	9.37%
医疗条件	2.81	10.72%	40.89%	48.39%
就业机会	2.49	18.45%	45.06%	36.49%
商业配套	2.26	7.87%	31.91%	60.22%
生态环境	2.12	14.44%	34.08%	51.48%
公共交通	2.10	9.54%	29.21%	61.25%
物业服务	0.42	9.46%	26.04%	64.50%
文体设施	0.29	1.68%	27.73%	70.59%

5 通勤与交通工具选择

绝大多数在新城工作的受访者,通勤时间在1小时之内。统计结果显示,57.47%的受访者从居住地到单位单程时间在半小时以内,32.99%的受访单程时间为0.5~1小时。通勤时间在1小时内的比例,合计达到90.46%(图23)。

根据居住地和工作地点的组合情况,职住均在新城的受访者通勤时间最短。居住在新城、工作在别处的受访者中,仅有19.10%受访者的通勤时间在半小时以内,而通勤时间为1~2小时的受访者比例高达41.14%。与之相比,职住均在新城的受访者有58.76%通勤时间在半小时以内,而通勤时间为1~2小时的受访者比例仅为7.69%。由此可见,在新城居住和工作能极大地节约通勤的时间成本(表12)。

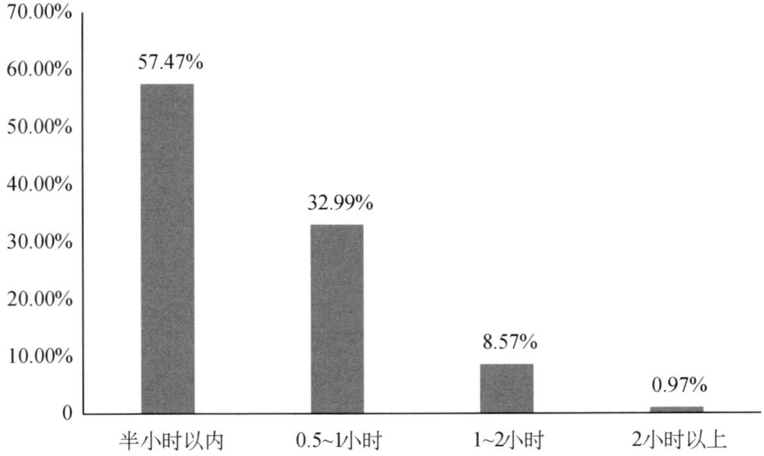

图 23　新城工作者的通勤时间

表 12　不同工作地与居住地组合的通勤时间

居住方式	通勤时间				总计
	半小时以内	0.5～1 小时	1～2 小时	2 小时以上	
只工作在新城	48.13%	34.76%	14.97%	2.14%	100.00%
只居住在新城	19.10%	34.77%	41.14%	4.99%	100.00%
职住在新城	58.76%	32.74%	7.69%	0.81%	100.00%

值得注意的是，居住在新城而工作在别处的受访者中，有 41.14%的受访者通勤时间为 1～2 小时。课题组对 268 个居住在新城、工作在别处且通勤时间为 1～2 小时的受访者进行了细致分析。分析发现，居住地与工作地之间的组合主要是：南汇新城到浦东新区的其他区域、奉贤新城到浦东新区、奉贤新城到徐汇区、奉贤新城到闵行区、嘉定新城到徐汇区、青浦新城到长宁区。由此，课题组推测，南汇新城、奉贤新城区位偏远，前者的产业规划尚在推进过程中，而后者的产业类型比较单一，使部分在其他区工作的受访者需要付出较高的通勤成本。课题组还调查了在新城工作者、职住均在新城人员的通勤方式和时间，排名前三的通勤方式是自驾车、电动自行车、轨道交通，采用电动自行车通勤的新城工作者通勤时间在半小时以内的占 73.21%，总体而言，无论采用哪种通勤方式，50%以上的新城工作者的通勤时间在 1 小时以内（图 24、图 25、表 13）。

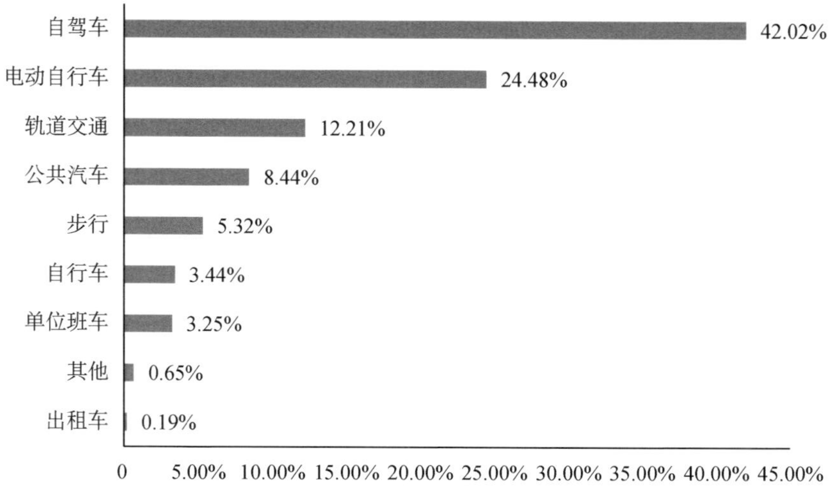

图 24　新城工作者上班的交通方式

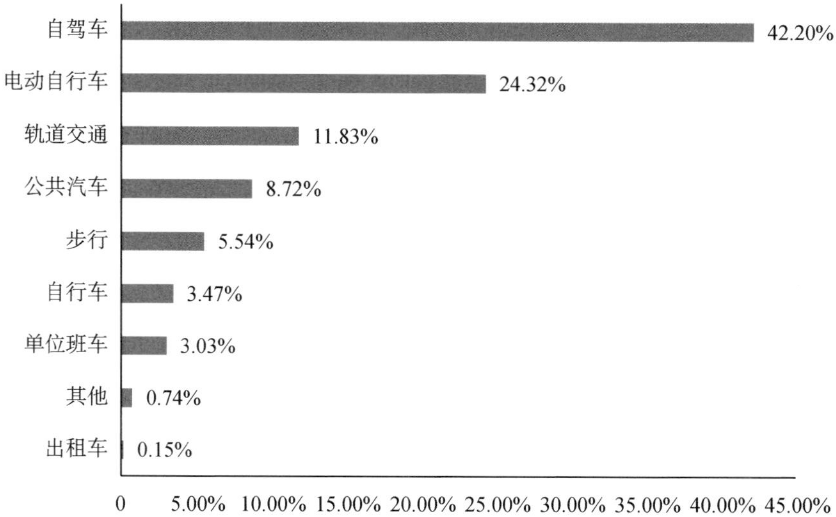

图 25　职住在新城的受访者上班交通方式

表 13　新城工作者的交通方式与通勤时间

交通方式	通勤时间				总计
	半小时以内	0.5～1 小时	1～2 小时	2 小时以上	
电动自行车	73.21%	23.34%	3.45%	0	100.00%
公共汽车	31.54%	50.00%	18.46%	0	100.00%
轨道交通	11.17%	52.13%	31.91%	4.79%	100.00%
自驾车	63.06%	32.92%	3.40%	0.62%	100.00%

6　“15 分钟生活圈”建设

6.1　“15 分钟生活圈”部分指标建设成效

通过对五个新城总样本按条件“工作在新城”“居住在新城”进行筛选，课题组获得了 1 351 个样本。统计结果显示，在新城 15 分钟生活圈建设中，公交站点的覆盖率较高，93.9%的受访者表示步行 15 分钟能到达公交站点；然而，其他方面的覆盖率相对不足。19%的受访者表示 15 分钟步行范围内没有社区公共服务设施、25.3 %的受访者表示 15 分钟步行范围内没有成熟的商业配套；30.1%受访者表示 15 分钟步行范围内没有新能源公共充电桩(表 14)。

表 14　步行 15 分钟可达设施

步行 10～15 分钟可达设施	比例
步行 15 分钟可达社区公共服务设施	81.0%
步行 15 分钟能到达公交站点	93.9%
步行 15 分钟的范围有新能源公共充电桩	69.9%
步行 15 分钟的范围有成熟的商业配套	74.7%
步行 15 分钟能够到达公园绿地或公共绿道	83.2%
步行 15 分钟的范围有文化活动场所	73.1%

统计结果显示，五个新城的 15 分钟生活圈建设各具特点(表 15)。

南汇新城的公交站点和公园绿地覆盖率较高，80%以上的受访者表示 15 分钟步行范围内能够获得；而新能源公共充电桩和成熟的商业配套覆盖率不足。课题组认为南汇新城仍处于规划和开发建设阶段，相比其他四个新城更像是一张全新的建设蓝图。但南汇新城规划理念先进、定位、建设快，相信随着建设进度的推进,南汇新城将逐渐成为设施齐全、生活便利、生态优美的宜居社区。

表15 各新城15分钟生活圈建设情况(15分钟步行范围内能够到达)

五个新城	建设指标					
	社区公共服务设施	公交站点	新能源公共充电桩	成熟的商业配套	公园绿地或公共绿道	文化活动场所
南汇新城	70.2%	88.4%	62.6%	63.1%	82.8%	61.1%
嘉定新城	91.0%	95.5%	82.4%	84.8%	87.6%	84.6%
青浦新城	70.9%	95.1%	57.8%	71.3%	84.8%	64.6%
松江新城	83.1%	95.6%	72.3%	76.7%	80.1%	74.7%
奉贤新城	75.4%	91.6%	55.1%	61.1%	74.9%	64.1%

嘉定新城的15分钟生活圈建设较为完善。各项指标中,表示15分钟步行范围内能够获得的人数占比均在80%以上,其中社区公共服务设施和公交站点两项超过90%。值得关注的是,新能源公共充电桩作为新型基础设施建设的重要内容,嘉定新城的覆盖率显著高于其他新城,有82.4%的受访者表示步行15分钟的范围有新能源公共充电桩。汽车产业是嘉定区的支柱产业,"十四五"期间,嘉定区明确将汽车"新四化"(电动化、智能化、网联化、共享化)作为汽车产业发展的重点战略方向,与汽车产业转型升级相关的基础设施建设处于领先地位。

青浦新城在15分钟生活圈建设的各项指标中,公交站点、公园绿地或公共绿地覆盖率较高,但新能源公共充电桩和文化活动场所覆盖率较低,有57.8%和64.4%的受访者表示15分钟步行范围内能够到达。课题组认为青浦的青西地区是江南水乡会客厅的重要组成部分,拥有得天独厚的生态环境优势和浓郁的江南水乡文化,随着青浦科创小镇建设的推进、公共服务配套的完善,青浦新城将会进一步彰显优势,补齐短板。

松江新城15分钟生活圈建设也较为完善。其中公交站点建设覆盖率较高,高达95.6%的受访者认为15分钟步行范围能够找到公交站点;83.1%的受访者表示15分钟步行范围能够到达社区公共服务设施。松江新城的建设具有坚实的基础,公共服务的配套比较成熟,各方面的指标相对均衡。

奉贤新城与青浦新城情况类似,优势与短板共存。其中公交站点建设成绩突出,有91.6%受访者表示15分钟步行范围内能够找到公交站点;而位列第二和第三的文体活动场所、公园绿地或公共绿道,有 64.1%和 74.9%的受访者表示 15 分钟步行范围内能够获得,与“公交站点”的覆盖水平差距较大。新能源公共充电桩、成熟的商业配套,有 55.1%和 61.1%的受访者表示步行 15 分钟能够到达。由此可见,虽然奉贤新城的规划和建设起点较高,高显示度的大型场馆围绕金海湖建设,而在微观尺度、与居民日常生活紧密相关的商业配套、文化活动场所仍在逐步建设之中。

6.2 “15 分钟生活圈”建设内容的重要性评价

外来青年人才关注公交站点建设和公园绿地建设。课题组挑选了 97 位 30 岁及以下、非上海户籍、拥有本科及以上学历、工作在新城的受访者展开分析,统计结果显示,“步行 15 分钟能到达公园绿地或公共绿道”的重要性得分最高,达到 8.53 分,其次是“公交站点”,得分是 8.48 分。课题组认为,公共交通建设与通勤时间密切相关,年轻的受访者在评估公共设施或服务的重要性时,对公共交通出行的便利性权重赋值较高。公园绿地或者公共绿道体现了青年人才对生态环境的重视,课题组在访谈中发现,拥有较高学历、工作岗位技能要求高、创造性强的受访者,期望工作和生活具备良好的环境,以便能够迅速、便捷地从繁忙紧张的工作状态中脱离,使身心得到放松,从而能够持续投入创造性工作之中。青年人才的工作与生活方式,使该群体对公共服务存在独特的偏好(表 16)。

表 16 外来青年人才对 15 分钟生活圈重要性评分(1～10 分)

建设指标	社区公共服务设施	公交站点	新能源公共充电桩	成熟的商业配套	公园绿地或公共绿道	文化活动场所
平均分	8.29	8.48	8.22	8.38	8.53	8.39

中青年受访者相比老年受访者对 15 分钟生活圈的重要性评价更高。课题组挑选在新城居住和工作的受访者,按照年龄进行分组。统计结果显示,50 岁以下的受访者对各项内容的重要性评分基本上都高于 50 岁以上的受访者。例如,41～50 岁的受访者对 15 分钟能到达公交站点的重要性评分达到了 9.09 分。还有一个有趣的发现,越年轻的受访者对“新能源公共充电桩”的重要性评分越高。统计结果显示,30 岁及以下、31～40 岁、41～50 岁的受访者对 15 分钟能够到达新能源公共充电桩的重要性评分分别是 8.40 分、8.34 分、8.10 分,明显高于 51～60 岁和 60 岁以上受访者的 7.26 分、7.25 分。由此推测,新城在基

础设施的建设中应该面向未来、更具前瞻性，充分考虑数字信息时代建设智慧城市所需的基础性要件，使新城成为城市规划和建设的示范样板，增强对青年群体的吸引力(表17)。

表17　各年龄段对15分钟生活圈重要性评分(1～10分)

年龄段	建设指标					
	社区公共服务设施	公交站点	新能源公共充电桩	成熟的商业配套	公园绿地或公共绿道	文化活动场所
30岁及以下	8.57	8.77	8.40	8.60	8.62	8.50
31～40岁	8.64	8.94	8.34	8.71	8.75	8.51
41～50岁	8.58	9.09	8.10	8.65	8.85	8.46
51～60岁	8.05	8.85	7.26	7.85	8.38	7.57
60岁以上	6.25	8.83	7.25	8.00	8.25	7.58

工作在新城而居住在别处的受访者，对15分钟生活圈的重要性评价更高。课题组根据受访者的居住地点和工作地点进行分组，展开细致考察。统计结果显示，工作在新城而居住在别处的受访者，相比单纯居住在新城、职住合一的受访者在“社区公共服务”“新能源公共充电桩”“成熟的商业配套”“公园绿地或公共绿道”等方面的重要性评分均更高。那么，该如何解释这一统计结果呢？课题组访谈了部分职住分离者，发现他们居住在其他区域，因而不得不付出更长的通勤时间。这是因为个人的居住决策往往以家庭为单位，需要考虑家庭成员对教育、医疗、商业配套等公共服务的需求，而尚在建设中的新城在公共服务供给方面还有提升的空间。所以，职住分离、仅在新城工作的群体对公共服务的期待更高，对15分钟生活圈几项指标重要性的评分也相应更高(表18)。

表18　职住分离、职住平衡与“15分钟生活圈”重要性评分(1～10分)

工作群体	建设指标					
	社区公共服务设施	公交站点	新能源公共充电桩	成熟的商业配套	公园绿地或公共绿道	文化活动场所
单纯居住者	8.31	8.84	7.76	8.51	8.53	8.24
单纯工作者	8.68	8.88	8.28	8.66	8.77	8.58
职住合一者	8.56	8.90	8.26	8.62	8.70	8.44

7 五个新城公共服务满意度

课题组选取了 1 351 位居住并工作在新城的受访者，统计结果显示在公共服务的各个领域中，生态环境、公园绿地建设、治安状况、垃圾分类处置和管理以及智慧城市建设五个方面得分均超过 8 分；慢行交通网得分为 7.98 分，处于较高水平。这说明在新城建设中，生态环境治理和交通发展方面取得了一定成果，而治安状况与智慧城市建设的高评分则体现出上海新城建设中的技术运用水平不断增强，在社会治理方面发挥着重要作用。优质医疗资源和休闲娱乐活动方面有待进一步完善，指标得分分别为 7.50 分和 7.73 分，位列倒数第一和倒数第二。由此可见，未来新城发展应该重点加强医疗系统的建设，提升医疗资源的品质；在文化建设方面，新城应大力发展满足当地居民文化娱乐消费需求的文化体育设施和休闲娱乐设施。与上海中心城区相比，新城的休闲娱乐活动不够丰富和新颖，影响了引才和留才。例如，年轻的高校学生是各地人才竞争的对象，除了就业机会和薪酬福利，一个地区的文化氛围、志同道合者的集聚是非常有吸引力的。许多国内城市积极建构自身的特色符号，通过营造年代感、文艺气息、生活氛围，打造出一批“文艺弄潮地”“网红打卡地”“先锋文化空间”等。这种多元融合、异彩纷呈、活力四射的空间，深深吸引了受过高等教育、还未组建家庭的年轻人。然而，建设中的新城，在休闲娱乐、文化氛围方面对年轻人的吸引力略显不足（表 19）。

表 19　公共服务满意度评分（1～10 分）

指标	平均分
基础教育资源	7.79
优质医疗资源	7.50
公共交通	7.83
慢行交通网（步行道、自行车道等）	7.98
生态环境	8.41
垃圾分类处置和管理	8.19
公园绿地建设	8.28
滨水休闲场所	7.77
文化体育设施	7.80
休闲娱乐活动	7.73

(续表)

指标	平均分
历史文化风貌保护	7.87
突发性公共事件应急处置	7.82
治安状况	8.46
智慧城市建设(在线办事、一网通办等)	8.24

南汇新城的公共服务中,生态环境、公园绿地建设、治安状况与智慧城市建设四个方面得分均在8分以上;基础教育资源、慢行交通网以及垃圾分类处置和管理等方面紧随其后,得分在7.8分以上。由此可见,南汇新城近年来在生态领域、交通建设以及教育发展方面取得了一定成果;同时,技术的运用助推了智慧城市建设,切实提升了社会面治理和管理水平,保障了社会治安的稳定。良好的生态环境与和谐的社会环境是有效提升居民公共服务满意度的重要因素(表20)。

表20　南汇新城公共服务满意度评分(1～10分)

指标	平均分
基础教育资源	7.81
优质医疗资源	7.15
公共交通	7.14
慢行交通网(步行道、自行车道等)	7.86
生态环境	8.55
垃圾分类处置和管理	7.98
公园绿地建设	8.36
滨水休闲场所	7.77
文化体育设施	7.55
休闲娱乐活动	7.32
历史文化风貌保护	7.53
突发性公共事件应急处置	7.67
治安状况	8.31
智慧城市建设(在线办事、一网通办等)	8.19

居住且工作在嘉定新城的受访者公共服务满意度水平较高,各项得分均超

过8分,在五个新城中排名第一。其中生态环境、垃圾分类处置和管理、公园绿地建设、治安状况、智慧城市建设方面成绩尤为突出,得分均在8.5分以上。在不足方面,基础教育资源、优质医疗资源、滨水休闲场所、休闲娱乐活动以及突发性公共事件应急处置等方面得分相比其他各项稍低。由此可见,嘉定新城生态在环境建设、治安状况方面在过往的发展中取得了较好的成绩,而休闲娱乐设施、医疗教育优质资源以及应急处置水平则是制约居民公共服务满意水平进一步提升的主要原因。因此,嘉定新城在未来的发展进程中,需要在保持良好的生态环境和高质量的社会治理的基础上,着重强调优质医疗卫生资源的引入,以及教育事业的发展;加强本区休闲娱乐产业的发展,营造多元丰富的文化环境,吸引青年人才选择嘉定;同时,还需要提高应急处置水平,推动基层治理现代化,补齐发展短板(表21)。

表21　嘉定新城公共服务满意度评分(1~10分)

指标	平均分
基础教育资源	8.30
优质医疗资源	8.26
公共交通	8.42
慢行交通网(步行道、自行车道等)	8.28
生态环境	8.59
垃圾分类处置和管理	8.56
公园绿地建设	8.55
滨水休闲场所	8.14
文化体育设施	8.32
休闲娱乐活动	8.27
历史文化风貌保护	8.28
突发性公共事件应急处置	8.29
治安状况	8.72
智慧城市建设(在线办事、一网通办等)	8.53

青浦新城公共服务的各项指标中,生态环境、垃圾分类处置和管理、公园绿地建设、治安状况方面得分较高,均在7.90分以上,其中生态环境和治安状况得分超过8分,处于中上水平。在不足方面,优质医疗资源和基础教育资源得分最

低,分别为6.38分与6.98分,而文化体育设施以及休闲娱乐活动得分分别为7.17分、7.14分,低于其他各项指标与整体水平。这说明在当前建设背景下,青浦新城在生态建设和治安管理方面已取得较好成效。但与此同时,在其他方面建设水平不高,尤其在医疗教育资源、文化体育设施方面与整体发展水平存在较大差距。因此,在青浦新城未来的发展规划中,一是需要重视医疗资源的引进,提供更高质量的医疗卫生服务,满足居民的健康需求;二是需要重视基础教育建设,保障经费投入,完善管理体制,提高基础教育发展水平;三是需要在文化体育设施、休闲娱乐活动方面发力,营造年轻的文化氛围,满足居民多样化、高层次的文化需求(表22)。

表22　青浦新城公共服务满意度评分(1～10分)

指标	平均分
基础教育资源	6.98
优质医疗资源	6.38
公共交通	7.48
慢行交通网(步行道、自行车道等)	7.67
生态环境	8.30
垃圾分类处置和管理	7.95
公园绿地建设	7.99
滨水休闲场所	7.33
文化体育设施	7.17
休闲娱乐活动	7.14
历史文化风貌保护	7.58
突发性公共事件应急处置	7.13
治安状况	8.26
智慧城市建设(在线办事、一网通办等)	7.81

居住且工作在松江新城的受访者,对公共服务的满意水平整体较高。在松江新城各项公共服务中,除优质医疗资源、滨水休闲场所、文化体育设施和休闲娱乐活动这四项外,各项得分均在8分以上;而这四项得分也超过7.80分。这表明松江新城公共服务建设水平整体较高,其中生态环境以及治安状况方面的成绩尤为突出,分别为8.39分、8.56分。在未来发展中,松江新城需要在保持

良好的生态治理和社会治理的基础上，注重休闲娱乐和文化体育设施的建设，引入更多高质量的医疗资源，满足居民健康生活的物质需要和精神需要，提升公众对公共服务的整体满意水平（表 23）。

表 23　松江新城公共服务满意度评分（1～10 分）

指标	平均分
基础教育资源	8.02
优质医疗资源	7.90
公共交通	8.11
慢行交通网（步行道、自行车道等）	8.22
生态环境	8.39
垃圾分类处置和管理	8.33
公园绿地建设	8.24
滨水休闲场所	7.82
文化体育设施	7.96
休闲娱乐活动	7.92
历史文化风貌保护	8.12
突发性公共事件应急处置	8.07
治安状况	8.56
智慧城市建设（在线办事、一网通办等）	8.43

居住且工作在奉贤新城的受访者，在公共服务的各项指标中，对生态环境、公园绿地建设和治安状况等方面的满意度较高。这说明奉贤新城在近年发展中，在生态环境以及治安状况方面取得一定成果。良好的生态环境和安全稳定的社会环境是提高居民对政府公共服务满意度的重要因素。然而，奉贤新城在基础教育资源、公共交通、历史文化风貌保护以及突发性公共事件应急处置方面存在不足，得分分别为 6.93 分、6.92 分、7.03 分、7.04 分；优质医疗资源方面仅为 6.41 分。这说明奉贤新城未来的发展规划中，一是需要引进更多高质量的医疗资源，满足居民健康需求；二是需要加强基础教育建设，提高基础教育普及率，为基础教育发展提供更多普惠性服务；三是需要在休闲娱乐文化环境建设方面持续发力，提供更加丰富的文化产品，打造更加年轻多元的文化环境，以满足居民的文化需求；四是需要提高应急处理水平。当前公共安全形势严峻，

各类突发性公共事件频发,基层政府应急处置水平的高低与居民的生活安全息息相关。因此,在未来的发展中,奉贤新城需要提升风险监测和应急处置能力,推进治理能力现代化发展(表 24)。

表 24　奉贤新城公共服务满意度评分(1～10 分)

指标	平均分
基础教育资源	6.93
优质医疗资源	6.41
公共交通	6.92
慢行交通网(步行道、自行车道等)	7.25
生态环境	7.91
垃圾分类处置和管理	7.44
公园绿地建设	7.88
滨水休闲场所	7.20
文化体育设施	7.15
休闲娱乐活动	7.09
历史文化风貌保护	7.03
突发性公共事件应急处置	7.04
治安状况	7.95
智慧城市建设(在线办事、一网通办等)	7.68

通过对五个新城整体分析以及各个新城的具体分析,课题组发现:近年来新城建设在生态环境、社会治安以及智慧城市建设方面都取得了良好成效,有效提高了居民对政府公共服务的满意度。基础教育资源、优质医疗资源、文化体育设施、休闲娱乐活动、突发性公共事件应急处置等方面是目前新城建设中普遍存在的短板。随着人口老龄化趋势的发展,未来医疗和养老成为民众日常生活中的重要关注点。医疗资源的质量和可达性是未来影响人们生活质量的重要因素。基础教育资源关乎青少年的成长和发展,基础教育资源的质量和教育资源的公平配置是推动教育发展,促进社会公平正义的重要方面。新城建设尤其需要重视基础教育的普及和教育质量的提升。此外,随着生活水平的不断提高,人们在

精神文化领域的需求日益多样化,因此高质量的医疗资源、教育资源和文化资源是新城未来建设的重点。

8 青年人才公共服务满意度

由于青年人才是各个新城人口吸纳和人才引进的重点对象,课题组筛选出年龄22～30岁、具有本科及以上学历、在五个新城工作的634位受访者进行分析,考察他们对公共服务的满意度。

8.1 青年人才整体公共服务满意度

青年人才对政府公共服务满意度水平整体较高,其中生态环境以及社会治安方面尤为突出,而医疗、教育和交通方面则存在不足。根据表25,生态环境、公园绿地建设以及治安状况三方面得分均超过8分;其余大部分指标的得分也在7.5分以上;基础教育资源、优质医疗资源和公共交通三方面得分在7～7.5分,满意度水平较低。由此可见,青年群体对政府近年来公共服务的满意度总体较高,尤其是在生态环境建设和社会治安管理方面,新城公共服务建设取得了一定成效。良好的生态环境以及和谐稳定的社会环境满足了青年人才工作生活的基本需要,提升了青年人才的生活质量与幸福感,从而提升了青年人才对公共服务的满意度。

表25 青年人才对公共服务的满意度(1～10分)

指标	平均分
基础教育资源	7.39
优质医疗资源	7.20
公共交通	7.37
慢行交通网(步行道、自行车道等)	7.66
生态环境	8.29
垃圾分类处置和管理	7.89
公园绿地建设	8.12
滨水休闲场所	7.72
文化体育设施	7.61
休闲娱乐活动	7.50
历史文化风貌保护	7.70

(续表)

指标	平均分
突发性公共事件应急处置	7.59
治安状况	8.14
智慧城市建设(在线办事、一网通办等)	7.97

8.2 职住状况与青年人才的公共服务满意度

在职住方面,在新城工作和居住的青年人才对公共服务的满意度更高。由表 26 可知,在工作方面,在新城工作的青年人才的公共服务满意度得分大多在 8 分以上,其中生态环境和治安状况两方面得分超过 8.5 分。说明近年来新城在生态保护与社会治安管理方面取得了一定效果。然而,课题组也发现,优质医疗资源、公共交通两方面与其他方面相比还存在一定差距,得分均在 8 分以下。这表明未来新城发展中需要重点引入优质医疗资源,提供更多高质量的医疗服务;同时,加强交通建设,进一步完善新城轨道交通与其他交通方式的衔接,缩短新城与市区的通勤距离。

表 26 不同职住情况与青年人才对公共服务的满意度(1～10 分)

指标	职住情况			
	新城工作(N=375)	非新城工作(N=141)	新城居住(N=460)	非新城居住(N=174)
基础教育资源	8.02	7.11	7.45	7.23
优质医疗资源	7.79	6.98	7.15	7.34
公共交通	7.91	7.11	7.37	7.36
慢行交通网(步行道、自行车道等)	8.18	7.37	7.71	7.51
生态环境	8.65	7.94	8.33	8.17
垃圾分类处置和管理	8.28	7.60	7.88	7.91
公园绿地建设	8.46	7.94	8.16	8.01
滨水休闲场所	8.18	7.46	7.79	7.53
文化体育设施	8.10	7.34	7.61	7.61
休闲娱乐活动	8.01	7.28	7.51	7.47
历史文化风貌保护	8.15	7.43	7.66	7.81

(续表)

指标	职住情况			
	新城工作(N=375)	非新城工作(N=141)	新城居住(N=460)	非新城居住(N=174)
突发性公共事件应急处置	8.17	7.22	7.58	7.61
治安状况	8.59	7.70	8.18	8.03
智慧城市建设(在线办事、一网通办等)	8.45	7.72	8.02	7.86

注:N 为调查样本数量,由于"是否在五个新城工作"的前提条件为"在五个新城所在区域工作",因此筛除"在五个新城所在区域工作"的样本,该变量有效样本为 516 人;"是否在五个新城居住"不涉及此情况,该变量有效样本为 634 人。

在职住方面,在新城居住的青年人才对公共服务的满意度与在新城外居住的青年人才群体差异不大。由表 26 可知,新城居住的青年人才公共服务满意度整体在 7.5~8 分,与非新城居住样本差值在 0.1~0.2 分。其中,在生态环境、公园绿地建设、治安状况和智慧城市建设方面得分最高,均超过 8 分;优质医疗资源、公共交通以及基础教育资源得分最低。教育、医疗以及交通出行是新城居民日常生活的重要关注点,对居民生活幸福感有着重要影响。基层政府作为公共服务的提供者,其公共服务水平的高低决定了当地居民的生活质量水平,并且进一步影响居民对政府绩效合法性的认可。因此,在新城未来的发展中,需要重视社会民生建设,在教育、医疗以及公共交通方面提升服务水平,引入更多、更优质的医疗资源,并完善基础教育建设,以满足当地居民在社会生活层面更高质量的需求。

青年人才在休闲娱乐方面需求较大,而新城休闲娱乐设施建设尚显不足,难以充分满足青年人才的需求,存在较大的进步空间。从表 27、表 28 可以发现,五个新城青年人才在休闲娱乐方面需求较高,空余时间会选择体育运动、逛街、外出休闲娱乐、朋友聚餐的青年人才比例分别为 27.7%、38.0%、47.0%、36.8%。在娱乐活动地点的选择上,大部分青年人才会选择在本区商业中心消费,但也有 24.5%的受访者表示会去市中心的商业街消费。由此可见,青年人才在休闲娱乐方面的需求颇为旺盛,且活动地点大多在新城附近区域。然而,调查数据显示,无论是在新城工作,还是在新城居住,青年人才对本区休闲娱乐活动和文化体育设施建设的满意度并不高。在新城工作的青年人才,其对文化体育设施和休闲娱乐活动方面的满意度分数分别为 8.10 分、8.01 分,而新城居住的青年人才,对这两方面的满意度分数为 7.61 分、7.51 分。与其他方面相比,这两方面的满意度水平都相对较低。新城建设发展时间较短,在文体活动场所、休闲娱乐设施方面,与市区相比存在一定差距。青年人才作为年轻一代,追求新潮、时尚的娱乐文化,丰富多彩的休闲娱乐活动以及充满活力的文化空间是吸引青年人才的重要因素。因此,新城在未来的发展中,需要重视休闲娱乐环境的塑造,打造符合青年人才个性品位的文化空间,以满足青年人才在日常生活中休闲娱乐需求。

通过以上分析,可以发现近年来新城的公共服务建设在生态环境、公园绿地建设以及治安状况方面成效显著,是新城吸引青年人才的主要因素;而在基础教育资源、优质医疗资源、公共交通、休闲娱乐活动方面存在不足,这是阻碍青年人才公共服务满意度进一步提升的因素。无论是在选择"新城工作"的受访者,还是选择"新城居住"的受访者,对生态环境、公园绿地以及治安状况满意度评分,均在 8 分以上。在"新城工作"的受访者对这三方面的满意度评分在 8.5 分左右;而基础教育资源、优质医疗资源和公共交通三方面则在"非新城工作"和"非新城居住"的受访者中满意度评分低,均在 7.5 分以下。在交通方面,新城地理位置相对偏远,公共交通的可达性和便捷性对居民的日常出行具有重要影响。青年人才在休闲娱乐活动方面往往需求较高,而当前新城的相关休闲娱乐建设还较为欠缺(表 27、表 28)。因此,便捷的公共交通不仅能够满足青年人才日常工作生活的出行需求,还能够方便人才在新城与市区之间的出行,减少新城因位置偏远给青年人才娱乐活动造成的不便。在教育方面,青年人才走出校园,步入社会后,面临着婚姻和未来子女教育的现实压力。而成熟完备的基础教育体系和丰富的教育资源无疑会成为吸引青年人才长期发展的巨大优势。在医疗方面,随着人口老龄化发展,社会养老需求的增长,人们追求健康生活,愈发重视生活品质,优质的医疗资源成为生活质量的重要保证。与中心城区相比,新城优质医疗资源数量较少,医疗体系建设尚不完善。因此,在新城的未来发展中,需要更加重视优质医疗资源的引进,满足居民的健康生活需求。

表 27　青年人才休闲娱乐方式选择(多选题)

方式	比例
体育运动	27.7%
逛街	38.0%
外出休闲娱乐(看电影、K 歌等)	47.0%

(续表)

方式	比例
朋友聚餐	36.8%
逛公园、绿地	30.1%
去周边风景区	14.7%
文化艺术活动	11.6%
待在家里	33.2%
其他	0.9%

表 28　青年人才休闲娱乐活动地点选择

地点	频数	比例
市中心的商业街	165	24.5%
本区的商业中心	344	51.0%
居住小区附近的商场或餐馆	150	22.3%
工作单位附近的商场或餐馆	15	2.2%
总计	674	100%

8.3　户籍与青年人才的公共服务满意度

拥有上海户籍的青年人才对公共服务的满意度整体高于非上海户籍青年人才,在公共交通、基础教育资源和历史文化风貌保护方面尤为明显。表 29 显示,拥有上海户籍的青年人才对公共服务各方面的满意度都较高,除优质医疗资源方面外,其他方面评分均超过 8 分;而非上海户籍的青年人才中,仅有生态环境、治安状况和智慧城市建设三个方面满意度评分达到 8 分,其他方面得分均在 8 分以下。其中分差较大的三个方面为基础教育资源、公共交通和历史文化风貌保护分别为 0.88 分、1.05 分、0.91 分。我国户籍制度背后涉及教育、医疗以及就业方面的资源分配,关乎每个居民日常生活的具体利益。在基础教育阶段,存在公立学校与私立学校、热门学校与普通学校等差异,上海户籍将在子女教育方面能为青年人才提供较大的优势和便利。因此,在未来发展中,加强基础教育建设,推进教育体制改革,降低户籍制度门槛,为青年人才提供更多、更公平的教育机会,将成为新城引才留才的重要举措。

表29　不同户籍青年人才公共服务满意度(1～10分)

指标	上海户籍(N=279)	非上海户籍(N=96)	差值
基础教育资源	8.24	7.36	0.88
优质医疗资源	7.96	7.28	0.68
公共交通	8.18	7.13	1.05
慢行交通网(步行道、自行车道等)	8.35	7.69	0.66
生态环境	8.80	8.20	0.60
垃圾分类处置和管理	8.42	7.86	0.56
公园绿地建设	8.63	7.97	0.66
滨水休闲场所	8.38	7.59	0.79
文化体育设施	8.30	7.53	0.77
休闲娱乐活动	8.16	7.56	0.60
历史文化风貌保护	8.38	7.47	0.91
突发性公共事件应急处置	8.31	7.75	0.56
治安状况	8.74	8.16	0.58
智慧城市建设(在线办事、一网通办等)	8.61	8.00	0.61

注:N为调查样本数量。

在公共交通方面,拥有上海户籍的青年人才对公共交通的满意度水平远高于非上海户籍青年人才。根据以往对公共物品的相关研究,公共交通服务的享有并不直接受到户籍差异的影响,因此,课题组认为户籍与公共交通满意度之间可能存在其他因素,导致他们对公共服务满意度的不同。为此,课题组对不同户籍青年人才交通出行方式以及通勤时间作进一步分析,结果如表30、表31所示。

表30　通勤方式对比

方式	上海户籍	非上海户籍
步行	4.70%	4.52%
自行车	4.30%	3.05%
电动自行车	14.30%	20.92%
公共汽车	12.20%	9.82%

(续表)

方式	上海户籍	非上海户籍
轨道交通	15.70%	34.48%
单位班车	3.20%	3.83%
自驾车	45.20%	22.59%
其他	0.40%	0.79%
总计	100%	100%

表 31 通勤时间对比

时间	上海户籍	非上海户籍
半小时以内	52.0%	43.8%
0.5～1 小时	41.2%	35.4%
1～2 小时	6.1%	17.7%
2 小时以上	0.7%	3.1%
总计	100%	100%

在交通方面,在新城工作且拥有上海户籍的青年人才,更多选择自驾车通勤,其通勤时间相对非上海户籍的青年人才更短,对公共交通的满意度更高。在拥有上海户籍的青年人才中,自驾车上班的比例为 45.2%,而非上海户籍人才这一比例为 22.59%。在通勤时间方面,拥有上海户籍的青年人才通勤时间在 1 小时以内的比例为 93.2%,非上海户籍人才中这一比例为 79.2%。由此可见,户籍差异使公共交通满意度存在差异,部分原因是不同户籍的青年人才在通勤方式和通勤时间上的不同,导致他们对公共交通满意度的评分各异。上海户籍青年人才通过自驾车方式上班,而不是公共交通,不仅在通勤环境上更为舒适,而且也节省了通勤时间,降低了路上等待和乘车的时间成本,提高了其在公共交通方面对公共服务的满意度。而对于非上海户籍的青年人才,他们在日常通勤上需要花费较多时间,并且公共汽车与轨道交通的通勤环境在一定程度上降低了其舒适程度,使他们在公共交通方面对公共服务的满意度较低。因此,在未来新城的建设过程中,一方面,要加强公共交通网络建设,提高交通覆盖率和便捷性,满足当地居民上班、出行的通勤需要;另一方面,要注意公共汽车、地铁轨道交通内部环境建设,在站点规划、车内环境以及站内引导等方面提升服务水平,以此提升居民对公共交通服务的满意程度。

新城可持续发展实践案例

近年来，上海五个新城建设取得巨大进步，在人口功能导入、新兴产业发展、公共服务质量提升、优质文化资源引入和建设等方面有诸多创举，逐步形成各具特色的产业布局、地标建筑和发展路径。五个新城发挥后发优势，在新兴高端制造业、绿地和文化服务等领域形成独有的吸引力。本篇选取上海五个新城不同侧面又颇具代表性的实践案例，供读者一观上海新城建设之新现象。

专题一

功能导入与产业发展

2023年7月25日，2023年重大功能性事项导入新城发布活动正式开启，活动发布了30个重大功能性事项名单。按照独立的综合性节点城市定位，五个新城建设已进入全面发力、功能提升的关键阶段，在2022年向新城导入首批25项重大功能性事项的基础上，2023年紧扣"数量有增加、类型有拓展、能级有提升"的总体要求，向新城导入重大功能性事项30项，将进一步提升新城发展综合能级。

五个新城建设是上海转变发展方式、优化城市空间格局的重要突破口，是更好服务长三角一体化发展国家战略的重要举措。要聚焦重点项目抓推进，加快"一城一中心""一城一名园""一城一枢纽""一城一绿环"建设，配齐公共服务资源，加快综合交通体系建设，塑造有特色的城市形态。要强化功能导入行动，持续推动企业总部、研发创新、要素平台、公共服务等功能向新城集聚，以功能的集聚打造新城增长引擎。要提升精细化管理水平，通过技术赋能和数据赋能，提升市民企业的感受度。各相关区、各部门要形成合力，加强政策集成，完善推进机制，加快破解瓶颈难题，促进新城建设实现更大突破。

2023年新导入事项类型丰富，涵盖总部机构、学校医院、文体旅活动等多项功能。随着新城建设全面深入，功能导入工作从产业先行转向多头并进。在新发布的事项中，公共服务功能类有14项，比去年增加10项。

在2023年新发布事项中，五个新城的优势功能进一步凸显。例如，嘉定新城在"车"字上做文章，放大"国际汽车智慧城"品牌效应，导入上海汽车芯片工程中心、上海360汽车耐力赛等重大功能性事项；青浦新城在"水"字上做文章，依托水乡水岸水景，引入环意自行车赛·长三角公开赛，积极打造"高颜值、最江南"的骑行盛况；松江新城在"创"字上做文章，在新型基础设施建设、科技创新领域投资等环节上同步发力，引入上海科技网数据中心、G60科创走廊科技成果转化基金等，着力提升科技创新策源功能；奉贤新城在"美"字上做文章，引进千年健康区域总部、多宁生物全球总部，不断延长“东方美谷”产业链条；南汇新城在“融”字上做文章，依托“临港海湖韵”的滨海城区独特意象，导入水上运动中心、半程马拉松、外籍人员子女学校等优质教育体育资源，努力为临港新片区配套有特色的公共服务。各新城充分利用各自区域优势和资源禀赋，吸引特色功能集聚，推动产业纵深发展。

附

2023 年重大功能性事项清单

嘉定新城：上海电气集优股份轴承制造与运营总部、顺丰集团数字化供应链（中国）总部、上海汽车芯片工程中心、集成电路材料基因组技术平台、上海大学—上海市集成电路与新型显示材料工程研究中心、上海 360 汽车耐力赛暨新能源汽车耐力赛。

青浦新城：优亚集团华浦数字云谷、赫格纳斯（中国）有限公司亚太区域总部、上海联交所产权综合服务平台、中山医院青浦新城院区、宇培夏塘椿居文旅康养综合体、环意自行车赛·长三角公开赛。

松江新城：上海科技网数据中心（暂名）、G60 星链超级工厂、机械工业上海蓝亚石化设备检测所有限公司、长三角 G60 科创走廊科技成果转化基金、上师大附中松江分校（暂名）、上海国际电影节·科幻电影周。

奉贤新城：阿里云能力中心、千年健康区域总部、多宁生物全球总部、东华大学附属奉贤致远中学（暂名）、复旦儿科医院奉贤院区、第 22 届“江南之春”美术作品展。

南汇新城：申能财产保险股份有限公司、宁德时代智能底盘研发中心、浦东职业技术学院（暂名）、上海临港耀中外籍人员子女学校、临港帆船帆板基地（水上运动中心）（暂名）、上海临港半程马拉松。

案例1　抓住产业转型新机遇：嘉定汽车“新四化”实践

案例背景

21世纪新一轮的科技变革正引领全球制造业的转型升级和格局重塑，“中国制造2025”同时也指明了经济新常态下建设制造强国的战略方向。“十四五”期间，深化嘉定世界级汽车产业中心核心承载区建设，对打造上海汽车产业创新主阵地、产业集中地、智慧新高地，提供五个新城产城融合、功能提升的示范样板，具有重大意义。鉴于此，嘉定围绕汽车产业这一支柱产业，围绕建设世界级汽车产业中心核心承载区这一重要任务，制定了《嘉定区汽车“新四化”千亿专项行动方案(2021—2025年)》，针对智能网联汽车发展、“新四化”示范区建设、产业结构和辐射带动能力、汽车复合型人才培养过程中出现的问题，扩大示范应用并探索商业运营，优化产业布局以促进协同发展，引育汽车人才以构筑产业高地，综合把握产业战略、核心技术、产业化推广、示范运营等各种相关要素的协同与互动，利用嘉定的优势资源与机遇，抢占汽车“新四化”领域发展先机，加速汽车产业动能转换，培育嘉定城市发展新动能。

问题分析

1. 智能网联汽车发展支持力度不足，汽车“新四化”示范区建设亟待加强

一方面，嘉定在智能网联汽车测试与示范道路的进一步开放、相关企业的示范应用和运营等方面亟待获得进一步许可和规范，智能网联汽车技术的创新及产业化应用需要提速推进。另一方面，汽车“新四化”示范区建设新动能不足，产业创新体系需要进一步完善，而创新机制则更需要适应企业之间、产品产业化的需求。应用示范面不够广，缺少能够带动创新需求的重点项目，尚未形成核心材料与零部件的批量生产布局；企业尚未形成较大的整体规模，需要政策扶持和市场培育。

2. 汽车龙头总部企业的数量和影响力不足，产业辐射带动能力亟待提高

作为率先布局汽车“新四化”产业链的嘉定，仅有上汽大众一家整车企业正式投产新能源汽车，缺乏在全国甚至世界范围具有一定影响力的企业总部，汽车产业的显示度和影响力不足，且呈现被周边如安徽合肥等省市追赶超越之势。当前，国内汽车行业格局已经发生较大变化，特斯拉中国、蔚来、威马等新势力造

车企业异军突起,呈现爆发式的增长态势,嘉定整车企业的弱支撑带动作用已难以引领嘉定汽车产业新一轮的发展。

3. 汽车产业复合型人才不足,人才的培育使用和集聚力亟待增强

汽车产业跨界融合之际,产业对高端复合型汽车人才的需求日益迫切,嘉定汽车人才总量不足、人才结构性矛盾的问题依然存在,汽车人才培养的速度和力度跟不上产业发展的步伐,尤其在智能网联汽车关键领域的自主技术基础上还较为薄弱,缺少技术创新支撑。

实践过程

1. 扩大示范应用,探索商业运营

在智能网联汽车产业方面,嘉定积极承接中华人民共和国工业和信息化部、中华人民共和国住房和城乡建设部批准的"双智试点"项目,在试点区域内探索一套科学高效、可量化可复制的建设体系;逐步探索开展自动驾驶出租车、专用车出行示范应用;加强政策法规研究,结合嘉定新城建设规划,积极推进"一环三路"智慧交通建设。

在新能源汽车方面,积极融入"一环""六带"氢燃料电池汽车产业创新生态,持续提升新能源汽车数据的采集和分析能力,做好产业引领示范工作;加大对氢能及燃料电池汽车企业在研发方面的支持力度,开展氢能及燃料电池多领域试点示范及技术论证;积极与相关市级部门对接的同时联合高校及行业协会加快行业标准制定,进一步配合市经信委推进燃料电池汽车示范城市群建设,做好示范项目申报相关工作。

2. 优化产业布局,促进协同发展

在产业集聚方面,充分扩大现有汽车"新四化"重点企业的集群效应,加大补链强链力度,引进培育一批标杆性头部企业、产业生态主导型企业,基本形成具有国内自主知识产权的汽车"新四化"产业链条。通过重点跟进上汽集团导入嘉定新城、上海汽车芯片工程中心、集度汽车生产资质等项目,持续完善全产业链布局,推动禾赛、捷氢科技等重大项目开工建设,加快建成国内领先的汽车"新四化"产业集群。

在产业承载方面,高标准建设汽车创新示范基地,营造集聚式创新环境,加快形成新能源汽车产业生态圈。通过引领区域协同发展,做实长三角汽车产业创新联盟、汽车半导体创新联合体等平台载体,促进一体化、协同化发展,引领推进嘉昆太汽车"新四化"产业发展先行区、长三角自动驾驶智能出行走廊建设,形成推进高质量发展的强大势能。

3. 引育汽车人才、构筑产业高地

嘉定在编制人才白皮书和创建人才紧缺目录的基础上，建设“上海·嘉定人才港”，更好地为企业和汽车人才服务。依托区内大众工业学校等专业技术院校和市内高校，持续开展汽车紧缺复合型人才专项培养计划，同时加大对汽车人才的住房安置、子女入学、落户等支持力度，出台并实施分类人才安居政策。全面实施人才强区战略，针对汽车“新四化”人才新需求，明确全区特殊人才落户额度优先用于汽车“新四化”人才、企业引进的紧缺人才和专业人才可优先申请居住证加分、优先享受公共租赁房、人才公寓和人才住房补贴政策等措施，推动社会力量广泛参与高层次人才引荐工作。目前，嘉定确立了最具竞争力的人才优势，汽车人才总量呈稳步增长趋势。

经验借鉴

1. 产业升级和城市转型并重

嘉定推动汽车产业的转型升级包括整车及零部件向汽车产业链的高端转型升级、汽车制造产业向围绕汽车业的科技管理及服务产业转型升级、传统汽车城市向绿色环保和谐的新型汽车城和健康汽车社会转型升级，综合把握产业战略、核心技术、产业化推广、示范运营等各种相关要素的协同与互动，利用嘉定的优势资源与机遇，抢占汽车“新四化”领域发展先机，加速汽车产业动能转换，培育嘉定城市发展新动能，聚焦数字化、智能化、绿色化，推动数字经济、数字政府、数字社会迈出新步伐，实现了产业和城市的可持续发展。

2. 产业硬实力与软实力建设并重

围绕“世界汽车产业中心”这一目标，嘉定汽车“新四化”围绕人才、技术、服务、文化等“软要素”建设嘉定新型汽车城市，形成以高端人才汇聚地和汽车人才交流中心为核心，汽车以及相关企业总部中心、研发中心、供应商管理中心、产业销售管理中心、信息交汇及管理中心、贸易管理中心、金融中心、综合服务中心、技术展示中心、产业论坛中心等软实力中心聚集地，成为中国乃至世界汽车产业的国际化综合性大平台及枢纽，努力打造成为全国汽车产业乃至城市的转型标杆和示范基地，其模式可有效复制和推广，从而带动中国汽车产业的乃至整个制造业的全面升级与绿色发展。

3. 汽车城与软件科技园构建并重

“软件定义汽车”在嘉定这座“汽车城”成为趋势。位于嘉定的上海智能汽车软件园是全市首个以汽车命名的软件园，园区聚焦电动化、智能化、网联化、共享化这汽车“新四化”开发相关软件,打造以智能汽车软件、自动驾驶、车联网、智能座舱、智慧交通信息服务为主导的软件产业基地。以智能汽车软件园为抓手,搭建国内领先的智能汽车软件创新服务平台,营造一流的汽车工业软件生态,是嘉定汽车新四化创新尝试的亮点,为全国加快从汽车制造的“硬业态”向汽车服务的“软业态”延伸转型提供借鉴意义。

案例 2　奉贤新城数字江海:产城融合数字化转型

案例概述

“数字江海国际产业新城”(以下简称“数字江海”)是中国共产党上海市奉贤区委员会(以下简称“奉贤区委”)、上海市奉贤区人民政府(以下简称“奉贤区政府”)抢抓上海五个新城建设机遇,贯彻落实上海推进经济、生活、治理全面数字化转型的部署要求,实现“以‘数字蝶变’促进‘城市蝶变’”而推出的一项重要举措。

2021 年 4 月,上海奉贤新城首个数字产城融合造城计划发布,拉开了上海首个城市力全渗透的数字国际产业城区“数字江海”建设的序幕。此后,奉贤区政府与上海临港经济发展集团有限公司签订战略框架协议,明确合作开发“数字江海”国际产业社区,以《上海市城市总体规划(2017—2035 年)》为纲领,以“低碳建筑、海绵城市、数字智慧、生态保护、综合能源”为理念,计划用十年时间完成开发建设。项目位于上海奉贤新城核心区域,地处 S4、虹梅南路越江隧道两大便捷通道口,规划面积约 2 060 亩(约 1.37 平方千米)。项目总投资约 300 亿元,投产后产业用地将达到 900 亩(0.6 平方千米),其中占地 178.8 亩(0.119 2 平方千米)的首发项目于 2022 年 2 月 4 日开工。

奉贤区委、奉贤区政府一直高度重视智慧城市建设与数字化转型工作,在过去几年间,奉贤区在基础设施、“一网通办”以及智慧民生服务领域均取得一系列重要进展。在奉贤区政府与临港集团联手打造下,数字江海将成为一座产业、社区深度融合的微型城市。在这个区域,整个地块、每个组团,甚至是单栋建筑都是高度产城融合,有生产用地、研发用地、商业、住宅、办公、学校等多种类型组合。“数字江海”不仅仅是一个简单的产业城区,更是新城“美好产业场景的孵化器”。作为上海五个新城战略确定后首个数字产城融合造城计划，数字江海承载了上海经济转型引擎、布局数字经济新赛道的全新力量。

背景与挑战

1. 产业生态单一，新兴产业发展不足

一是新兴产业较为单一，“数字江海”在主导产业上仍存在明显短板，除智能网联产业及生物医药产业外，其他新兴科技如人工智能、量子通信、区块链等技术短期内仍缺乏布局。二是产业链不完整，虽然奉贤具有一定基础的智能网联产业及生物医药产业，但主要集中在智能网联汽车、化妆品制造等环节，未形成具有一定规模的新型产业体系。三是产业发展生态不完备，新型产品发展并未与当地经济发展和社会生活紧密融合，阻碍新兴技术发展与以技术驱动为核心的产城融合生态体系的构建。

2. 区位劣势，创新要素吸引力不足

“数字江海”地理位置距市区较远，在通勤时间、生活配套设施、公共服务水平等方面与市区同类型产业集群相比并不占据优势，对优势人才、产业资源的吸引力还不够强。“数字江海”园区在数字产业已有及潜在规模、产业代表性企业落户数量等方面还有较大的提升空间，并且当前“数字江海”计划仍处于开发建设过程中，项目委托临港南桥园区运营，数字经济发展路径处于探索初期，发展模式仍依赖企业招商，未来建设成果存在一定的不确定性，项目数字化特性不足，从而影响更多创新要素集聚。

实施过程

1. 产城融合发展，推动数字应用落地

“数字江海”不仅是一个产业园区的数字化发展，更是未来智慧城市建设的缩影，其目标是打造成为一个全新可感知、可参与的，科技、生活、城市、社区各要素集合的数字城市社区。“数字江海”规划以奉贤已有的健康医药和智能网联汽车产业为主导，带动南桥源社区、东方美谷大道以及奉贤新城中小企业升级发展，将智能网联核心技术、无人驾驶技术等应用到城市生活之中。通过产业的数字化发展带动新城工作与生活空间的转变，将服务对象从园区企业拓展到周边社区，运用大数据和互联网＋的运营方式，实现周边社区资源的整合布控，分级管理，真正实现从产业园区向集智慧健康医疗、数字美丽消费、智能网联汽车等多产业为一体的数字应用社区的转变。

2. 政企深度合作,共建数字产业社区

奉贤区政府和中国电信、上海临港集团等签订战略框架协议,聚焦城市数字化转型的重点区域和产业,以“有限资源数字化提升无限发展,有限资源网络化连接无限发展”为理念,合力打造集数字化、智慧化、绿色化为一体的“数字江海”产城融合发展示范区。

3. “3T”协调规划,打造产业社区样板

在规划理念方面,“数字江海”以绿色 T 台、产业 T 台、城市 T 台的“3T”融合发展理念为核心。中央绸带公园贯穿数字江海的核心区域,与海绵城市公园、滨河公园等构成数字江海的生态基础。

在产业方面,围绕智能网联产业、生物医药产业、数字经济签约了新石器、联奥生物等优质创新项目,成为“数字江海”不断发展的产业基础和动力来源;智能场景的应用使人成为一切场景的核心,各种人员信息、商业生活消费信息、能源使用信息通过互联网使城市空间具备使用者的表达和交互能力。根据不同产业的需求特点,各种生活场景功能也变得更加智慧融合。

经验借鉴

1. 战略规划与顶层设计

奉贤数字江海项目在启动之初,就进行了全面的战略规划和顶层设计。通过深入分析区域发展优势和产业基础,明确了以数字技术为驱动,以数字经济、绿色经济、文旅经济为主导的总体规划。这种顶层设计不仅明确了数字江海的发展方向,也为其在区域竞争中脱颖而出奠定了基础。

2. 产业培育与生态构建

在实施过程中,数字江海注重多业态产业的培育和生态的构建。通过推动元宇宙相关产业生态不断完善,重点发展人工智能、生物医药、新能源等产业,数字江海实现了产业链的完善与集群效应的发挥。此外,数字江海还注重与周边区域的协同发展,形成了良好的区域产业生态,为数字经济的繁荣创造了有利条件。

3. 政企合作与平台搭建

数字江海与上海交通大学、同济大学、上海市科学学研究所、上海人工智能研究院、阿里云智能技术服务能力中心等十余所高校、院所、协会及企业合作签约;奉贤区政府与中国移动上海公司、中国电子技术标准化研究院等签署战略合作协议,通过加强政企合作、充分发挥各方资源优势,共同谋划、推动奉贤区各领域数字化转型。通过打造数字化全渗透的实验平台,集聚区块链、虚拟现实、元

宇宙等优质技术，使数字江海成为工业互联网推动产业智能化转型的平台，并由此赋能各行业智能化转型。

案例3　松江新城科技影都："科技＋影视"深度融合发展

案例概述

松江新城科技影都项目是位于上海松江南部新城的一个大型影视产业聚集区，总规划面积约60平方千米，包括车墩、华阳湖、永丰三大板块以及松南郊野公园。该项目以数字化为核心，以数字影视产业为支柱，集合影视行业孵化、数字影视设备研发制造、影视人才培养等衍生产业，打通数字影视产业上下游产业链条，对接国际先进影视制作公司，打造专业化的国际数字影视产业聚集区。

自2019年上海科技影都落地以来，到2023年，松江区已经聚集了7 700余家影视企业，承接了华策长三角国际影视中心、星空综艺影视制作基地、上海(车墩)高科技影视基地二期等一批重大影视产业项目，逐步构建涵盖前期创作、放映发行等核心产业圈层至影视装备、影视旅游等关联产业圈层的"全域影视"格局。

背景与挑战

在不确定性增加的背景下，全球城市及其周边新城的产业布局首先发生了变化，从传统制造业、服务业转向了以知识为基础、高灵活性的创新产业和文化产业。2015年以来，科技、广告、传媒、信息行业(合称"TAMI")租户占曼哈顿写字楼市场总租赁面积均超过30%，国内超大城市也都出现了这个趋势，对城市的经济发展、文化繁荣、形象塑造、人才培养、稳岗就业都具有积极的推动作用。2016年，松江区提出G60科创走廊发展战略，对接长三角区域科创要素，落实上海科创中心建设要求，获得中国共产党上海市委员会、上海市人民政府的高度重视和高度评价。而在G60科创走廊发展战略的落实过程中，文化科技产业的发展也是关键一环。早在20世纪90年代末，上海影视乐园和胜强影视基地相继在松江建成，成为松江影视拍摄的主阵地，也为后来影视产业园区的创建和影视企业的集聚打下坚实的基础。2019年，上海科技影都正式落地松江。历经数载发展，如今的上海科技影都已构建了由前期创作、影片拍摄、后期制作、放映发行、影视教育等核心产业圈层和影视装备、影视旅游等关联产业圈层组成的影视产业体系,将影视发展建设活动融入城市更新、生态涵养、旅游布局、产业发展之中,形成“全域影视”格局。在此基础上,已初步形成了产业要素的集聚效应,但仍存在着一些挑战。

1. 综合配套不足

新城在文化创意产业的发展上起步较晚,从零开始建设难度较大。新城缺少优质产业用地,虽正大力推进街镇的动迁、腾地及转型发展,但动迁腾地资金需求庞大,进展较慢。同时,现有配套服务品质不高,总体缺少具备高标准影视展示发布功能的剧院、会展会议设施、高星级接待设施等,缺乏开展重大影视展映、电影节的空间等。此外,区域内交通基础设施短板问题仍然比较突出。

2. 产业链尚不健全

松江新城前期已有的影视文创相关企业超 60%是影视创作工作室,多以企业注册为主,影视产业核心相关的摄制、后期制作、发行等企业都未能真正落地,也容易造成产业的“空心化”,从而难以真正发挥影视产业的辐射带动作用。同时,外围的影视金融服务、知识产权版权交易、法律咨询顾问等专业服务能力仍有较大不足和提升空间。

3. 推进机制仍有限制

科技影都项目建设需要地方政府、企业、高校等多方主体协同推进,尤其在土地收储、技术应用、人才培养、国际合作等方面,需要地方提供优质的政务服务和政策扶持,包括简化审批流程、提供税收优惠、提供融资支持等,为入驻企业和项目创造良好的发展环境。同时,该项目还需要积极搭建国际交流平台,促进国内外影视产业之间的合作与交流。

因此,对于松江新城而言,需要从已有的影视产业基础出发,吸引产业前沿科技相关企业落户或进行应用布局,经由影视等重大文化产业项目的发展打造树立特色品牌与地位,形成行业领先的产业集聚中心;同时,叠加 G60 科创优势,赋能影视产业发展,形成产业要素集聚优势,进而发展成为面向长三角的集聚区,并逐渐成长为上海全球城市的特色功能区。

实践过程

1. 完善工作机制,形成建设合力

2018 年,松江区成立影视产业发展领导小组,由中国共产党上海市松江区委员会(以下简称“松江区委”)、上海市松江区人民政府(以下简称“松江区政府”)主要领导，将 17 个职能部门、5 个街镇和 2 个国有公司纳入成员单位。领导小组办公室设在上海市松江区文化和旅游局(以下简称“松江区文旅局”)，并开展实体化运作。2019 年 4 月，成立了由中国共产党上海市委员会领导，中国共产党上海市委员会宣传部、松江区委、松江区政府主要领导组成的领导小组，并建立了联席会议工作机制，在松江区文旅局增设影视产业科。此后，项目推进机制不断得到完善，分片牵头机制和联动协调常态长效机制建立。上海科技影都四个不同片区由四个不同主体牵头负责推进，并通过季度工作例会、月度报表、年度计划和总结会议等定期交流规划编制、项目推进、政策研究等工作进展，研判影视产业发展方向，形成上海科技影都建设发展的工作合力。

2. 推动影都规划与新城建设结合

2019 年，松江科技影都升级为上海科技影都，并发布了影视产业扶持政策和科技影都总体规划，明确了“科创芯、世界窗”的异质双核发展理念。2020 年，长三角国际影视产业园等标杆影视项目相继落地。2021 年，上海市人民政府印发的《关于本市“十四五”加快推进新城规划建设工作的实施意见》中明确提出，松江新城要“加强 G60 科创走廊战略引领作用，发展文创旅游、影视传媒等特色功能”，为上海科技影都新一轮的发展带来强大的动力。2022 年，松江区政府颁布《上海科技影都建设发展“十四五”规划》，进一步明确“加快服务提升和要素集聚，加强区域联动和政策创新，构筑影视文化产业集群，在新一轮发展中做亮做强‘上海科技影都’品牌”。

松江将科技影都核心区规划与松江新城建设、提升城市软实力相结合，积极推进华阳湖片区和松江枢纽片区建设。科技影都核心区以华阳湖片区和松江枢纽片区为承载主体，双区联动，互为依托，未来将成为松江新城最亮丽的地标之一。围绕影视之都，松江区将继续细化科技影都核心区总体规划和重点区域城市设计，始终坚持规划引领，着力核心区特色亮点，推进玉阳大道、华阳湖“一路一湖”建设，打造具有显示度、成熟度的影视文化新地标。

3. 不断完善全产业链布局

作为上海全球影视创制中心的重要承载地，上海科技影都汇集了一大批以科技为核心、以制作为导向的顶尖影视企业，产业能级不断提升，高科技影棚、数字化后期制作等科技元素集聚效应逐渐凸显，紧抓优质项目引进，持续提升影视产业能级，深入打造科技创新与产城融合的产业集聚地。

近年来，松江持续加大对科技含量高的龙头企业、后期特效制作企业、影视新业态企业的招商力度，围绕高科技影视拍摄制作，形成集前期创意、影视拍摄、后期制作、宣发放映、衍生品开发等功能于一体的高科技影视产业集群。松江目前正在加快推进车墩特色影视小镇建设,将依托上海影视乐园海派文化风貌和特色,联动华阳湖核心片区、上海长溇滨江国际文旅综合体暨上海科技影都影视衍生品开发基地建设,发展"影视＋旅游",打造集国际重大影视文化节展、影视版权交易、影视衍生品设计、艺术主题休闲旅游和配套服务于一体,以及具有产业集群效应的影视产业品牌集合基地。加强上海科技影都商业配套建设,加快推进沃丽酒店等项目,鼓励文旅影视跨界融合新业态发展。

在创新扶持和人才培养方面,松江区试点成立长三角 G60 科创走廊影视文化产业基金,总规模 10 亿元,用于促进影视文化艺术产业人才培养、科学研究等领域发展,并与太平洋保险上海分公司就影视完片担保等业务进行战略合作。同时,紧抓影视教育实训,鼓励院校加快培养各类影视艺术人才,推进上海中华职业技术学院项目建设,依托松江大学城资源优势和上海大学上海电影学院实践创作中心,支持引进具有国际领先水平的电影教育教学资源和产业合作项目,探索建立院校与基地的影视人才联合培养机制;用足用好松江新城人才政策,对上海科技影都建设有卓越贡献的影视人才给予专属服务;多措并举,在科技影都集聚一批、培养一批、沉淀一批专业影视人才。

4. 以科技赋能,促进影视高质量发展

近年来,依托长三角 G60 科创走廊建设,松江聚焦产业链,布局创新链、人才链,以"要素聚变"催化"科创蝶变",科技成果、大国重器不断产生,集成电路、人工智能、生物医药等"6＋X"战新产业集群不断形成,为 VR 场景、元宇宙虚拟技术等影视科技相关产业及研发中心落地松江奠定了扎实的科技和产业基础。

目前,上海科技影都已经汇集了一大批以科技为核心、以制作为导向的顶尖影视企业,产业能级不断提升,科技元素集聚效应逐渐凸显。其中,长三角国际影视产业园将于今年竣工,LED 虚拟摄影棚已投入使用;昊浦影视基地可满足水下拍摄、动作捕捉、场景预演等多元化影视制作需求;上海(车墩)高科技影视基地、星空综艺影视制作研发基地、上海科技影都影视衍生品开发基地等一系列影视项目也正稳步推进中。

5. 加强专业服务,提升营商环境

近年来,随着影视产业的蓬勃发展,著作权纠纷案件数量显著攀升,反映出辖区影视产业相关主体著作权保护意识日趋加强,知识产权司法保护需求日益提高。为更好地维护影视从业者的合法权益,保障影视产业的健康发展,由松江文旅局整合上海三级法院、华东政法大学及相关合作高校知识产权专业力量、市影视版权服务中心等专业部门、高校和协会的资源，成立了“影视产业知识产权应用与保护（松江）基地”，发布了《上海市松江区人民法院护航上海科技影都高质量发展案件审判白皮书（2021—2023）》，结合影视企业有关知识产权应用与保护的实际需求，系统指导影视企业加强知识产权全链条应用与保护，为松江乃至上海的影视产业健康发展营造更加优良的营商环境，护航上海科技影都高质量发展。

2022年以来，上海市影视版权服务中心松江工作站共服务企业103家，完成各类作品登记286件。松江区充分发挥影视版权服务中心松江工作站、上海科技影都影视协同创新中心等机构的职能，整合产教研各方资源，建立长效影视配套服务机制和协拍联络机制；持续开展上海科技影都影视节系列活动，积极参与影视产业重要展会，举办影视产业项目创投会，鼓励影视企业聚焦主旋律作品、上海题材、松江题材，带动标杆出品集聚；充分发挥国家文化出口基地仓城影视文化产业园区的优势，扩大上海科技影都的影响力。

经验借鉴

1. 优化项目机制、以合力促推进

松江区政府成立了区影视产业发展领导小组，并下设办公室实现实体化运作，全力推进科技影都建设。政府的大力扶持为项目的顺利实施提供了重要保障。此外，项目有明确的发展理念，松江科技影都秉持“科创芯、世界窗”的异质双核发展理念，以科技创新和文化创意为驱动，推动影视产业与科技、文化、旅游等相关产业的融合发展。这种明确的发展理念有助于指导整个项目的规划和建设。

2. 强化功能区建设、导入优质资源

该项目将建设一批高科技影棚、制作中心、后期制作中心等设施，吸引国内外影视制作公司入驻，提升松江新城在全球影视产业中的地位和影响力。在核心区建设方面，松江新城科技影都项目将重点打造永丰数字影棚公园，定位为数字化影视制作基地，以数字影视产业社区为模式，具有影视拍摄、制作、商务办公、影视人才培训等功能。此外，该项目还将建设长三角国际影视产业园等标杆性项目，吸引更多国内外优质影视企业和项目入驻。

3. 补链强链、完善产业生态

松江科技影都打通了数字影视产业上下游产业链条，建立了一个完整的数字影视产业系统，包括影视设备研发制造、影视人才培训、影视版权交易、知识产权保护等关键领域,形成了完整的数字影视产业生态。完善的产业链布局为科技影视产业的发展提供了坚实的基础,有助于实现产业的协同发展和互利共赢,从而有效提升产业发展能级和国际影响力。

未来,松江新城将坚持面向全球,面向未来,对标国际最高标准、最高水平,坚持追求卓越的发展取向、富于创造的实践要求,积极推动上海科技影都实现影视文化产业高端资源全方位聚集,搭建全产业链数字科技孵化加速平台,努力在关键技术与装备研发等方面不断突破,不断擘画先进科技与影视产业深度融合的全新图景,加快提升上海科技影都能级和核心竞争力,到2035年打造成为具有世界影响力的科技影都,为打响"上海文化"品牌贡献松江力量。松江科技影都在建设中明确了发展理念,得到了政府的大力扶持,进行了合理的空间规划,完善了产业链布局,提供了优质的营商环境,并加强了国际合作与交流。这些经验对于其他地区的影视产业发展具有一定的借鉴意义。

专题二

生活圈建设与产城融合

新城生活圈配置注重高起点、高标准、前瞻性，每个新城都积极引入三甲综合医院、优质教育等资源、高等级文体设施，以提升公共服务的能级。从规划来看，新城的 15 分钟社区生活圈建设标准高于主城区。但新城现有的人口、路网、公共设施密度都低于主城区，新城的医教文卫配套尚不能满足引入的创新人才和产业人口的需求。

新城的公共服务资源配置与中心城区的差距不仅体现在数量上，还体现在结构上。“新城社区商业密度明显低于中心城区，网点布局分散，以临街小商铺为主，缺乏集中设置、业态完备、功能健全的邻里中心。”如何在较短的时间内补齐短板，构筑高标准多层次的生活圈，吸引多层次的居民安居乐业，需要在建设模式上有所创新。

嘉定菊园新区作为典型的产业社区，通过产城融合推动了新城生活圈的建设。奉贤南桥源属于新城里的老城区，通过城市更新助推了新城生活圈的建设。南汇的顶科社区是未来高品质社区，通过引入新观念探索高品质生活圈建设的路径。

案例1　奉贤南桥源社区:城市更新与生活圈建设

案例概述

奉贤南桥因其丰富的历史文化遗存,被誉为“奉贤之根”“奉贤之源”。南桥源位于南桥老城区的中心腹地,是原县政府所在地,也是曾经的商业中心,东起环城东路,西至南桥路,南起解放路,北至浦南运河,面积约0.6平方千米。区域内有4个文物保护单位、20多处历史文化遗存。南桥镇的总体规划始于1982年,随着老城的扩张和现代化改造,曾经车水马龙的街景逐渐被都市风貌取代。2018年,奉贤区正式启动“南桥源”城市更新项目,旨在对老城中现存的历史建筑、景观予以保护和传承。作为奉贤新城“十四五”期间重点发展区域之一,“南桥源”城市更新项目对“南桥九景”——“三古”项目、沈家花园、文化广场、鼎丰文创园、体育中心、南桥书院、卜罗德祠、人民路历史文化风貌街、运河水乡进行更新改造,依托昔日江南水乡古镇南桥的历史文脉,重构生态与生活系统。

背景与挑战

1. 社区历史老旧建筑多,在城市更新中需增强对年轻人的吸引力

作为奉贤新城内发展历史悠久的老旧片区,南桥源片区内遍布丰富的历史文化建筑遗产,人口密度、路网密度高,片区内居住、商业、办公、教育、休闲、养老等各种公共设施较齐全,居民生活便利。但建筑和公共设施老旧,对年轻人缺乏吸引力。

2. 社区内停车空间缺乏,在保持传统街巷格局时需增加停车空间

在开展城市更新行动时,“南桥源”高度重视文化建设。尽管南桥老城区的水乡城市肌理保存良好,但现代化交通工具的涌现,给江南古镇的交通脉络带来一定影响,街巷里弄停满车辆,使居民生活舒适度明显降低。城市更新在维持原有街巷格局的前提下,要增添停车空间,需要在空间设计方面有所创新。

3. 社区产权关系复杂,需在城市更新中增进社区融合

南桥老城区内的部分地块因历史遗留问题,在产权归属以及边界等方面不够明确。在进行城市更新时,妥善处理不同单位对地块的争议,有条不紊地推动城市更新与开发,推动公共基础设施的完善以及社区融合,需要在开发方式上加以探索。

实施过程

1. 片区保护更新与美好社区建设齐头并进

针对奉贤区独特的历史足迹和丰富的文旅资源,“南桥源”城市更新项目将规划概念从“开发重建”转为“经营共生”,秉持“文化先行,有机更新”的理念重现历史风貌、讲述老城故事。在沈家花园的保护更新中,开发主体秉持“修旧如旧”的理念,在主楼部分去除一楼大厅原有的木质地板使水泥花砖的原有图案重现,在园内铺设蜿蜒小径,保留紫藤花架,以重现花园的特色与风貌,最终形成“一园多馆”的格局。更新后的沈家花园遵循“公益性、文化性”的原则,成为文化历史展览的重要场所。

根据规划,“百年老字号”鼎丰酱园园区内的8栋建筑将分为三类进行开发:1、2、3号楼将保留工业风貌,用于文创展览;6、7号楼将作为综合办公区;5、8、9号楼将布局商业业态。2025年3月,鼎丰酱园开始面向社会招商,计划2025年上半年向社会开放。改造工程不仅激活了2.3万平方米的历史厂区,还通过贯通居民区与运河南岸的绿带,为周边5万居民打造了一个“推窗见水、步行触史”的15分钟生活圈。

2. 充分利用空间,“还院于民、还路于民”

老城内的企业园区、公园、住宅区各自设有围墙,有时必须绕开围墙方可抵达目的地,人们的出行交通多有不便。依据规划方案,“南桥源”计划在地下设置近2 000个车位,最大限度地还路于民。同时,将“南桥源”6街24弄的街区细微脉络打通并恢复,甚至依据老地图为一些小弄命名,如旗杆弄、红旗弄、曹家弄等,这些名称具有年代感,能够引发集体记忆。

还院于民是将围墙拆除打通,使街区与街区之间、单位与单位之间、地块与地块之间便能开放互通。例如,沈家花园、鼎丰酱园已被建设为一个开放的文化街区,南桥书院则被改造为一个开放的运动和教育街区。

3. 解决历史遗留问题,创造新的公共空间

南桥书院改造项目为老城改造中的历史遗留问题提供了经验参照。南桥书院前身为1914年天主教堂创办的“约瑟公学”,之后更名为“上海市奉贤中学附属南桥中学”,是上海著名的百年学校。书院地块牵涉南桥中学与天主堂长达数十年的土地争议问题,但两家单位都未持有土地权属证明。经过多方协调,区政府最终明确了“搁置争议、保民生建设”的工作思路,集中力量开发学校权属明确的地块,推动南桥书院综合楼新建工程和运动场改造工程。南桥书院改造项目

为老城区权属存在争议、无权属或权属不明的项目提供了新思路。

南桥书院设计方案按照“学区＋社区”融合的设计理念,在保障教育功能的前提下,最大限度地开放公共空间,发挥公共功能。项目分两期实施:一期为综合楼新建工程,总建筑面积 8 725 平方米;二期为南桥书院运动场及地下停车库。书院将原学校图书馆和实验楼拆除,采用搭“积木”的方式,在竖向空间叠加食堂、多功能教室等各类功能,通过 2 000 平方米的占地面积提供了 8 725 平方米的教学空间。

南桥书院的运动场及地下停车库改建工程则集运动场、停车库、民防等功能于一体,球场下方设置为家长接送区,在下部空间设置地下一层停车库,兼作人防。此举既缓解了老城停车难的问题,又提高了老城区人防设施空间。

经验借鉴

1. 在城市更新中集约利用土地,推进生活圈建设

“南桥源”城市更新项目将历史文化遗产保护、城市更新与 15 分钟社区生活圈相结合,在提升空间风貌的同时,还有效解决了老城区公共配套设施不足等问题。“南桥源”城市更新项目自推进以来,实现了还路于民和还院于民,便利群众出行;规划增加了 8 万平方米公共活动空间、2 000 个机动车位、16 万平方米公共设施,有效改善了老城区人居环境和公共配套设施不足的问题。“南桥源”城市项目提供了 20 余条市民健身步道、125 个市民益智健身点、6 个社区公共运动场、2 个市民健身房,以及一条长约 5.5 千米的森林步道,显著提高了片区居民的获得感、幸福感和安全感。

2. 城市更新中坚持“文化先行”,带动老城区保护性开发

“南桥源”城市更新项目秉持“文化先行”理念,留存了江南水乡的城市肌理与街巷的步行系统,发挥了文化凝聚价值、提高生活品质的重要作用。该项目聘请专业文化顾问深入探究本土历史文化,总计对 20 余处文化遗存展开研究,形成《沈家花园与沈林莲》《江南第一梅与奉贤曹家》《百年鼎丰:从 1864 到 2021 年》等文化研究报告,并举办“寻梦吟梅——江南第一梅与奉贤曹家特展”“初心敦煌——庆祝建党百年敦煌主题展”等文化活动,彰显历史底蕴、提升城市品位,切实推动老城区保护性开发和存量地区的活化更新。

3. 城市更新中多措并举,改善老城区停车难、交通拥堵

南桥书院地块规划机动车泊位 495 个,优化学校内部人行环境,确保校内师生出行安全;同时,还满足学校外来访客的机动车停车需求,设置社会停车位

288个，配备79个家长接送区停车位，有效缓解家长接送高峰时段区域交通拥堵、秩序混乱等问题。

南桥书院运动场及地下停车库改建工程配备G2级智慧停车系统，建设成为市示范性智慧停车场库。该车库拥有智能识别道闸、停车场(库)专用电子地图、空余泊位感知发布、行车定位等功能，还可以提供空泊位车行导航、寻车步行导航、精准泊位预约、错峰共享、自动感应式专用车位锁、统一支付等智慧停车服务，保障停车场的通畅及高利用率。

案例2　嘉定新城：菊园新区生活圈

案例概述

《上海市新城规划建设导则》中指出，新城需要具备慢行友好、未来社区、智慧城市、蓝绿城市等特点。为推动“15分钟社区综合服务圈”建设，嘉定区人民政府明确提出以更高标准、更高品质推进“我嘉·邻里中心”建设，形成完善、有效且下沉社区的区级服务清单、流动配送清单、街镇特色清单，营造便利宜居的新城居住环境。

菊园新区地处嘉定新城老城区北部，其定位是嘉定“科技卫星城”，拥有5家国家级科研院所、4个国家级创新创业载体、3个上海市研发与转化功能型平台。菊园新区面积为18.61平方千米，实有人口8.64万人，其中沪籍常住人口5.30万人，来沪人员3.34万人，各类人才总数占嘉定区的1/4。2016年菊园新区提出了“15分钟社区生活圈”目标，在“科技菊园，品质菊园”建设过程中，努力打造创新创业、宜居宜业、文化文明的现代化城区，菊园新区2020年获评“上海城市治理最佳实践案例”优秀案例，2021年被列为上海城市空间艺术季的参展样本社区，2024年在上海市规划和自然资源局、上海市城市规划学会、上海市城市规划行业协会组织开展的年度“15分钟社区生活圈”优秀案例评选工作中，获得“人民满意奖”荣誉称号。

背景与挑战

1. 空间形态对生活圈建设提出挑战

菊园新区的高科技产业多、人才多，但人口密度不足0.5万人/平方千米。

该区域呈狭长形分布,不利于公共服务设施均匀覆盖。1997 年,菊园新区规划建设之初所使用的 13 平方千米规划用地,大部分是尚未开发的农田。2000 年以后,菊园新区发展进入快车道,区域内空间加速向城市转型,外来人口逐渐增多菊园新区内的工业园区与农村社区、城市白领与农民、外来人口与本地居民间的关系协调、治理协同以及公共服务共享等议题成为工作重点。

2. 产城融合社区需要留住人才

虽然多家企业、科研院所入驻新区提升了区域内的人才数量,但如何实现人才的职住平衡,完善社区生活服务体系成为一个难题。菊园新区作为仍在建设的新区,其公共配套设施相对薄弱,我嘉・邻里中心的改造是迈向"15 分钟生活圈"的一小步。充分发挥新区科技优势、人才优势,打造高质量的生活圈,成为是菊园新区留住人才的关键举措。

3. 生活圈设计规划资源亟待补足

在"15 分钟生活圈"的打造过程中,政府财政支出与公共基础设施建设无疑是关键所在,但在具体且细化的设计、规划方面,政府受限于专业知识无法完全满足建设需求,迫切需要专业团队、设计师以及广大用户参与规划设计。

实施过程

1. 社区大数据精准对接

2011 年,嘉定区菊园新区生活服务中心成立。2016 年,菊园新区率先提出"10 分钟基本生活服务圈"的建设目标,2019 年菊园新区成为嘉定区唯一入围上海市"15 分钟生活圈"的试点街镇。

2019 年,菊园新区以区内各个住宅小区为中心,以小区周围约 800 米为半径辐射范围,搭建小区模型框架,将各小区覆盖资源同"15 分钟生活圈"建设标准、标准服务圈资源进行对比,经数据整理后,有针对性地进行补足。菊园新区多次举办社区地图绘制、设计比赛、征文比赛,以听取社区居民的心声。2022 年年初,菊园新区"小区生活圈地图"正式发布,向着实现宜居社区的目标持续迈进。

2. "科技+"元素进社区

菊园新区作为新工业园区,汇聚了中国科学院上海光学精密机械研究所、硅酸盐研究所、微系统与信息技术研究所、中国工程物理研究院上海激光等离子体研究所、中国电子科技集团第 32 所(华东计算所)五家国家级科研院所。科创中心核心功能区是菊园新区的重要建设目标之一,在"15 分钟生活圈"打造过程中,"科技菊园"要素随处可见。

德必集团与嘉加集团在菊园新区打造的嘉加德必易园，是上海嘉定机械厂成功转型为社区公园的典型案例。原本被淘汰的、锈迹斑斑的上海嘉定机械厂，现已成为社区居民的休闲娱乐场所。居民可通过扫描二维码与公园内公共运动设施适配，实现更健康有效的运动。此外，园区内非机动车车库联网式烟感器升级、公共服务设施扫码自动入场、高空抛物智能监测等科技元素，实现了数智赋能菊园新区居民生活。

3. 多元主体规划设计联动

2021 年上海城市空间艺术季·嘉定新城菊园新区 15 分钟社区生活圈实践案例展开幕，“菊园有家”社区规划师工作室联盟正式挂牌。早在 2019 年，菊园新区就举办了“开门做规划·市民看嘉定——规划师进社区”的 15 分钟生活圈规划介绍活动。自开展规划试点以来，两名在本地居住的社区规划师全程参与菊园新区“15 分钟生活圈”建设，通过与社区各年龄层居民交流碰撞，激发了居民参与社区建设的热情。

4. 社区租客双向赋能

菊园新区作为典型的产业社区，存在外来人口服务和有效治理的难题。以菊园新区的嘉筱社区为例，它由 3 个农民宅基地置换的小区组成，总体呈现“两多一杂”的情况。“两多”是指围墙内老年人多、租户多，共 2 721 户，一半是动迁上楼的村民，一半是短租为主的青年租客；“一杂”指的是围墙外 494 户的魔方社区类住宅、111 家沿街商铺和 1 个建材市场。社区要适时向青年租客骨干放权，增强社区认同感，激发其自治潜力，以促进良好治理。居委会多次召开青年居民协商议事会，最终形成“筱客栈”租赁住房公约。此外，该居委会从租户志愿者中挖掘出的社区能人组建了 8 个社区专业委员会，自主开展团队活动，每年吸引近万人次参与。

经验借鉴

1. 列出社区“短板清单”

从 10 分钟生活圈开始，菊园新区以各住宅小区为中心 800 米范围内构建小区生活服务模型框架，并对比各小区资源与标准服务圈的差异，清晰列出各社区存在的“短板清单”，进而鼓励居民共同参与建设项目。在建设过程中，菊园新区管理委员会将社区党建、卫生、生活服务以及事务受理中心进行融合，形成了四中心集聚的服务模式，提高为民服务办事的效率。

2. 多元主体参与建设

在菊园新区设计规划过程中，企业、高校乃至个人都能够在规划项目中发挥作用，切实为15分钟生活圈社区提供行动资源。多个社区采取开门做规划的方式，邀请本地专业人员、不同年龄段的人员参与进来、表达诉求，使公共产品精准对接群众需求，提升社区生活圈的丰富性、有效性。

3. 科技赋能社区生活

菊园新区在社区生活圈中充分运用大数据平台和科技元素，展现了未来智慧城市的发展景象。这得益于社区规划中对本地人才和技术的挖掘，也为园区企业技术转化应用提供了展示窗口，促进产城融合、品质生活和有效治理等多重目标的实现。

案例3　松江新城：方松街道老年生活圈

案例概述

方松街道位于松江新城核心区域，是松江区政治、文化的中心，也是松江区委、松江区政府办公中心所在地。2015年7月，经上海市人民政府批准，松江区方松街道析出广富林街道，行政区划作相应调整，辖区面积14.76平方千米。截至2023年年初，方松街道下辖32个居委会、67个住宅小区，不到15平方千米的土地面积上，常住人口超14万人。方松街道先后获得了国际安全社区、全国文明单位、全国安全社区等多项荣誉称号。

按照《松江新城"十四五"规划建设行动方案》，"十四五"期间松江加快公共服务便利共享，按照优于中心城区的标准制定社区级公共服务设施配置标准，积极构建15分钟高质量社区生活圈。至2025年，新城社区级公共服务设施15分钟步行可达覆盖率提升至85%以上，人均公园绿地面积13.2平方米，规划公园绿地实施率达到40%，围绕"一廊一轴两核"创建空间发展新格局，促进产城融合，生产、生活、生态"三生融合"。

截至2023年年末，松江区常住人口为197.35万人，常住户籍人口为86.99万人，其中60周岁及以上老年人占比为30%。家庭小型化且功能弱化，单亲家庭、空巢家庭大量存在，城市从业人口工作繁忙，家庭中老年人、有障人士的照护保障问题亟待解决。根据《上海养老服务设施布局专项规划（2022—2035年）》，松江区规划社区养老服务设施建筑面积到2025年不低于45平方米/千人常住人口，到2035年不低于55平方米/千人常住人口。

在松江新城的“15 分钟生活圈”建设当中，老年人服务成为重要的关注焦点。以方松街道为例，方松街道内配置有“邻里＋”智能宜居社区、方松敬老院、老年人日间照料中心、新“三阳中心”，辖区内共有 802 位 65 周岁以上的老年人获得助餐补贴，3 465 位老人享受有为老服务项目，20 190 位 65 周岁以上老人得到免费健康体检服务。至 2035 年，方松街道规划常住人口 14.8 万人，规划社区养老服务设施建筑规模应达到 0.81 万平方米，机构养老床位数应达到 568 张。

背景与挑战

1. 养老需求的多层次、多元化对养老服务提出新挑战

根据《松江区养老服务设施布局专项规划(2022—2035 年)》，松江区户籍老人口至 2035 年将达 25.68 万人，至 2043 年出现峰值，可达 27.69 万人。截至 2023 年，松江全区共有 9 300 张公共养老床位，其中，机构养老床位 9 021 张、长者照护之家床位 279 张，养老床位数占户籍老人数的 3.85%。松江区民政部门根据问卷调查了解到，居民需求最高的是综合为老服务中心、助餐服务场所、日间照料中心等。为积极应对深度老龄化趋势，满足多层次、多元化、高水平、有温度的养老服务需求，松江区坚持推动居家、社区和机构养老服务深度融合，在生活圈建设中注重为老服务设施建设，但在老人高度需求的居家上门服务上存在供需矛盾。

2. 养老服务质量和效率有待提升

养老服务需求包括居家、治疗、康复、心理疏导等多个方面，居民认为最好能在家门口设立综合性养老护理机构，方便家人接送老人。而老年人护理社工的专业性要求高、工作难度大，该岗位人员供不应求。中青年人多数处于在职状态，难以实现长期且稳定的义务服务工作。由此可知，在既有资源的基础上，不断提高护理质量和效率成为紧要的问题(表 1)。

表 1　方松街道规划社区养老服务设施一览

街镇	设施类型	数量（个）			规划建筑规模（万平方米）	
		现状	新增	小计	单项	小计
方松街道	综合为老服务中心	3	—	3	0.27	0.99
	长者照护之家	1	—	1	0.10	
	日间照料中心	1	5	6	0.23	
	助餐服务设施	8	—	8	0.39	

资料来源：根据《上海市松江区养老服务设施布局专项规划(2022—2035 年)》数据整理

实施过程

1. 推进公共设施适老化建设与改造

2018 年 10 月,方松街道的西部城区和中部片区陆续建立起“弘翔邻里+”、泰晤士综合为老服务中心,东部片区在对老年活动室进行全面改造的基础上打造“东明邻里+”服务站。为老服务站通常设有棋牌室、康复室等众多老年活动场所,还融合了亲子互动、祖辈课堂交流等活动。方松街道的祥和居民区对居民楼住宅、小区公共用地、公园绿化等展开适老化改造,住宅楼道内增设安全扶手、便捷坡道,增加公共区域座椅以便于老人休息娱乐;东明花苑小区的电梯内同样安装了安全扶手,并增设远程安防监控系统;在兰桥公寓的南北区陆续建设 81 个无障碍通道,为保障老人和小孩安全,居委会安装了地锁白天打开、夜晚关闭。

2023 年 2 月,上海市商务委员会公示全市第二批 32 个“一刻钟便民生活圈”示范社区建设试点单位,松江区方松街道的泰晤士小镇榜上有名。小镇的“一刻钟便民生活圈”对“一老一小”十分友好。小镇绿化覆盖率达 60%,室内外健身场所服务多样、功能完备,5 条环湖步道风光旖旎。对于老年人而言,小镇内的卡纳比健康岛养老服务中心可提供一站式养老服务。泰晤士小镇社区被评为“2022 年全国示范性老年友好型社区”。

2. 推进老年认知障碍友好社区建设

松江区自 2019 年开始启动多批老年认知障碍友好社区建设,在社区内广泛开展老年认知障碍的平台建设、宣传教育、风险测评、早期干预等探索。2023 年,松江区已实现老年认知障碍友好社区建设试点“街镇全覆盖”的工作目标。方松街道依托辖区长者照护之家、老年人日间照护服务机构,为社区内 2 000 名老年人提供认知障碍鉴定服务,为轻度认知障碍老年人提供非药物干预或专业训练,打造认知障碍闭环式服务网络,为认知障碍家庭提供专业照护服务和精神支持。2023 年 9 月 21 日世界阿尔茨海默病日,26 家方松街道认知障碍友好单位现场进行了共建签约,并发布方松街道认知障碍友好社区服务地图,从衣、食、住、行等方面共建老年认知障碍友好社区支持网络。

3. 推进“智慧+养老”深度融合

“幸福久久”项目自 2013 年在松江推出以来,在持续推进老年人居家照护监测,降低老年人意外风险方面发挥了重要作用,让老人感到服务贴心又暖心。“幸福久久”分三个套餐,套餐 A“牵线搭桥”已有入网用户约 2.9 万户,套餐 B

“主动关爱”入网用户约 1 200 户，套餐 C“紧急救助”入网用户约 1 613 户，3 个套餐对应的申请条件分别为 60 周岁以上老年人、60 周岁以上特殊老年人，以及 85 周岁以上老年人或 80 周岁以上特殊老年人。有服务需求的老年人及家属可填写申请表，经居（村）委会和街镇相关部门审核后，即可成为松江区“幸福久久”会员。

松江区民政局依托现有资源，建立政府监管、平台开发和服务运营三方工作机制，携手上海市松江区卫生健康委员会、上海市松江区交通委员会连接医院与出租车资源，升级“幸福久久”为老服务热线，初步上线“一键挂号”“一键打车”“一键救援”“一键咨询”等服务，老年人在电话端、电视端和自助终端，一键操作就能够实现医院挂号、叫车等服务。通过在线咨询、预约挂号、复诊续方、在线审方、医保结算、药品配送、线上开单、线下检查、健康科普等全流程线上医疗服务，让老人在养老院就能享受三甲医院的医疗资源。

方松街道养老服务地图于 2021 年 11 月上线，它是帮助老年人寻找养老服务政策与资源的智慧养老服务信息平台。该地图以服务项目菜单化和养老设施地图化的形式，着重提升智慧养老服务检索功能。通过方松养老服务手册、方松微空间养老服务地图，直观地展示了“养老机构查询、政策检索、办事指南、养老地图”等多项服务功能。各类数据持续动态更新，使老年人及其家属能够在线清楚地查看“家门口”的养老服务设施及相关信息。

4. 持续实施“老伙伴”养老服务品牌项目

2012 年，方松街道老年协会组建了“老伙伴”志愿者队伍，通过“小老人”与“老老人”结对的方式为高龄老人提供针对性帮助。“老伙伴”项目是指由年龄在 70 岁以下的老年志愿者向 80 岁以上的独居老人提供互助关爱的志愿服务，旨在鼓励“小老人”关心帮助居家养老的“老老人”。截至 2023 年，方松街道有 69 名老年志愿者，以一对多的形式服务超过 360 名独居且需要特殊照顾的老人，为他们提供扦脚、义诊、理发等志愿服务。在方松社区食堂，同样活跃着老年人志愿者群体，他们负责协助方松街道开展的“最后一百米”送餐服务，为高龄老人免费送餐，使老年人在家就能享用到食堂里物美价廉的饭菜。

5. 关注新城移民：老年人社交组织“老漂驿站”

2018 年 2 月，上泰绅苑知行社成立，这是一个文艺团体，旨在增进社区居民关系，提升居民的社区归属感。知行社还负责管理“老漂驿站”，为远道而来照顾子女和孙辈的老人们提供一个聊天、休闲、建立新社交关系的场所。对这些老人来说，上海是个陌生的地方，他们缺少朋友且生活习惯差异较大，“老漂驿站”为他们提供了倾诉场所。知行社还邀请老松江人教老人们本地方言，定期举办节日联欢会，鼓励老年人们分享各自家乡的习俗，营造了温馨、丰富的社区精神家园。

经验借鉴

1. 持续推进养老品牌建设

方松街道持续推行上海特色养老服务品牌项目——“老伙伴”项目、松江区“幸福久久”为老服务热线、老年认知障碍友好社区建设等。通过“老伙伴”计划弥补了专业社工不足，社工对老人了解不深入、无法及时响应需求等问题，同时培育了人人为我、我为人人，互帮互助的良好社会风尚。“幸福久久”为老服务热线满足了不同老人需求的层次性和多样性，能够将老人的信息查询、日常关怀、便民服务等进行有效分类对接。通过老年认知障碍友好社区建设，引导更多社会力量参与，尽力为认知障碍老人提供援助，提升患者的生活质量，减轻患者家属负担。

2. 持续推进智慧养老建设

方松街道养老服务地图为群众带来极大便利，使老年人及其家属能够在线一目了然查看“家门口”的养老服务设施和相关信息，打通了政务公开服务群众的“最后一公里”，实现了让信息多跑路、让群众少跑腿，不断提升人民群众获得感。探索“智养无忧”之“没有围墙”的日间照料服务，将智慧化养老服务纳入街道一网通办旗舰店，提供“白天照料＋夜间照护”24 小时不间断服务，融合饮食配餐、医疗服务、紧急援助等功能，为老年人提供“菜单式”的就近便捷智慧养老服务。该街道打造三个“家门口”养老服务站，提供微助餐、微日托、微顾问、微生活、微展厅、微交往、智能设备应用等社区养老“微服务”。

3. 塑造有温度的生活圈

在方松街道生活圈建设中，老年人服务是关键的一环。在物质条件方面，方松街道对各个服务点进行建设、改造和完善，从饮食、娱乐、医疗等方面为老年人的生活提供基本保障。通过“小老人”帮助“老老人”和“老漂驿站”建设，一方面满足老年人的个性化需求，另一方面也激励了众多社区居民积极参与，提升人们的社区归属感，塑造有温度的生活圈（图 1）。

图1　方松街道养老指南

资料来源：上海方松街道提供

专题三

公共服务与城乡治理

按照《上海市新城规划建设导则》要求，在五个新城核心区按每平方千米8万人的人口密度标准，结合五个新城各自实际和特色，建设五个新城城市公共中心（商业商务中心）。制定五个新城高等级的公共服务配套专项政策，包括医疗卫生、教育、文化体育、旅游等。按照优于中心城的建设标准和品质要求，推进新城社区级公共服务设施建设，结合居民生活路径对服务设施混合布局，鼓励建设一站式、功能复合的社区服务综合体，完善全年龄段的基本公共服务保障。

案例1　公共文化服务供给的创新模式："我嘉书房"

案例背景

2016年，为吸引优质社会资源、提升公共文化服务体系品位，嘉定区启动"我嘉书房"项目建设。"我嘉书房"是以社会化合作模式创新运营的多功能、自助化的城市公共文化空间，集自助图书室、市民科创实践基地、志愿者自治基地、休闲娱乐场所于一体。

2017年年初，作为全市首个以政企合作模式运行的24小时城市书房，菊园·绿地天呈"我嘉书房"落成。随后，嘉定区各街镇纷纷因地制宜选择社会力量参与项目建设，新建"我嘉书房"列入嘉定区人民政府实施项目推进建设。截至2022年年底，已建成的30家"我嘉书房"坐落于社区活动室、创意园区、商业广场等空间，建筑面积近7千平方米；2019年接待读者169万人次，开展活动近700场次；2021年入选国家新闻出版署全民阅读优秀项目，2023年入选全国基层公共文化服务高质量发展典型案例，2024年入选全国基层公共阅读服务推广项目名单、上海市社会科学普及示范基地、上海市"家＋书屋"、上海市首批儿童友好特色实践点名单。"我嘉书房"注重创新公共文化服务供给模式、优化公共文化资源配置、突出区域文化特色和合作社会机构特征，既是市民身边的阅读空间，也是嘉定各街镇的文化名片。

问题分析

1. 现有文化场馆辐射范围有限

嘉定区图书馆为居民提供了丰富的公共文化服务。区级图书馆设施完善、馆藏丰富，但其承载能力有限，所提供的服务难以辐射全区所有居民，需要更多贴近居民生活、工作区域的文化设施来完善公共服务供给。此前，嘉定区已建设了包括街镇图书馆、百姓书社、农家书屋在内的公共图书馆服务网络。然而，随着城市发展的进程加快，越来越多人已搬离以前的集中居住区域，大量居民迁居于许多公共设施还不完善的新建社区，新社区是公共文化服务的真空地带，原有的延伸服务点已不能满足这部分居民的需求。

2. 基层文化配送供不应求

一方面，公共文化资源具有相对稀缺性。例如，设施场地的供应、可合作和可采购的服务产品等,都限制了新增公共文化服务设施的快速布点、制约了公共文化服务的拓展升级,使基层有大量文化需求却无法及时地得到配送和供给。另一方面,人手不足使既有的文化资源无法有效地配送到居民家门口。政府难以做到完全精准对接市民个性化需求,而社会主体也缺乏参与公共文化配送的动力。因此,如何打通文化配送的"最后一公里",甚至"最后一百米"是亟待解决的问题。

实践过程

1. 书房建到"家门口"

在图书馆及既有公共文化服务延伸点难以辐射全区所有居民的情况下,嘉定区启动"我嘉书房"项目,采取政企合作的社会化运营模式。例如,菊园·绿地天呈"我嘉书房"由菊园新区文体服务中心、绿地嘉唐置业有限公司、嘉定区图书馆三家单位共同运行,有效提高了书房的运营能力。

"我嘉书房"致力于将 24 小时开放的图书馆开到百姓家门口,消除公共服务的真空地带。目前,"我嘉书房"坐落于嘉定的多个人流密集区域,它们与社区、园区、景区、商圈等空间的原有功能相结合,并围绕文化、文旅、文教、文商、文创五个系列服务品牌,建立了相应的主题场馆,有效填补了公共文化服务的空白点,居民能够便捷地找到附近的书房,享受全新的公共阅读空间和优质的公共文化资源。

2. 提供功能齐全的公共空间

"我嘉书房"兼具 24 小时自助图书室、市民科创实践基地、志愿者自治基地、休闲娱乐等多元功能,是功能齐全的社区公共空间。为解决文化配送供不应求的问题,"我嘉书房"发挥社会化合作运营模式的优势,吸引专业团队等优质社会资源提升服务效率。例如,吸纳区域教育共建联盟作为合作伙伴,积极引进丰富的教育文化资源,提升公共文化服务品位。又如,招募志愿者管理书房,实现读者自我管理服务。

"我嘉书房"也积极回应居民对于优质文化活动的需求,积极开展各种文化活动,丰富居民的精神文化生活。例如,在老年居民较多的社区,"我嘉书房"会组织开展"岁月人生"主题分享会,通过真人图书馆的形式让老年人讲述自己的故事,使老年人有机会将自己的故事和人生经验分享给年轻的一代;在幼儿较多的社区,开展以外文绘本为主题特色,面向亲子家庭的英文互动活动。作为江南历史文化名城,嘉定区更是将园林、古建筑等传统文化融入活动之中,结合非遗、节庆等元素，打造了“遇见非遗”“学乃有获”等系列活动，满足了居民的多元需求。

3. 打造各具特色的文化客厅

在功能齐全的基础上，“我嘉书房”更是追求锦上添花，在标准化配置之上进行个性化设计，为居民提供更便利的文化服务和更丰富的文化体验。一方面，“我嘉书房”将自助服务系统引入社区，为居民提供自助借阅、自助办证、自助服务等阅读服务，智慧化程度较高。此外，书房纳入了上海市中心图书馆“一卡通”管理系统，实现了与全市公共图书馆书刊的通借通还。另一方面，“我嘉书房”立足本土文化，注重突出区域文化特色。例如，南翔的“我嘉书房”蕴含着浓浓的古今融合味，以传统文化展示、古镇历史呈现和智慧阅读体验为主；外冈镇以农业大镇闻名，“我嘉书房”也偏向田园风，人们阅读之余还可移步窗边欣赏田园景致。

经验借鉴

1. 政企合作、社会化运营

“我嘉书房”采用社会化合作模式运营，在实践中探索公共文化服务社会化的路径。“我嘉书房”项目由中国共产党上海市嘉定区委员会宣传部总体指导，上海市嘉定区文化和旅游局牵头推进，各街镇协同推进，区图书馆、各街镇文体服务中心、社会力量共同落实项目建设工作和日常管理。在社会力量方面，“我嘉书房”吸纳了企业、社会组织、志愿者队伍等社会力量通过投资建设、运营管理等形式深度参与书房建设和服务。在党建引领下，建立一套健全的分工体系，“我嘉书房”有效融合了多方公共文化建设资源，形成了“政企合作、资源共享、文化增值、百姓受益”的运营模式，实现了多方共赢。

2. 打造本土文化空间品牌

“我嘉书房”是更综合、更智能的公共文化服务场所。凭借合理均衡的空间布局、多元完备的功能组合、便捷高效的智慧系统、实用丰富的阅读资源、海量精彩的文化活动等，“我嘉书房”为居民打造了“五脏俱全”的文化客厅，将公共文化供给有效向社区延伸，致力于提升生活圈品质。30 家“我嘉书房”立足特色，弘扬深厚的文化底蕴，传承优秀的历史文化，既让本地居民更有归属感，又将本土文化进行了广泛传播，在运营实践中逐渐成为独具特色的本土品牌，是嘉定区一张生动的文化名片。

案例2　构建高质量公共服务体系的"临港样本"

案例概述

南汇新城是中国(上海)自由贸易试验区,承载着提升上海国际市场影响力和竞争力的重要功能。南汇新城东至长江,南至杭州湾,西至奉贤区和浦东新区泥城镇、书院镇边界,北至大治河,下辖11个居委会、1个行政村,范围约343平方千米。

"十四五"期间,为提升区域影响力、吸引国内外高质量投资和人才,南汇新城持续推进教育、卫生、养老、文化、体育、社会服务、就业、社区和残疾人等公共服务领域建设,以构建更高标准、更高层次、更高水平的公共服务体系为追求,取得了一系列成果。

南汇新城坚持保基本和提品质的同步原则,适当超前布局优质教育、医疗、文体等公共服务设施和项目,逐步提升公共服务能级。教育方面,加快引入优质教育资源,各级各类学校达到47所,启动建设学校26所。医疗方面,逐步建立完善建成三级医疗服务体系,积极发展智慧医疗。商文体旅方面,力求凸显区域特色,打造特色项目凸显品牌效应,游客年接待量突破500万人次。

截至2025年,新城片区一批优质的教育、医疗卫生、文化体育等重大项目建成运行,一批制度性改革创新举措也相继落地,预计到2035年,将建成高质量社会服务体系的"临港样板"。随着南汇新城公共服务体系的健全与完善,南汇新城建设向着标准有高度、服务有温度、治理有精度、人人都有归属感的现代化新城迈进。

背景与挑战

近年来,南汇新城以"五个重要"为纲领,构建集成电路、人工智能、生物医药、航空航天等"7+5+4"面向未来的创新产业体系,积极发挥临港新片区政策制度集成优势,加快集聚全球创新资源,汇聚海内外高端产业人才,并设立建设国际人才服务港、顶尖科学家社区等载体平台,聚焦发展硬核科技产业、高端前沿产业,打造面向未来的高端产业基地。

然而,随着南汇新城开放水平不断提升,其公共服务体系建设也面临新的挑战。一是南汇新城仍然存在公共设施不足的问题,随着人口引入,居民对教育、卫生、文化等方面的需求急剧增加，如何满足居民日益增长的需求，成了南汇新城公共体系建设的重要任务。二是南汇新城目前所配备的公共设施与产业人口的匹配度还有待提升。在上海市人民政府的支持下，新城的落户政策、购房政策、租房政策、特殊人才个税政策方面都享有优惠，吸引了大批年轻海内外人才，但针对年轻海内外人才群体所需要的个性化设施建设仍需进一步强化。三是养老惠老服务体系也需进一步完善。南汇新城户籍人口老龄化率达 30%，作为国家级自贸区，整个临港规划的 250 万人常住人口将随着新片区的发展而有更多的人才落户本地，养老服务设施的建设任务依旧艰巨。不仅如此，如何依据新片区的空间、产业、人口规划和布局，统筹安排合适的公共服务设施，并综合考量本地居民、产业人口、国内外游客等各类人群多样化、差异化、个性化的需求，同时探索创新公共服务建设管理的理念和模式，这些都是新片区在最大限度地吸引、留住人，有序提升社会公共服务能级与水平的过程中必然面临的挑战。

实施过程

“十四五”规划以来，南汇新城持续推进高水平、多层次的公共服务体系建设，一批优质的教育、医疗卫生、文化体育等重大项目建成运行，显著增强了新城的辐射带动能力。同时，南汇新城还积极探索制度性改革创新举措，进一步提升社会治理能力并尝试结合区域内资源要素的禀赋优势，发展特色公共服务及产品，树立起公共服务体系“临港样板”。新城的公共服务体系建设主要围绕以下重点逐步推进。

1. 标准化推进提升型公共服务配置

2020 年，浦东新区获批启动国家基本公共服务标准化试点，该区以推进“15 分钟社区生活圈”建设为打造现代化城区的重要抓手，新增公园绿地、交通设施、托育服务、社区商业四个重点领域，在补缺增量基础上向品质提升拓展。为了满足市民群众和高层次人才对公共服务的更高层次需求，南汇新城根据人口规模的动态变化，适度超前配置基础教育资源、健康医疗等公共服务配置，在保基础的前提下着力提升品质并积极推进大数据、人工智能等先进技术在公共服务领域等的运用。

2. 构建优质均衡的教育服务体系

在教育资源配置上，南汇新城在科学规划学校布局，加快推进公建配套学校建设的基础上寻求全面推进教育优质均衡发展，率先探索教育综合改革举措，着力深化教育对外开放。在学前教育方面，新城积极提升托育和学前教育服务水平,积极推进托幼一体化,完善普惠性学前教育和托育服务体系,增加多层次的托育机构和服务供给,推动社区综合设置托育点。在基础教育方面,新城通过积极引进优质基础教育资源,打造"家门口"的优质学校。在职业教育方面,为了满足新片区产业布局对技术技能型人才的需求,推进新型职业教育布局建设,探索引进高水平国外职业院校,培养更多高素质技术技能人才。南汇新城还进一步寻求产教融合,创立"职业培训+学历教育+开放平台"三位一体产教融合平台,形成优质教育资源与人才需求动态匹配的机制。在探索过程中,临港新片区推进教育资源共建共享,搭建新片区教育发展联盟,整合科创教育资源,培育具有当地特色"临港大学堂"教育品牌。

3. 完善智慧便捷的医疗卫生服务体系

在健康服务资源配置上,南汇新城也响应居民对高品质健康服务的需求,积极提供优质健康服务。新城坚持以高标准科学规划、配置高质量健康服务,为满足片区内各类人群多层次、多样化的健康服务需求,加快配置机构、床位、人员等医疗卫生资源。大力推进申港、万祥、书院、四团平安等社区卫生服务中心新建、迁建项目,满足居民15分钟就近就医需求。在此基础上,南汇新城积极推动特色医疗服务发展和产学研医融合发展,通过鼓励支持医疗机构、企业推进大数据、人工智能等在医学领域的应用,提升科技支撑能力,加快发展智慧医疗,打造优质高效的高品质健康服务。

4. 打造特色普惠的养老惠老服务

为全面建设老年友好型城乡社区,新城进行了多方尝试。一方面,积极推动养老服务设施建设,新建社区综合为老服务中心、长者照护中心、老年人日间照料中心、老年助餐点、社区标准化老年活动室等设施。构建区域级养老机构—街镇级综合性养老服务机构—社区级嵌入式为老服务站点相结合的养老设施服务网络。另一方面,在完善基础养老设施的基础上积极培育养老服务新模式、新业态,大力推动居家社区机构养老服务协调发展,完善以居家为基础、社区为依托、机构为支撑,提高24小时托养、喘息服务、居家上门拓展性服务、失能失智家庭照护者培训等服务功能。同时,新城还结合自身特色与优势,进行数字化尝试,建设智慧化养老服务平台,加强区块链、人工智能、物联网、云计算、大数据等新一代技术和智能产品在养老领域的深度应用。

5. 推进特色社区公共服务建设

在社区公共服务建设上,南汇新城因地制宜地打造了具有新城特色的一站式社区综合服务设施,寻求提供集成化、特色化社区公共服务,从而推动社区服务与社会治理的有机结合。按照15分钟生活圈的建设目标，以服务人口、服务半径为依据，全面规划建设社区综合服务设施。新城坚持家门口服务站功能优先、共建共享，综合各类公共服务设施的设置标准，在环滴水湖区域探索打造线上线下融合、面向未来的家门口服务示范项目"湖畔汇"。聚焦新片区全人群、全年龄、多元化需求特征，加强公共文化服务基础设施建设，推动社区文化活动中心开展"更新与提升计划"。

经验借鉴

1. 以人才服务为导向，探索高水平公共服务配置

在公共服务配置上，南汇新城一直坚持以人才为导向，以高水平为标准，为新城内各产业人才提供特色的公共服务。一方面，新城积极提升公共服务的国际化、多样化和开放性水平，依托制度开放优势，进一步连接国内外高水平公共服务资源。另一方面，新城积极整合区域内资源要素，充分发挥自身优势，发展特色公共服务及产品，打造享誉全球的特色公共服务品牌，满足多样化、差异化、个性化需求。同时，依托最新网络信息技术，率先推动城市数字化转型，充分体现最新生活理念，引领未来发展方向，提升新片区广大群众的获得感、满足感和幸福感。在社区中，南汇新城还增配满足境外居民需要的国际学校、国际医院、友邻街区等高品质服务设施，引入符合国际人才工作、生活、休闲的服务品牌和服务机构，增进国际化人才的归属感和认同感。

2. 探寻多元供给方式，实现灵活性公共服务供给

在建设过程中，南汇新城始终坚持以空间、产业、人口规划和布局，统筹布局适宜的公共服务设施。在此基础上综合考虑本地居民、产业人口、国内游客等各类人群需求，完善教育、医疗、文体、养老、社区等公共服务体系。在公共资源供给方面，政府寻求与社区、集团、企业等第三方积极合作，供给多样化的公共资源，充分发挥各方优势，实现灵活性的服务供给模式。以港城集团为例，近年来该集团先后完成居住、商业、旅游、教育、文化等城市功能配套项目约260万平方米，先后推进了"港城新天地""湖滨天地"、滴水湖游艇俱乐部、"冰雪之星"等多项项目。

3. 打造共建共治共享的公共服务体系

在推进公共服务体系建设过程中，南汇新城积极探索社区和谐共治新模式，形成共建、共治、共享的治理新格局。到2025年，形成若干标志性城市治理示范项目，打造1～2个国际化活力新社区，社区全面实现数字化。南汇新城积极探

索制定国际社区建设导则、治理模式和配套服务标准并依托社区综合服务设施，举办各类文化体验活动，鼓励国内外居民互动参与，积极发挥居民自主性，鼓励国内外居民参与治理过程，共同构建国际化社区交互共享平台。

案例3　共建共治百椅空间，共享美好公共生活：奉贤新城百椅项目

案例背景

公共空间是公民参与体验公共生活、培育公共精神的重要载体。街道上的一把椅子，就是一个微型公共空间，是可供市民驻足停留、休闲阅读的微场景，体现了城市对人的关怀。作为城乡接合部地带街镇，奉浦街道辖区内近50%的人口为外来人口，且兼有村、居委员会，社会治理的对象复杂。面临城市更新带来的社会关系陌生化、外来人口社会融入困难、社会治理缺乏有力抓手等难题。奉浦街道以“百椅艺术展”为契机，顺势推动“百姓”参与“百椅”公共空间建设的社会营造活动。项目活动充分发挥大学、社会组织等专业力量的技术优势，以儿童、家庭为切入口深入动员社会大众参与，形成共建共治百椅空间、共享美好公共生活的社会建设机制，以实际行动践行“人民城市人民建，人民城市为人民”的理念。

问题分析

奉浦街道是在上海市工业综合开发区实行政企改制后而成立的新行政单位，辖区产业以工业为主，辖区内工业区、居民生活区混杂。该街道区域面积15.51平方千米，常住人口8.64万人，其中本市户籍人口4.45万人，来沪人员4.19万人，有居委会17个和村委会5个。由于地处城乡接合部，该街镇承载了大量产业人口的居住功能，社会治理的形势复杂。

1. 空间与人口社会分化明显，社会共治的基础薄弱

随着土地开发和城中村改造，奉浦街道的住宅空间及其人口呈现出明显的职业、阶层和社会行动上的分化。该街道的住宅空间有高档别墅区、拆迁安置区、城中村改造区、老单位制小区、新商品住宅小区（高层）、多层住宅小区以及传统的农村住宅区等。不同住宅小区的房屋价格和土地属性决定了住宅使用对象

的职业阶层。别墅区高收入群体，在社会公共治理中通常采取“隐身”和“自扫门前雪”的行为逻辑；中低收入阶层居住的老单位制小区和城中村小区，往往面临小微公共服务不到位、物业保洁保安不健全、社会共治意识不足等问题。来沪人口则以一种“过客”心态，以最小化个体生活成本的方式利用住宅空间，但可能会因噪声扰民、停车占道等与其他人口产生社会冲突。辖区人口的阶层分化与行动分化，弱化了社会共治的社会基础。

2. 来沪人口遭遇政策与社会排斥，社会共治的参与途径稀缺

快速的城市化和工业化带来资本、技术、人口聚集，其中多数外来人口属于非当地户籍的外来流动人口。以蓝领工人为主的就业群体，在住房（补贴）、生活福利（餐饮）、社会保障（社保医保等）、收入等方面存在劣势。地方人才政策难以惠及该人群，导致该类人口流动率较高，在一定程度上加剧了地方产业发展的人力困境。外来人口在奉浦街道的占比接近 50%，其中以青壮年劳动力为主，具有参与社会治理的愿望和能力。然而，由于政策隔阂和社会隔阂，外来人口的社会交往活动局限于老乡圈子，难以参与社区和街镇的公共治理活动，使外来人口难以感受政府和社区的公共服务和人文关怀，也难以形成对社区的归属感、认同感，社会治理政策在外来人口层面“悬浮”。

3. 社会治理缺乏专业力量，社会治理项目资源的成效受限

社会治理现代化尤其强调社会力量参与。既往以政府为主导的社会行政，强调自上而下的政策设计和落实，主要依靠传统的街镇和村居干部来推动，在政策创新、活动设计和项目可持续上有一定局限性。相较之下，由专业的社会组织、高校研究团队等专业力量设计、辅助推行的社会治理活动，能够从群众日常小微需求找到社会共治的切入口，推动多元社会力量参与社会治理、承担社会责任，实现社会治理项目资源的精准投放和可持续运转。

实践过程

2021 年 10 月，奉浦街道办事处联合同济大学、四叶草堂等共同创办了奉浦四季生态园，并首创百椅艺术展。艺术展上的儿童艺术设想获得了社会众筹资金，进入设计深化、制作和社区安装等实物展示环节。通过政府、社区、专业社会组织的共同努力，该项目借助“一把椅子”激发了居民的社会参与热情，丰富了街区公共空间的民生功能内涵，构建起社区各类主体有序参与治理的渠道。

1. 引入专业力量，形成符合群众需求的治理创新方案

奉浦街道在百椅项目的设计落实过程中，积极引入同济大学设计创意学院、

建筑与城市规划学院、四叶草堂等专业力量,共同完善项目方案,并将策展活动交由专业团队。策展团队深入社区、小学举办百椅设计工作坊,收集儿童的创意设计方案和灵感,并由同济大学设计创意学院学生助其深化想法、设计细节、制作工艺,通过众筹等社会捐赠项目,将创意设计落地社区。该项目采用"参与式规划+艺术师介入+社会实践+社区巡展+漂流"的模式,将专业设计力量与社会思想、社会需求有机结合,连接亲子、校园、社区、城市和产业关系,推动活力街区的诞生。

2. 儿童视角切入,动员多元社会主体共建共治公共空间

百椅项目以儿童视角和儿童需求出发点,在艺术展上展出了几百名奉浦当地儿童的座椅畅想图。在重视子代教育成长的社会文化中,儿童视角充分将家庭与社会治理有效连接,推动儿童创意落地社区,创新社区微更新实现路径。同时,为了增强社区治理参与的广泛性,百椅展览品中还包括艺术家、在校学生、建筑工人、外卖员等各行各业群体的设计创意产品。奉浦街道通过每年举办一场椅子主题的公益创投,将有创意的设计和文创产品落地;每年举办一场百椅艺术展、健康跑、各类形式多样的节庆活动等,挖掘社区治理人才,塑造居民参与的制度化通道,展示市民参与共创的城市公共空间成果。

3. 凝聚共建共识,持续推进社会营造的品牌项目活动

百椅项目从"一把椅子"这一具有共享属性、城市微设施着手,开展了百椅艺术展及系列活动,凝聚了政府、社会和专业力量的社会共建共识,取得良好的社会治理效果。2022 年 6 月底,奉浦街道发布了开展"椅子工作坊"社区营造三年行动计划方案,将这一治理项目品牌化、深入化。将社会参与从城市小微家具设计、公共空间更新,拓展到社区治理全过程。奉浦街道将辖区版图的"椅子"造型,与生活中的椅子加以有机联系,打造出具有奉浦特色的"椅子"文化符号,以椅子为媒介动员公众参与社会建设,增强了居民的地域归属感和身份认同感,强化了社会有效治理的内生力量。

未来,奉浦街道计划围绕共享空间公用椅子的"做"和"坐",培养、激发众多社区骨干、志愿者、居民自组织、公益组织的力量,以百椅课堂、百椅空间、百椅展示、百椅协商、百椅达人等为活动载体,推动形成多元参与、共建共享的社会治理格局。

经验借鉴

长期以来,城市社会治理和公共空间建设面临社会参与乏力的困境,百椅项

目为全国街区公共空间治理提供了以下经验。

1. 采取自上而下动员与自下而上参与相结合的社会营造路径

政府的公共项目投放需要获得民众的参与性支持以实现其社会价值，同样，民众参与城市建设的热情需要制度化通道融入共治机制。百椅项目通过从民众中搜集需求、采集愿望和设计灵感，再结合专业力量、政府展览平台和社会众筹参与，转化为能够落地的城市家具（椅子），激发了居民的城市主人翁意识，实现了政府引导下的“街区自主更新”。

2. 从社会关切的小微需求切入，激发家庭与社会参与的积极性

政府项目资源投放与民众需求错位是社会治理内卷化的主要表现。在人民群众追求美好生活的新时代，社会公共项目设计有必要深入群众，从老人、妇女、儿童、特殊人口、外来人口以及上班族等群体的需求出发，提供兼具针对性和包容性公共资源（空间或活动），激发社会参与热情。百椅项目巧妙地从儿童友好社区入手，打破了职业阶层界限，实现了包容性的社会参与。

3. 挖掘项目治理潜力，整合政社治理资源平台，实现民主治理可持续

街居社区民主是全过程人民民主的重要一环。在地方政府的持续推动下，百椅项目成为包含社会教育、社会共治、民主协商、培育自治等内容的平台。一方面实现政府、社会、企业及院校等治理资源的整合，另一方面推动实现社会民主治理的可持续运转。

案例4　青浦朱家角镇：党建引领“街区—景区—社区”共治

案例概述

基层治理是人民群众感知公共服务质效和温度的“神经末梢”。青浦区朱家角古镇景区核心区域北大街居民区兼有景区、社区双重属性，北大街社区位于古镇的核心位置，是典型商业老街和集“居、商、旅”一体的混杂居民区，包括著名的旅游点有“明清街”“放生桥”“城隍庙”“圆津禅院”“江南第一茶楼”等。人户分离、常住人口老龄化问题突出，人员混杂、分散、流动性大，因文旅活动带来的相关旅游类矛盾纠纷也在不断增长，给社会治理带来不少难题。北大街居民区通过资源集聚、机制创新，推动“街区＋景区＋社区”三区联动，打造共建共融的美

好社区样板。

背景与挑战

北大街居民区地处朱家角古镇区核心区域,辖区面积约为0.6平方千米,常住人口2 500余人,内有7条路、2条商业街、4个居民小区,现有企事业单位、社会团体、商业网点450余户。北大街作为朱家角古镇的商业中心,兼有居民区的属性,社会治理的形势复杂。

1. 人口结构多样复杂,社会共治基础薄弱

随着景区开发与古镇改造,居民区的商业化发展无可避免地对街区的历史风貌产生影响,使地方传统文化氛围变淡,传统的地缘、业缘及血缘关系逐渐松散,居民间沟通交流较少,社区归属感不强,多数居民都"关起门来过日子"。北大街社区的特点是人户分离、老龄化严重,人员混杂、分散、流动性大(民宿多、商铺多),房屋性质杂(产权房、公租房、单位用房、集资房、自建房),新流入的外来人口归属感不强,原住民老龄化严重,参与社区治理的积极性不足。

2. 居民与商户需求冲突

居民与商户在生活空间、经营空间上的需求呈现出多样化和冲突性的特征。如今,古镇景区大客流已成为常态,大量游客的到来挤压了社区居民的生活空间,造成交通拥堵、物价上涨、噪声、垃圾污染等问题,导致镇区居民和商户间的矛盾日渐突出。

3. 社会治理的公共参与机制缺乏

以往景区、社区的管理事务主要由地方政府管理部门主导,忽略了居民在社区治理中的主体地位,社区居民参与渠道匮乏。需要从整体上对居民参与社区治理进行统筹规划。

实施过程

近年来,朱家角镇结合街区、景区、社区实际,探索新形势下社区治理新途径、新方法,不断提升游客和群众的获得感、幸福感,营造人人向往的"暖馨角里"。

1. 整合资源,提升景区服务质量

以党建集聚资源。围绕景区"5D"魅力党建品牌创建,推动17个职能部门、32家"两新"党组织及本地党建力量向北大街汇聚,建立了党建服务清单。以北大街344号的社区党群服务站为支点,优化服务景区群众路径,常态化开展党员

服务活动，推动景区内党建阵地、党员志愿者、红色商铺等党建资源相互促进、相互融合，形成推动景区、街区和社区融合的强大合力。

以服务点亮阵地。打造党群服务阵地，设置党员志愿服务先锋岗，联动周边居民区党组织，组建一支党员志愿服务队伍，党员志愿者为景区游客、商户、居民、特殊群体等提供服务，不断扩大党建服务辐射面。推动北大街义务消防队整编更名为"角里红"义务消防队，邀请专业人员开展技能培训和消防安全大演练，提升义务队员综合素质，更好地发挥应急处置功能。

以"三亮"创优景区。强化党建引领，以"红袖章""红马甲""党徽"、红色阵地、红色商铺等推动古镇古色和党建红色交相辉映。广泛开展"三亮三创"活动，设立党员示范窗口，带动商铺党员亮牌服务，做到有游客的地方就有党员、有党员的地方就有正能量。

2. 激发社会参与，共建幸福社区

建设社区服务综合体。立足中国共产党上海市青浦区委员会、上海市青浦区人民政府"新时代幸福社区"项目，2023 年 6 月，北大街幸福社区工作全面启动，作为融党建群建、事务办理、医疗保健、文体娱乐等功能于一体的社区服务综合体，为居民、商户、游客提供高质量、有温度的服务，为北大街的居民群众、商铺游客参与社区治理提供平台。

街道成立北大街社区事务党群议事协商平台，定期召开会议，探讨社区治理顽疾，充分调动沿街商户、社区达人等各方力量参与社区治理的积极性。优化以党群服务中心为阵地的社区综合服务设施布局，将北大街社区中心纳入新时代幸福社区建设，众多惠民服务功能聚集于此，如文化娱乐、矛盾调处、消费维权、图书阅览、为户外职工提供休憩场所、为老年人提供医疗健康服务等，全力为市民群众提供更优质、更贴心的综合服务。

打造特色品牌项目。坚持"党员到社区、人人做公益"的思想，依托"1＋1＋16"社区自治平台，广泛开展"银杏叶"党员志愿公益活动，免费提供白开水、针线包、医药箱、清洗修理眼镜等便民服务。开展背街小巷微治理，搭建商户、居民、居委、景区等多方参与的党群议事平台。引导社区群众参与水乡音乐节、社区公益、幸福集市等富有古镇特色的活动，增强家园共同体意识。

培育社区共建"合伙人"。发挥结对共建党组织、两新组织、社区能人和社团达人优势，吸收致富带头人、人文艺术工匠等人才，形成"幸福合伙人"名册，结合社区资源和居民、商铺、游客需求，开展"茶暖人心""糕糕兴兴""为农为侬"等形式多样的活动和服务。

3. 强化公共服务供给，提升民众获得感

强化公共空间治理。落实《朱家角镇幸福社区建设背街小巷微治理三年行动方案》，启动背街小巷微治理三年行动，将北大街社区的漕河街列入全镇8条整治街巷之一，开展布局优化、整治提升。以全国文明城区创建以及进博会为契机，开展沿街店面店牌改造、雨棚飞线整治、景观摆花布置等改造提升，补齐“短板”，锻长“长板”，确保整治提升取得实效，努力实现背街小巷道路平整、环境卫生整洁、公共设施完好、绿化养护规范的街区治理目标，为街区居民提供和谐安定有序的生活环境。

多元协同，形成治理合力。加强与结对党组织、驻地单位的联系沟通，推动多方在翻新街区面貌、美化古镇形象上形成合力，协同各类媒体加大对背街小巷治理工作的宣传报道力度，积极参与“角里最美背街小巷”推选活动，让群众了解、认同并积极参与背街小巷治理的全过程，更好地实现公共环境好、社会秩序好、道德风尚好、同创共建好、宣传氛围好的治理目标，进一步提升居民群众和古镇游客的获得感和满意度。

问需于民，问计于民。深入居民、游客、商铺等征集背街小巷治理“金点子”，推动政府心思与百姓心愿有机融合，动员、吸引群众参与过程治理，将群众的“金点子”化作背街小巷治理的“金钥匙”。根据群众建议，合理调整垃圾分类上门收集时间。发挥微信群平台作用，鼓励群众“随手拍”，推动各类问题快速解决，形成“群众事情群众办”的治理氛围。

经验借鉴

长期以来，城市街区空间治理面临多元诉求冲突、社会参与乏力的困境，青浦区北大街“街区景区社区三区联动”实践，为全国街区空间治理提供了以下经验。

1. 党建聚合多方主体合力建设家园

镇党委结合实际，对北大街居民区“需求清单”和“问题清单” 分类梳理，多次组织召开项目赋能工作现场会，围绕党群服务阵地、义务消防队、直播带货、志愿者队伍、为老服务、民宿管理、老旧小区改造七类问题，整合资源、明确责任、细化举措，切实抓好落实。镇党委积极与上海人民广播电台、上海大学、新华社组成的专家团对接，获取专业的发展建议；与专家团队、媒体记者进行直播对话，将北大街的蝶变过程呈现出来，进一步提升居民的认同度和景区的美誉度。

2. 健全治理队伍、完善治理机制

依托“美好社区、先锋行动”，北大街街区形成“1、3、5、7”治理机制。“1”指的是整合1支义务消防队凝聚共治力量；“3”指的是融合共促，吸引社区达人、能人、合伙人3类幸福合伙人；“5”指的是助力服务中心工作，创建5A景区；“7”指的是“红色招牌”，打造7大商铺服务岗，明确了治理主体、治理目标和治理方式。

3. 完善多元议事平台提升服务能力

建立“党群议事会”会客厅，完善议事平台制度规则，健全部门联动机制，提升化解矛盾、为民服务整体水平。同时，不断加大投入保障，用好北大街344号党群服务站，挖掘属地闲置空间，增设新华书店、味农馆等“红色驿站”。

随着全域旅游、文旅振兴乡村等的项目的推进，朱家角古镇的“三区融合”的经验对探索景区型社区治理的有效模式无疑是有力的尝试，其充分整合平安治理、营商治理、文化治理、社会治理等多方资源，形成整体带动效应，使市民、居民和游客在基层治理和服务中拥有更多的幸福感和获得感。

案例总结

上述三个专题结合新城建设全面发力阶段的重点工作，以及可持续评估指标所涵盖的四大维度，聚焦各区实践中的典型做法和突出案例，从经验层面出发校验评估体系，并在创新实践经验总结的基础上提出特色指标建议。在五个新城进入全面发力、功能提升的关键阶段，案例遴选覆盖“新城—街镇—社区”等不同层级，总体体现了产业导入、绿环规划建设、生活圈建设及城乡社会治理等方面的典型做法。

经济维度：产业导入事项类型丰富，类型结构进一步均衡，涵盖总部机构、学校医院、文体旅活动等多项功能。同时，注重发挥区域优势和资源禀赋，吸引特色功能集聚，增强产业发展深度。在建设过程中，各新城注重产业发展和功能导入相结合，通过培育主导产业、优化产业布局、加强产业链合作等方式，推动产业升级和转型升级。在重点项目推进过程中，各新城也十分注重提升精细化管理水平，打造具有新城特色的城市形态。

文化维度：标志性文化设施打造稳步推进，地标建筑建设逐步开展，高端文化产品供给有所提升。在建设过程中，各新城注重将本身深厚的人文历史禀赋进行高质量转化，打造具有城市文化特色的标志性景观，并注重强化与基层文化场所融通互动，大力推进文化服务资源向新城、远郊和大型居住社区覆盖，通过建筑功能更新等方式增加文体设施供给，加快基层公共文化设施的提质升级，推动公共文化服务更优质、更均衡、更便捷，增强市民群众的参与度、感受度、满意度。

治理维度：社会治理体系逐步完善，产业园区的治理取得新突破，社区治理不断深入。在治理过程中，各新城注重整合各项治理资源，注重多元协同形成治理合力，以党建聚合多方主体，健全治理队伍、完善治理机制。在治理技术更新方面，引入 5G、物联网、人工智能等技术，提高数字化治理水平。为突出居民在社区治理中的主体地位，打通居民参与渠道，提高居民参与度，进一步打造共治共享、共建共治的治理体系。

社会维度:15 分钟社区生活圈建设高标准推进,一批高水平医教文卫资源导入,重住房供给及公共服务配套设施建设不断完善。各新城集中优势资源打造特色公共空间和公共服务项目,覆盖不同年龄人群需求,推动产城融合、城市更新驱动新城生活圈建设,注重强调统筹机制,鼓励多元化供给和协商治理。然而,既有公共服务资源配置还有较大缺口,尚不能满足引入的创新人才和产业人口的提升型需求,因而,各应更注重进一步完善提升型公共服务资源配置,满足个性化需求。